高等学校建筑学专业系列推荐教材

# ENVIRONMENT-BEHAVIOR

## 环境行为学

王 琰 主 编
李志民 主 审

# STUDIES

中国建筑工业出版社

**图书在版编目（CIP）数据**

环境行为学 = ENVIRONMENT–BEHAVIOR STUDIES / 王
琰主编 . -- 北京：中国建筑工业出版社，2025.8.
（高等学校建筑学专业系列推荐教材）. -- ISBN 978-7
-112-31241-2

Ⅰ. TU–856

中国国家版本馆 CIP 数据核字第 2025MD5761 号

为了更好地支持相应课程的教学，我们向采用本书作为教材的教师
提供课件，有需要者可与出版社联系。
建工书院：https://edu.cabplink.com
邮箱：jckj@cabp.com.cn 电话：（010）58337285

扫码查看本书配套资源

责任编辑：柏铭泽　陈　桦
责任校对：李美娜

高等学校建筑学专业系列推荐教材
ENVIRONMENT-BEHAVIOR STUDIES
**环境行为学**
王　琰　主　编
李志民　主　审
\*
中国建筑工业出版社出版、发行（北京海淀三里河路 9 号）
各地新华书店、建筑书店经销
北京雅盈中佳图文设计公司制版
北京云浩印刷有限责任公司印刷
\*
开本：787 毫米 ×1092 毫米　1/16　印张：14¼　字数：261 千字
2025 年 8 月第一版　2025 年 8 月第一次印刷
定价：**59.00 元**（赠教师课件）
ISBN 978-7-112-31241-2
（45213）

# Foreword

## —序—

认识西安建筑科技大学的王琰老师已经好多年了，知道她无论做事还是做学问都非常认真、努力、勤奋。2020 年中国环境行为学会环境行为研究国际会议（EBRA 2020）由西安建筑科技大学承办，王琰老师负责筹备会议，为大会的成功召开作出了突出的贡献，功不可没。2021年中国建筑学会环境行为学术委员会（CEB-ASC）成立，王琰老师任副主任委员，成长为我国西部地区环境行为研究领域的领军人物之一。

2024 年 11 月初，中国建筑学会环境行为专业委员会（2024 年 5月 6 日变更为此名）环境行为研究国际会议（CEB-ASC 2024）在南京大学召开期间，王琰老师邀请我为她即将出版的教材《环境行为学》作序，我欣然应允。从南京回到哈尔滨之后，我好几次想坐下来写序，但都因为有这样或那样的事情而没能写成。2025 年 1 月 10 日晨，我在哈尔滨太平国际机场乘南方航空公司的 CZ683 航班飞往韩国首尔银川国际机场。首尔当地时间下午 3 点半，转乘韩亚航空公司的 OZ202 航班飞往美国洛杉矶。用完具有独特风味的韩餐，看完李娟的《我的阿勒泰》（My Altay，by Li Juan）的自序、三版序、四版自序，不能不想到还欠王琰老师一个序言，犯困的我居然困意全无，于是就在手机备忘录里写了起来，不用电脑写反倒觉得非常顺畅。

我为这本书写序，主要有如下的三个理由：

第一，我虽然不一定能写好这个序，但我一定要写这个序，以此来表示对王琰老师的支持和鼓励。所以，如果写得不好，也请作者和广大读者谅解。读某一本书的主要目的，主要是读其正文的内容而不是读序。

第二，王琰老师在相关课程的教学方面具有 20 多年的经验，且具有国外留学、师从名师的经历和国际视野。这本书是在多年前出版的《建筑空间环境与行为》（李志民、王琰主编，由华中科技大学出版社，于2009 年 3 月出版）的基础上修改而成的，以探讨"空间—行为"的关系作为主线和重点的体系和内容具有特色，凝聚着写作团队各位作者的思考和心血。在这次修改、出版前想必是一定考虑过学生们对前一本书的反馈意见。

第三，我国作者在该领域的著作还不多，屈指可数。我希望能有更多的学者像王琰老师及其写作团队这样奋力耕耘，出版更多、更好的环境心理学、环境行为学领域的研究成果、学术专著。

写到此处，赴美的第二段航程的 10 个小时还剩余一多半。机舱舷窗外面美丽的晚霞已经变成了完全漆黑的夜色。我乘坐的航班是迎着 2025 年 1 月 10 日的朝阳在哈尔滨起飞的。我期待航班仍然是迎着 2025 年 1 月 10 日的朝阳在洛杉矶降落。衷心祝愿洛杉矶能够尽快战胜多处肆虐的山火，灾民们能早日重建被烧毁的家园、早日重建被重创的心理结构，过火的山峦能早日恢复被破坏的环境生态。期待王琰老师的大作早日出版并受到读者的欢迎，衷心祝愿王琰老师在学术研究方面取得更多的优秀成果！

是为序。

中国建筑学会环境行为专业委员会主任委员
中国心理学会环境心理学专业委员会副主任委员
哈尔滨工业大学建筑与设计学院教授、博士生导师
哈尔滨工业大学建筑计划与设计研究所所长
邹广天
2025 年 1 月 10 日
初稿写于 OZ202 航班、定稿于洛杉矶

## — 前言 —

环境行为学是研究人的心理及行为与其所处的物质环境之间关系的学科。环境行为学是典型的交叉学科，涉及心理学、社会学、地理学、人类学、人体工程学、建筑学、城乡规划、风景园林、室内设计等多门学科。20 世纪 60 年代西方国家学者开始进行环境行为学研究，至今发展已有 60 余年。20 世纪 90 年代初，我国建筑类院校陆续开设了环境行为学相关课程，该课程现已纳入我国建筑学、城乡规划学的专业教育评估标准之中。

环境行为学是建筑设计、城乡规划、城市设计、风景园林及室内设计等领域的重要理论基石。空间是设计的主角，使用者行为与空间的关系是环境行为学课程的教学核心。本教材以"空间—行为"为主线，强调"空间—行为"的对应关系。通过案例分析，增强学生对复杂抽象理论的理解力及理论的应用能力，让学生体会到"以人为本"不再是抽象的口号，而是与日常生活环境密切相关，并理解环境行为是空间设计的底层逻辑，从而促进学生提高设计能力，掌握科学化的设计方法。

环境行为学课程的教学，伴随着我的教师职业生涯。自 2002 年起，我开始为建筑学专业本科生讲授"环境行为学"课程；2008 年后，增加了为城乡规划、风景园林、城市设计专业本科生授课；2010 年起，陆续为硕士研究生和博士研究生开设"环境行为理论与方法"课程；2016 年开设"Environment-Behavior Studies"英文课程；2013—2014 年，赴美国俄亥俄州立大学访学，师从美国知名环境行为学理论家 Jack Nasar 教授。

2009 年，我与导师李志民教授共同主编出版教材《建筑空间环境与行为》。此次教材更新在保留了原教材经典理论的基础上，进一步对教学内容和案例进行了更新迭代与拓展补充，增加了"特定空间中的环境与行为""优秀作业评析"等章节。环境行为学应该是以应用为导向的，为各类空间环境设计提供依据，因此教材在第 8 章"特定空间中的环境与行为"中，对适儿化空间、适老化空间、人性化商业空间进行了研究；同时在第 9 章"优秀作业评析"中，对往届优秀作业进行评析，为学生提供学习参考和借鉴。

当前，我国城市建设正在步入高质量发展的重要时期，已由大规模增量建设转向存量更新的阶段，如何创造高质量人居环境成为新时代的重要课题。环境行为学的理论与方法，必将为践行人民城市理念发挥重要作用。同时，在传统研究方法的基础上，新技术与新工具的迭代与赋能，拓展了环境行为学领域的深度与广度，成为环境行为学研究的新生长点。

希望这本教材能够帮助学生更好地理解环境与行为的关系，构建"空间—行为"逻辑框架，为学生带来更深的思考和更新的视角。同时，也希望能以这本书为契机，与广大同人交流学习，共同助力营建高质量人居环境。因水平有限，书中难免存在一些不足之处，欢迎广大读者提出宝贵意见和建议，以便我们在今后修订中不断完善。

本教材可供建筑学、城乡规划学、风景园林学、城市设计、环境设计等专业的本科生及硕士研究生使用，也可为从事相关专业的科研、设计及管理人员参考使用。

本教材由西安建筑科技大学王琰教授主编，西安建筑科技大学李志民教授主审，并由六位国内高校从事环境行为学教学与研究的一线学者执笔完成，具体如下：

第1、3章：孙丽平（内蒙古科技大学）；第2、4、5、6章：王琰（西安建筑科技大学）；第7章：王非（西安交通大学）；第8章：罗琳（西安科技大学），石英（西安建筑科技大学），黄磊（西安建筑科技大学）；第9章：黄磊。

参与本教材编写工作的还有：朱静玥、张浩克、容康宁、何储悦、朱果、张文华、刘明远。在此，感谢所有为本教材的编写和出版付出辛勤努力的人员，谨向各位参与者致以诚挚的谢意！

王琰
2024 年 12 月 27 日于西安建筑科技大学

# Contents

# 第1章 绪 论

## 1.1  环境行为学的概念

环境行为学（Environment–Behavior Studies，EBS）是探索人的行为与周围环境之间关系的科学，它一方面包括环境如何作用于人的行为，另一方面也包括人的行为是如何影响环境的。这门学科引进了人类认知世界的内心模式，其基本任务是研究人类与环境是如何相互作用、相互影响的，并利用这些知识来解决复杂多样的环境问题，改善环境与生活品质。

"环境行为学"在北美地区被称为"环境设计研究"（Environmental Design Research），在日本也被称为"环境行动研究"，在有的论著里还会使用环境与行为（Environment and Behavior）、环境心理学（Environmental Psychology）、建筑心理学（Architectural Psychology）等称呼。虽然在名称上存在着差异，但这些名称所指的研究内容是基本相同的。

在学科发展的早期阶段，这门学科多采用环境心理学的名称。环境心理学根植于心理学的一些基本理论，它关注环境对人的内在心理过程所产生的影响，把人类的行为（包括经验、行动）与其相应的环境（包括物质的、社会的和文化的）两者之间的相互关系与相互作用结合起来加以分析。狭义的环境行为学相对于环境心理学，它注重环境与人的外显行为（"看得见""摸得着"的行为）之间的关系与相互作用，因此其应用性更强。环境行为学运用心理学的一些基本理论、方法与概念来研究人在城市与建筑中的活动及人对这些环境的反应，由此反馈到城市规划与建筑设计中去，以改善人类生存的环境。

除以上内容外，环境行为学还涉及群体行为、社会价值、文化观念等与环境有关的广泛问题，是一个内涵宽广、多学科交叉的研究领域。它在社会、文化、心理等不同学科范畴对人与环境的关系进行研究，追求环境和行为的辩证统一，关注人们生活品质的提高。环境行为学的研究领域涉及社会地理学、环境社会学、环境心理学、人体工学、室内设计、建筑学、景观学、城乡规划学、资源管理、环境研究、城市和应用人类学，是这些社会科学和环境科学的集合。这是环境行为学的广义概念。

## 1.2  环境行为学理论的发展历程

### 1.2.1  国外环境行为学的研究历程

重视建筑环境与心理及行为之间的关系，可以追溯到古代。

早在纪元前，希腊的帕提农神庙就曾运用各种手法矫正视觉错觉。但真正对环境与行为的关系开展的学术研究始于 18 世纪。1886 年德国美术史家沃尔芬曾在《建筑心理学绪论》一书中用"移情论"的美学观点讨论了建筑物和工艺品的设计问题。20 世纪初，汉斯·迈耶（Hannes Mayer）考虑在包豪斯学校开设心理学课程。

20 世纪 50—60 年代，伴随着战后经济的快速发展，西方国家的城市环境严重恶化，对居民的身心和行为产生了消极影响，从而引发了许多学科的研究者陆续开展环境与行为的关系方面的研究。百川异源而归于海，来自心理学、社会学、人类学、地理学、建筑学、城乡规划等学科的研究最终汇集成多学科的新兴交叉领域——环境（建筑）心理学。在这样的大背景下，环境行为研究的学术组织在欧美地区相继成立，与之相伴的还有学术会议的开展及学术期刊、学术著作的出版。其中，"环境设计研究协会"（EDRA）和"人—环境研究国际学会"（IAPS）一直在国际环境行为研究的发展中发挥着引领作用，而《环境与行为》与《环境心理学学报》是这一领域最有影响力的两种定期刊物。20 世纪 70 年代，日本也开始开展相关的研究，且在亚洲处于领先地位（表 1–1）。

国外环境行为研究发展历程 表 1–1

| 时间 | 地点 | 事件 |
| --- | --- | --- |
| 1968 | 北美 | "环境设计研究协会"（EDRA）成立 |
| 1969 | 美国 | 《环境与行为》杂志问世 |
| 1970 | 英国 | 第一届建筑心理学国际研讨会（IAPC），后被"人—环境研究国际学会"（IAPS）取代 |
| 1980 | 澳大利亚 | 首届"人与物理环境研究会议"召开，"人与物理环境协会"（PAPER）成立 |
| 1981 | 英国 | 《环境心理学学报》创刊 |
| 1982 | 日本 | "人—环境研究学会"（MERA）第一届会议（日美会议） |
| 1992 | 日本 | 《人间·环境学会会刊》创刊 |

## 1.2.2 我国环境行为学研究的发展与动态

与世界各国相比，我国在环境行为学这一领域的研究起步较晚。20 世纪 80 年代初，我国建筑界的一些专家学者利用出国访问、学术交流或从事翻译著作等活动，陆续从欧美、日本等发达国家引入环境心理学、环境行为研究的理论和方法，开始在建筑学等学科内从事研究。此后，环境行为学研究逐渐引起学科人员的广泛兴趣和关注，并在20世纪80年代中后期开始以不同形式进入我国建筑系课堂。

1993年，在吉林市召开了由中国建筑工业出版社、哈尔滨建筑工程学院、吉林市土木建筑学会联合举办的"建筑与心理学"学术研讨会，这是我国在这一领域的第一次学术会议。1996年8月，"环境行为学会"（EBRA）在大连成立，这是亚洲成立的第二个环境行为学术研究组织。自1998年青岛会议之后，EBRA逢双年在国内各大建筑院校举办一届学术大会。至2020年，EBRA已在国内12所建筑院校举办了14届学术会议，推动了我国环境行为研究的发展，使之逐渐在国际学术界形成了影响。

2021年，"中国建筑学会环境行为学术委员会"（CEB-ASC：Committee of Environment-Behavior, The Architectural Society of China）成立大会暨首届环境行为研究学术论坛在哈尔滨工业大学召开，至此，"环境行为学"（EBRA）的活动终止。中国建筑学会环境行为学术委员会是中国建筑学会领导的，由全国各高校、研究机构、设计机构的环境行为、环境心理研究者、应用者及关心中国建筑发展的学者自愿组成的专业性社会学术团体。

环境行为学科在我国历经40余年的发展，已有大量的研究和实践成果。除传统的环境行为研究课题外，POE与建筑策划、快速城镇化与生活方式变化、气候变化、灾害与环境安全、智慧城市与健康建筑、环境行为研究与大数据等课题也备受关注。其研究范围从身边的空间环境延伸到极地、太空等特殊环境，从建成环境逐渐扩展到自然、社会环境，甚至数字和虚拟环境与空间。随着信息时代的快速发展和大数据时代的来临，虚拟现实（VR）、建筑信息模型（BIM）、地理信息系统（GIS）、GPS、Wi-Fi定位及近年兴起的机器学习、人工智能等技术正在影响着环境行为研究的技术和方法，使数据获取方式不断拓展，研究数据的种类不断增加。在中国特色社会主义的新时代，我国环境行为学者必将发出更多自己的声音，拥有更多的成果；面对城乡高质量发展的需要，环境行为学科的理论和方法必将发挥越来越重要的作用。

## 1.3 环境行为学研究的内容和方法

### 1.3.1 主要研究内容

如前所述，环境行为学是涉及人类行为和环境之间关系的一门科学，其基本任务是研究人类与环境是如何相互作用、相互影响的。在这个相互作用中，人们一方面研究人的行为、情感是如何受客观环境影响的，另一方面也关注人的行为会对环境产生哪些反作用。环境行为学有两个目标：一是了解"人—环境"的相互作用；二是利用这些知识来解决复杂多样的环境问题。环境行为学是多学科交叉共融、既整体又分化的领域，它涉及社会学、心理学、人类学、地理学、建筑学、风景园林、城乡规划等多个学科。环境行为学的研究是环境和行为之间的互动循证过程，研究要把环境—行为关系作为一个整体，强调环境—行为是一种交互作用关系，是一个互动的、不断循环的过程。该学科的研究课题以城市、建筑问题为取向，多强调在真实的环境中进行研究，以城市或建筑环境的现场研究为主。与实验室研究相比，现场研究的方法更多样、更准确，并常采用来自多学科的、富有创新精神的研究方法。

环境行为学教学中，通常包含环境知觉与空间认知、环境中的社会行为及环境评价等内容，它们也是环境行为研究的最基础的内容。环境知觉是人们用视觉、听觉、嗅觉和味觉等捕捉并解释环境信息从而产生组织和意义的过程。环境认知是指对环境中空间信息的排列、存储和回忆的方式方法，涉及认知地图、寻路、距离估计等内容。环境中的社会行为是和环境有关的外显行为，也就是关注人在环境中是如何与别人一起使用和共享空间的，包括个人空间、私密性、领域性与拥挤感等。环境评价研究环境的价值，揭示环境与空间对人类生活品质的影响，其成果可以应用到后续的环境品质改善中。环境评价包括满意度评价、情感评价、美学评价，以及对建成环境的使用后评价（Post-Occupancy Evaluation）等。

近些年，环境行为学的研究范围不断延伸和扩大，研究内容也不断深化和拓展。这不仅包括环境从最开始的建筑空间环境逐渐扩展到自然、社会和文化环境，甚至是数字和虚拟环境与空间，而且也包括研究内容从人类与小尺度的建筑空间的互动关系不断向以群体为单元的公共空间、城市空间拓展，涌现出老年人、残疾人、儿童等特殊人群的环境行为研究，学校、商场、医院、监狱、空间站等特定空间中的环境行为研究，环境态度、环保行为及虚拟空间中的环境行为研究等新的课题。虽然环境行为研究内容逐渐深化，但其中的影响因素和互动规律始终是环境行为研究者关注的焦点。总之，环境行为学的研究范围和内容虽不断拓展，但其关注于环境与行为之间互动性的主旨不变。

## 1.3.2　主要研究方法

环境行为学是一门包容的学科，早期利用哲学、社会科学的研究方法，也就是观察和思辨等方法，如今随着自然科学和社会科学的发展，尤其是生物科学和计算机科学的发展，环境行为学包含了来自多个学科的全部可能用到的研究方法，包括收集数据资料的方法和处理数据资料的方法（统计分析法、计算机模拟法、逻辑分析法）。以下介绍几种环境行为学中经常使用的研究方法。

### 1. 观察法

观察法是在某种自然条件下，在一定时间内，通过人的眼睛、耳朵等感觉器官或录音、录像等科学仪器，按照已经设计好的目标和步骤，来考察和描述人的各种外在的心理活动和行为，从而收集研究资料，从中发现行为产生和发展的规律性的一种科学方法。通过这种方法不仅可以观察事件的发生过程，而且还能对事件参与者的行为进行了解。"观察"在环境行为研究中是一种有趣的研究方法，是获得有关研究对象第一手资料的重要手段之一。观察可分为结构性观察和非结构性观察，研究中广泛使用的活动注记法、动线观察法、行人计数法及行为痕迹法均属于观察法。

### 2. 问卷法

问卷法是一种使用经设计调研者仔细考虑编排的问卷去征询受试者的特征、行为及其对环境和空间态度的方法。此法简便易行，一般是研究者将自己关心的心理问题变成容易回答的具体问题，编制成问卷，通过现场发放、邮局邮寄、在报纸杂志上印发和互联网发送等方式将问卷在很短时间内发送到被调查者手里，然后对回收的问卷进行整理分析，从中发现一些心理特征和心理活动规律。

### 3. 访谈法

访谈法指用口头交流的方式和被访者进行交谈，询问被访者一些和研究有关的问题，让被访者表述自己的想法和自己的日常行为表现。研究者既可以与被访者面对面地进行交谈，也可以通过电话来访谈，还可以通过网络来进行交流。访谈也可分为结构式访谈和非结构式访谈。

### 4. 认知地图法

认知地图法又称心智地图法，指被试者以认知地图的方式描述他们对于环境的感知。最先对城市居民认知地图进行研究的是美国城市规划教授凯文·林奇（Kevin Lynch），他将认知地图的概念运用于城市规划和设计实践中，让受试者在一张空白纸上画出他们所处环境的草图，标出哪些是其认为最突出的城市要素，并描述其感受，然后运用计算机及其他技术对大量的个人认知地图和口头报告进行统计分析以获得环境的公众意象图。公共意象图是许多人对同一环境个人认知地图的交集，反映了某一群体对特定环境的共识，也在一定程度上反映了该环境的特征。被试范围越广，环境特征就越有代表性。

### 5. 语义区分法

语义区分法（Semantic Differential）是由美国心理学家奥斯顾德（Osgood）于 1957 年作为一种心理测定的方法而提出的，又称感受记录法。该法使用"双极形容词量表"，根据所测量的环境，选取若干对形容词及其反义词，平行列在有 5~7 点量表的两端，被测者根据对目前所处环境的感觉，在认为最符合自己评价的空格内打勾记号。此法的目的是要研究空间中被测者对该目标空间的各种环境氛围特征的心理反应，而后对所有尺度的描述参量进行评定分析，从而定量地描述空间目标的概念和构造。

### 6. 空间分析方法

地理信息系统（GIS）是一种用于收集、存储、处理、分析和展示地理数据的技术，其核心功能就是空间分析。利用 GIS 可以在三维时空框架中对个体的空间活动进行建模，并通过研究空间数据及对数据的可视化，探索空间要素之间的关系，研究地理空间数据之间的关系和模式，揭示空间特征和过程的内在规律和机理，实现对空间信息的认知、解释、预测和调控。空间分析方法包括一系列方法和技术，比如空间插值、缓冲区分析、空间统计、领域分析、网络分析及三维分析与可视化等，这些方法在城市规划、人文地理等领域具有重要的应用价值。

空间句法（Space Syntax）是由比尔·希列尔（Bill Hillier）等人于 20 世纪 60—70 年代在伦敦大学创立的一门关于空间与社会关系的一系列理论和技术。该方法的基本思想是对空间进行尺度划分和分割，以分析其复杂的关系，揭示建筑、聚落、城市甚至景观空间的内在规律，包括拓扑几何、实际距离等关系，是一种量化描述人们的空间体验的方法。具体来说，空间句法主要借助 Depthmap 软件，运用整体性原则，采用视域分析法对建筑与城市空间的连接度（Connectivity）、整合度（Integration）、选择度或穿行度（Choice）等参量展开计算和分析，得到不同街道和空间在邻里、社区、市域、区域等不同尺度的区位价值、空间拓扑层面的解读，以及某些系统化的指征和方法建构，以进一步分析空间结构与交通及用地功能之间的关系，从而探索城市与建筑空间形态与功能的互动规律。

### 7. 实验法

实验法可分为实验室实验和自然实验（现场实验）两类，是研究者先在头脑中形成有关心理现象的各种假设，然后人为地控制和改变某些条件，使所要研究的这种心理现象出现，从而单独地研究这种心理现象的变化规律的方法。

随着科学技术的发展，实验法也包括虚拟现实（VR）法、虚拟环境（VE）法、增强现实（AR）法、拓展现实（XR）法等，以及利用可穿戴设备，例如眼动追踪、脑电传感、皮肤温度湿度传感器等，进行的动作与视线捕捉、情绪与生理数据采集及行为分析等。其中，虚拟现实（VR）及虚拟环境（VE）为受试者提供了一种与真实世界相似的互动体验。虚拟现实是使用头盔式显示器和其他输入设备来让受试者感觉自己处于虚拟空间中的技术，受试者能在虚拟空间中进行各种活动。虚拟环境是使用计算机图形学和人机交互技术创建的虚拟空间，受试者可以通过鼠标、键盘、手柄等与之进行互动。虚拟现实、虚拟环境经常配合进行，并利用 GPS 位置跟踪、眼动追踪、脑电传感、皮肤温度湿度传感器及其他生理传感器等收集使用者行为和感知信息来用于分析研究。增强现实（AR）法则是将虚拟对象放在现实中，并让使用者与虚拟对象产生互动的技术。拓展现实（XR）法包含 AR（增强现实）、VR（虚拟现实），是利用硬件设备结合多种技术手段，将虚拟的内容和真实场景相融合。

### 8. 大数据方法

信息技术的快速发展推动了大数据时代的到来。在我们的学科领域，与空间和形态相关的"大数据"也形式多样，包括图形、照片、文字、音频、视频、数字等。这些"大数据"是对空间形态的描述或辅助支持，它们有的来自公共机构的统计和度量，有的则来自社会媒体、单位机构及个人的生产。近年来，越来越多的研究者借助互联网、云平台等先进技术手段，挖掘采集数据，梳理、分析相关信息。Wi-Fi 定位技术能长时间、全方位地记录人们位置的特征，为建筑和城市空间的人群时空行为轨迹研究提供了可能；以手机信令为代表的时空大数据为研究城市活动系统的数字化转型提供了重要的数据基础；大众点评、百度地图等网络的爬虫数据采集，可以批量获取城市 POI 数据，为城市与建筑空间的设计与研究提供依据。这些与空间信息有关的大数据发展，对于人们研究城市与建筑空间网络形态提供了新的视角、手段和方法。研究者正在将这些大数据彼此链接起来，分析它们之间的关系，尝试建立一个整合的新系统。

新方法和新技术为环境行为研究提供了全新的视角和途径，使研究朝着更为精细和科学的方向发展。但是，新方法、新技术并不能代替传统研究方法，而是与传统方法相互补充、相互增强，提高了研究的信度和效度，为环境行为研究提供了更多的可能性与新思路。

# 第 **2** 章　感觉、知觉与认知

## 2.1 感觉

人类对于社会及大自然的认知来自人体的各种感官（眼、耳、鼻、舌、身）系统。人类通过认识过程来反映客观世界的环境信息，从而为认识与改造环境提供依据。认识过程包括感觉、知觉、记忆、想象、思维和言语等。通过认识过程，人们对环境中的一些信息进行接收、识别及加工提炼。

### 2.1.1 基本概念

#### 1. 定义

感觉是人脑对当前直接作用于感官系统的客观事物个别属性的认识。客观事物是感觉的源泉，人的认识活动从感觉开始。通过感觉，人们不仅能够了解客观事物的各种属性，如物体的形状、颜色、气味、肌理、质感等，而且也能知道身体内部的状况和变化，如饥饿、不适、疼痛等。感觉既是意识和心理活动的重要依据，也是人脑与外部世界的直接联系。感觉提供了内外环境的信息，保证了机体与环境的信息平衡，是一切较高级、较复杂的心理现象的基础。

#### 2. 刺激与感觉

日常生活中适当接受刺激并产生相应的感觉是非常重要的，其可为人们认知周围的客观环境提供重要的依据和线索，并可保证人们的身心健康。刺激与行为的关系如图 2-1 所示。

图 2-1 刺激与行为的关系

1954 年，在加拿大麦克吉尔大学，心理学家贝克斯顿（W.H.Bexton）教授等人为了深入了解人在缺乏感觉刺激时的相应反应，进行了著名的"感觉剥夺实验"。

该实验在缺乏刺激且单调、隔声的小屋中进行。实验付费给大学生受试者，要求其持续躺在帆布床上（进餐和上卫生间除外）。小屋中持续开着灯，被试者戴着半透明的护目镜，故看不到东西；小屋内的空调和电扇掩盖了室外噪声，且被试者听不到任何有规律的声音（采用了相应的隔声装置）；同时防止被试者手足触摸物体。被试者的头上及四肢连接有传感器，以便于研究其脑电波及各项生理指征的变化（图 2-2）。

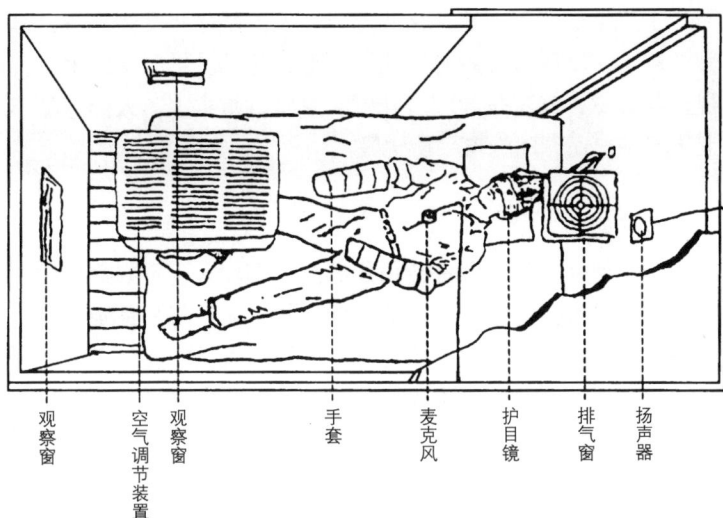

观察窗　空气调节装置　观察窗　手套　麦克风　护目镜　排气窗　扬声器

图 2-2　感觉剥夺实验环境图示

在实验的初期，被试者以睡觉为主，但两三天后这种单调的实验环境便令人难以忍受。缺乏正常刺激使被试者的思维过程受到严重扰乱，使其感到无聊并烦躁不安，智力测试成绩明显下降，出现白天做梦、幻觉及恐怖症状。故被试者决定退出实验，逃脱这个令人难以忍受的单调环境。

感觉剥夺实验表明了感觉的重要性，一定水平的感觉输入是维持人的正常生理水平必不可少的。感官系统接收到的诸如光、形、色、声、味、嗅、触等刺激，有助于人体正常机能的发展。丧失感觉会严重影响人们的思维和认识过程，并影响人的情绪和意志，甚至出现心理问题。

### 3. 感觉的特点

（1）感觉是对当前事物的反映，是记忆中再现的映像，而幻觉中的体验等均不是感觉。

（2）感觉只能反映客观物体的声、形、色、味等个别属性，而不能把这些属性整合起来整体地反映客观事物。感觉是人们认识客观世界的开始。

（3）感觉以客观事物为源泉，是主客观联系的重要渠道，是客观事物的主观反映。

## 2.1.2　影响因素

### 1. 感官刺激

人的感觉器官具有不同的形态构造，执行着各自的职能。它们具有特定的适宜刺激物，只对各自的适宜刺激产生最大的感受力，从而产生清晰的、有一定意义的感觉。例如眼睛接受光刺激，耳朵接受声刺激，皮肤接受触觉、温觉刺激，等等。平时人们最重视的是视觉与听觉，其次是嗅觉、味觉、触觉。事实上，人的感觉不止有上述五种，还有动觉与平衡觉等。

### 2. 感觉阈限

并非任何强度的刺激都会引起感觉，例如人听不到远处微弱的声音，感觉不到飘落到皮肤上的尘埃微粒。人们将那种刚刚能引起感觉的最小刺激强度称为下绝对感觉阈限。人类重要感觉绝对阈值（下绝对感觉阈限）的近似值见表 2-1。

人类重要感觉绝对阈值（下绝对感觉阈限）的近似值　　　表 2-1

| 感觉类别 | 绝对阈值（下绝对感觉阈限） |
| --- | --- |
| 视觉 | 明朗的黑夜可以见到 30 英里（约 48.28 km）外的一只烛光 |
| 听觉 | 安静的房间里可以听到 20 英尺（约 6.10 m）外表的滴答声 |
| 味觉 | 2 加仑（约 9.09 L）水中加 1 匙糖可以辨出甜味 |
| 嗅觉 | 1 滴香水可使香味扩展至 3 个房间 |
| 触觉 | 1 片蜂蜜翅膀从 1 cm 外落在面颊上，可感觉其存在 |
| 温冷觉 | 皮肤表面温度有 1℃之差就可觉察 |

当刺激强度超过某种限度时，所引起的就不再是正常感觉而是痛觉。例如，过强的听觉刺激和触觉刺激引起的效果都是痛觉。人们将能引起痛觉的最大刺激量称为上绝对感觉阈限。从下绝对感觉阈限到上绝对感觉阈限之间的强度，就是人所能产生感觉的刺激范围。

人耳的听觉范围见表 2-2。当声音在 0~140 dB 时，人耳听觉非常敏感。正常人能够察觉 1 dB 的声音变化，3 dB 的差异则将感到明显不同。人耳的听觉下限是 0 dB，低于 15 dB 的环境是极为安静的环境。农村的夜晚一般是 25~30 dB，仔细倾听才能听到风、流水、蝉鸣等自然声音，其他感觉一片寂静。城镇的夜晚因区域不同而有所差异。较为安静的居住小区室内一般在 30~35 dB，而在繁华的闹市区或是交通干道附近，将达到 40~60 dB（甚至更高）的噪声。人们正常讲话的声音大约是 60~70 dB，大声呼喊可达 100 dB。人耳的听觉上限一般是 120 dB，超过 120 dB 的声音会造成听觉器官的损伤，并产生痛觉；140 dB 的声音会使人致残失去听觉。高分贝喇叭、重型机械、喷气飞机引擎等都能够产生超过 120 dB 的声音。

人耳的听觉范围　　　　　　　　表 2-2

| 听觉范围/dB | 听觉特征 |
| --- | --- |
| 0~1 | 人耳的听觉下限是 0 dB，正常人能够察觉 1 dB 的声音变化 |
| < 15 | 极为安静的环境，3 dB 的差异人耳将感到明显不同 |
| 25~30 | 农村夜晚仔细倾听才能听到风、流水、蝉鸣等自然声音 |
| 30~35 | 较为安静的居住小区室内环境 |
| 40~60 | 繁华的闹市区或是交通干道附近的声音 |
| 60~70 | 人们正常讲话的声音 |
| 100 | 人们大声呼喊的声音 |
| 120 | 是人耳的听觉上限，超过 120 dB 的声音会造成听觉器官的损伤，并产生痛觉 |
| 140 | 会使人致残失去听觉 |

### 3. 注意

注意是心理活动对一定对象的指向和集中。人们对那些被注意的对象会用心地看、听、嗅、触摸……结果这些被注意的对象就被清晰地反映出来，而其他未被注意的对象就相对感觉模糊。客观对象能否引起人的注意，一方面取决于刺激物的特征和背景环境，另一方面取决于人体自身的状态。

（1）刺激物的强度对比。在无意注意中起绝对作用的往往不是刺激物的绝对强度，而是它们的相对强度。例如，在嘈杂的闹市中大声说话不会引起旁人的注意，而在安静的环境中窃窃私语也可能引起旁人的注目。又如，万绿丛中一点红的强烈色彩对比通常会引起人们的注意。在建筑设计中，为突出建筑主立面及主入口，通常采取加强对比的设计手法，使主入口或主立面在尺度、形态、材质、色调等设计上与其他部位有明显差异，从而通过突出重点部位给人视觉上以较深刻的印象。

（2）刺激物的状态。运动和变化的对象通常比静止的对象更引人注意。例如理发馆的三色旋转柱标、夜晚中变幻的霓虹灯标志、动态的喷泉等比静止的对象更易引起人们的视觉注意；节奏强烈的音乐比舒缓委婉的旋律更能引起人们听觉的注意。

（3）刺激的新异性。一般而言，与众不同的和新异的事物很容易成为注意的对象，而千篇一律的、刻板重复的事物则很难吸引和维持人的注意。例如在商业街中，别具一格的店面设计和商品广告更能吸引过往行人的视觉注意而致生意兴隆。在城区建筑规划设计中，恰当组织地标性建筑，在空间构图上突出标志性建筑的与众不同，可以有效地吸引人们的注意，甚至对当地的旅游及经济产生有益的影响。例如澳大利亚的悉尼歌剧院、西班牙的古根海姆博物馆、北京的国家大剧院及奥运水立方游泳馆等，均通过对人们的视觉刺激而达到了这种效果。

（4）注意的范围。注意的范围也称为注意的广度，是指在同一时间内能清楚地把握对象的数量。耶文斯在 1871 年进行了有关注意范围的实验。他把黑豆撒在一个有黑色背景的白色盘子中，有部分豆粒落到盘内，其余则落到黑色背景中。待盘中的豆粒刚稳定下来，观察者立刻报告所看到盘子中豆粒的数量。实验结果发现，盘中有 5 颗豆粒时开始发生计数错误；当不超过 8 个豆粒时计数错误率小于 50%；豆粒数为 8~9 个时，计数错误率大于 50%。通过实验结果证明，在计数判断中 7 是临界值。如果将 9 颗豆粒分三组，每组 3 颗，则观察者能准确看出豆粒的数量。从以上研究分析出，对这些环境要素加以适当组织，把某一群元素作为一个整体记忆以简化信息处理过程，则花同样的精力可记住更多的信息，从而大大提高记忆效率。

## 2.1.3　感觉之间的相互作用

### 1. 联觉

联觉是指一种感觉引起另一种感觉的现象，它是感觉相互作用的另一种表现。例如在音乐方面有一定修养的人，听到适当的乐曲会产生相应的视觉，这就是一种视听联觉现象。贝多芬在法国巴黎卢浮宫广场看到广场周围卢浮宫等古典主义风格的建筑群时，由视觉联觉而发出了由衷的感叹："建筑是凝固的音乐。"

联觉有多种形式，其中色彩的联觉在建筑室内环境艺术设计中得到了广泛应用。不同的房间色彩会引发人们不同的感受，营造不同的氛围（表 2-3）。

| 色彩 | 色彩感受 |
|---|---|
| 红色 | 血气、热情、主动、节庆、愤怒 |
| 橙色 | 欢乐、信任、活力、新鲜、秋天 |
| 黄色 | 温暖、透明、快乐、希望、智慧、辉煌 |
| 绿色 | 健康、生命、和平、宁静、安全感 |
| 蓝色 | 可靠、力量、冷静、信用、永恒、清爽、专业 |
| 紫色 | 智慧、想象、神秘、高尚、优雅 |
| 黑色 | 深沉、黑暗、现代感 |
| 白色 | 朴素、纯洁、清爽、干净 |
| 灰色 | 冷静、中立 |

色彩与感受　　表 2-3

（1）色彩的温度感。色彩会使人产生温暖或寒冷的感觉。红和黄属于暖色调，使人联想到火焰和太阳，会使人内心感觉到温暖；

绿和蓝属于冷色调，会使人联想到森林、大海与蓝天；红紫和黄绿等属于中性色，既不冷又不暖。色彩的冷暖还与对比有关，例如紫色若与橙色放在一起，则紫色偏冷；若和蓝色放在一起，则紫色偏暖。在蓝绿色的室内冷色环境下，室温 15 ℃时人们会感觉到冷，此时人的血液循环较慢，血压、呼吸及脉搏均维持正常。而在红橙色的室内暖色环境下，人们在 11 ℃的室温环境下才会感觉到冷，此时人体的血液循环较快，血压上升，呼吸和脉搏均会加快。

（2）色彩的距离感。暖色使人感到距离缩小，称为前进色；冷色使人感到距离增大，称为后退色。当室内界面色彩的明度相同时，在视觉上感觉采用冷色会比暖色更能扩大空间。如果想使面积小的房间显得较宽敞，就应采用冷色系的浅绿（蓝）色（后退色）材料装饰墙面。

（3）色彩的轻重感。决定色彩轻重感觉的是明度。深色感觉重，浅色感觉轻；暗淡色感觉重，明亮色感觉轻。明度一样时，暖色感觉重，冷色感觉轻。黑色感觉最重，白色感觉最轻。在室内装饰时，人们往往喜欢上轻下重的沉稳感觉。因此，顶棚常采用浅色（白色），地面常使用深色，墙裙用色总是深于上部墙面用色。

（4）色彩的面积感。面积一样大的两种色彩，明度高而色浅的有放大的感觉；明度低且色深则有缩小的感觉。装饰线脚也是如此，明亮色的线脚尺度显得粗大些，暗色的线脚显得细小些。

（5）色彩的动静感。暖色使人兴奋，为动感色彩；冷色使人沉静，为静感色彩。浅淡明快的色彩易使人心理感觉活泼轻松，灰暗浓重的色彩则易使人心理感觉深沉抑郁。

### 2. 感觉的相互加强或削弱

人们对环境信息的获得是通过多种感觉器官共同作用整合的结果。在环境知觉中，不同的感觉起着相互加强或削弱的作用。

人接收客观环境的信息通常是多渠道同步进行的。当某种感觉器官受到刺激时，也可能影响到对其他器官的感受性。经实验研究发现，微痛刺激或某些嗅觉刺激均可能使视觉感受性适当提高；微光刺激能提高听觉的感受性，而强光刺激则会降低听觉感受性。通常的规律是，弱刺激能提高另一种感觉的感受性，而强刺激则会降低另一种感觉的感受性。这些规律被广泛应用于影剧院、音乐厅、体育馆等以视听功能为主的观众厅内的环境设计中。

### 3. 感觉的补偿

当人的某种感觉受损或缺失后，其他感觉会予以补偿。例如，聋哑人的视觉特别敏锐；盲人只能依靠视觉以外的其他感觉（听觉、触觉、嗅觉、味觉）信息判断和识别客观对象；先天失明者即使有的经治疗恢复视觉，开始阶段仍需要借助听觉、触觉等手段验证视觉信息，并将后来的视觉信息纳入先前依据非视觉信息所建立的固有模式。不同感觉之间之所以能够相互补偿，是因为在一定条件下不同形式的能量可以相互转换。感觉的相互作用也说明人的感觉系统是一个整体，各种感觉是相互联系的，它们整合在一起对客观世界进行全面的感觉反映。

## 2.2 感觉与空间环境设计

人类主要通过视觉观察建筑空间和自然环境。事实上，人们是通过多种感觉（视觉、听觉、嗅觉、动觉、触觉等）来体验周围环境，不同的感觉之间存在着相互影响，而且它们之间的相互作用也影响着个人对总体环境的判断与评价。多种感觉对建筑环境的体验途径如图 2-3 所示，这种体验途径为建筑空间与环境设计提供了许多有意义的启示。

### 2.2.1 视觉

视觉是人的主要感官，是刺激作用于视觉器官产生的主观映像，是识别和定向的主要手段，也是获取环境信息的主要途径。人类对世界的感知，80% 以上的信息都是经过眼睛观察得到的。

经研究发现，人类视网膜结构由中央凹和周围视觉所组成，且各自具有不同的视觉功能，它们使人以三种各不相同却又相互协同的方式观察周围的世界。人眼的剖面如图 2-4 所示。

1）视觉注视目标

中央凹是人眼位于视网膜中央的小凹，含有最微细的视锥细胞。中央凹形成的视野呈圆锥状，水平和垂直视角均为 2° 左右。当

图 2-3 多种感觉对建筑空间的体验途径（左图）

图 2-4 人眼剖面示意图（右图）

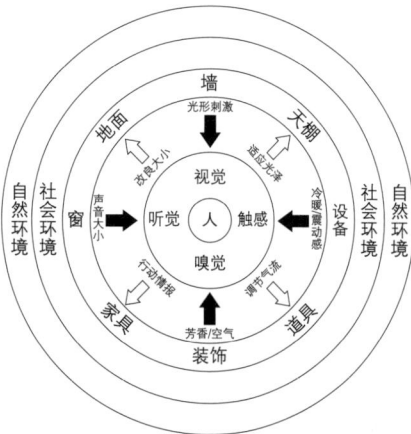

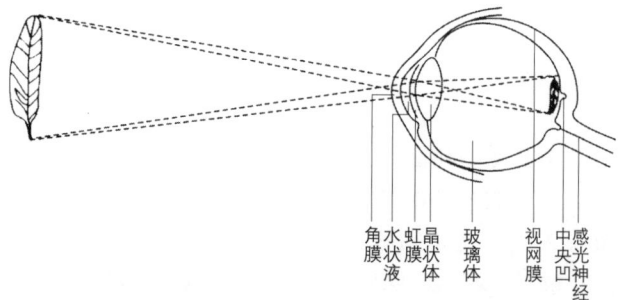

头部保持垂直或略微前倾时，中央凹视觉通常看着视平线以下 10°左右的地方。中央凹具有辨别物体精细形态的能力。当人眼观看视觉对象时，中央凹视觉一般沿点划式轨迹进行扫描。所谓"划"就是扫视，"点"则是停顿和注视。扫描可较快了解全局，注视则能深入局部。对一点的注视时间越长，越易引起人的兴趣。

人眼是需要捕捉注视目标的，匀质的景观环境，即缺乏停顿点的环境背景，易给人单调乏味的感觉。例如灰色的天空背景、茫茫无际的沙漠、匀质无边的海洋、单调如一的现代盒子群体建筑等，都会引起人们的视觉疲劳，继而使人产生厌倦情绪。而喷薄日出、草原的大树、具有独特造型且不落俗套的建筑作品，则往往能够吸引人们的注目，通过中央凹使人们得到充分的视觉审美（图 2-5）。

2）视野范围与设计重点

（1）视觉尺度范围

据相关研究结果证明，中央凹的扫描方式因视觉对象而异。例如，观看画片等小尺度对象时，中央凹沿着复杂而又循环的路线进行扫描；观看较大的雕塑时，扫描集中于形体本身折线式来回跳跃，并在形体外轮廓处略作停顿。人的视觉尺度范围如图 2-6 所示。人眼能看清物体轮廓的最远距离为 250m。

对于建筑物，扫描主要沿线条和外轮廓线进行，并多停顿于屋顶檐口、建筑入口和形体突变等建筑形态的重要部位。对于街道景观，中央凹集中于中景左右来回扫描，注视程度随距离渐远而逐渐减弱，具有一定的连续性。对于市政广场，扫描多集中于中景或近景处的狭窄地带，围绕广场中心来回摆动，注视程度变化较大，具有动态性质。

（2）最佳视野与设计重点

研究表明，人眼的视野范围在水平方向上为 80°~160°，在垂直方向上为 130°，水平与垂直方向均以 60° 为清晰视野范围（图 2-7）。

图 2-5　均质的环境与注视目标

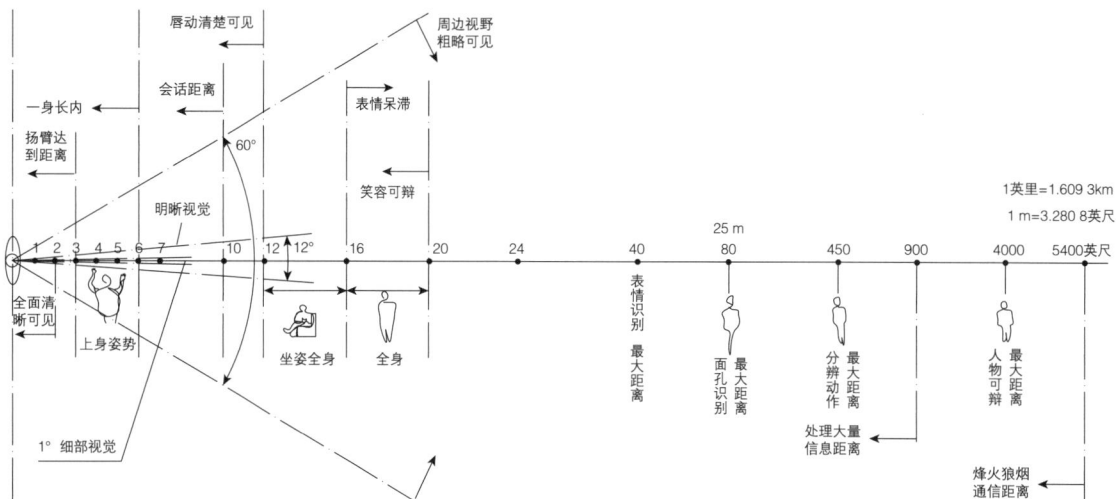

图 2-6　人的视觉尺度范围

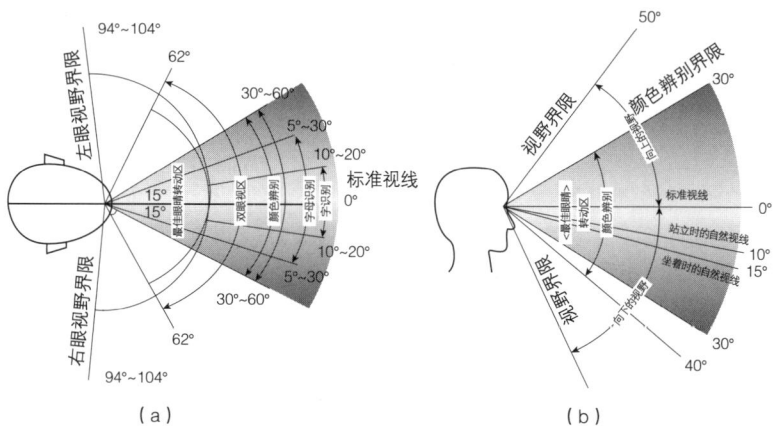

图 2-7　人眼最佳视野范围
（a）水平视野；（b）垂直视野

（a）　　　　　　　　　　（b）

根据中央凹的视野范围，可确定不同视距时建筑或环境细部（如檐口和雕塑、小品）的尺度和形态。人眼在室外看清店面及建筑细部的有效视距约为 25 m（约 80 英尺）左右，因此，应确定这个有效视距在人的视野范围之内，据此确定相邻建筑物之间的距离。同时，应保证建筑物的门厅入口、屋顶檐口、店面标识等重点

图 2-8　视距与设计重点间的关系示意

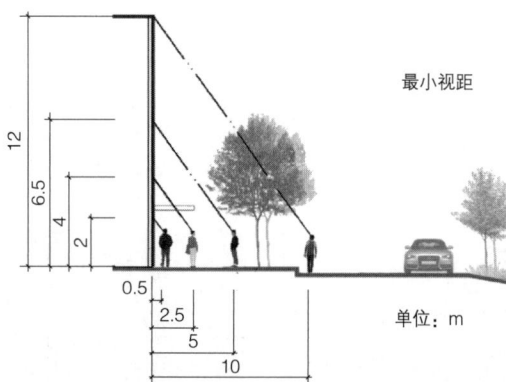

最小视距

单位：m

设计部位与人的最小视距在有效视距之内，如图 2-8 所示。就环境设计而言，眼睛的扫描规律与视觉审美感受密切相关，因此具有更为重要的意义。

（3）周围视觉

周围视觉位于中央凹周围，随同中央凹进行扫描，共同形成清晰的视野范围。周围视觉包括近周围、远周围和边缘单眼视觉三部分，其中边缘单眼视觉部分虽然视力变差，但对运动的感觉相对加强。这些运动被边缘视觉夸大，引起人的无意注意和下意识反应，故而对感知环境整体、确保自身安

全和保持心情安宁具有重要的意义。

　　根据边缘视觉对动态刺激敏感的特点，可在城市商业空间多设广告牌、灯光、变幻的霓虹灯、字幕、喷泉、动态雕塑或小品等，以加强商业空间氛围。而在图书馆、医院和纪念馆等建筑则应控制墙面装饰，通过加大或减少对边缘视觉的刺激，形成安静、整洁、肃穆的空间氛围。

　　此外，道路和隧道设计必须充分考虑边缘视觉造成的影响。例如，驾驶汽车从开阔的公路驶入林荫道时，由于倒退的行道树在边缘单眼视觉上产生运动的夸大感，因此驾车者会情不自禁地减慢车速。又如，隧道口应设有合适的视觉过渡和渐变的环境处理，而在隧道中，为避免造成车速突变，应保持人工照明均匀一致，并尽量减少位于驾车者眼睛高度的灯光数量。

## 2.2.2　听觉

　　听觉是外界声音刺激作用于听觉器官而产生的感觉，是自然界动物或人类彼此联系的一种工具。不同的声音信息有助于形成不同的环境氛围。听觉是仅次于视觉的感官，声音是人们日常生活中不可或缺的一部分，它可以传递信息、表达情感、创造氛围，甚至影响人们的身心健康。

　　特定的声音不仅可以成为视觉探索的引导，而且能唤起对有关特定地点的记忆和联想。此外，声音的巧妙利用还能获得某些特殊体验，例如闹市中喷泉的水声可以掩蔽噪声，起到闹中取静的作用，有利于游人休闲和相对私密的活动；在室内大堂中设置叠水等设施，通过潺潺流水声可营造自然的环境氛围；在购物环境中听到优美舒缓的背景音乐，可以强化人的购物行为，使人流连忘返。

　　"声景观"概念是 20 世纪 60 年代末由加拿大科学家谢夫尔（Schafer）首次提出的，他们主张将"听觉设计"引入景观设计。在园林景观的设计中融入声景学元素，已经成为当下园林景观建设的重要课题。通过在园林景观中加入声景学，不仅能够提升园林景观的整体艺术效果，还能让游人获得更好的体验感。声景观设计在中国古典园林中具有独特地位，匠人通过借、补、掩、反衬等手法塑造声景。例如扬州个园的风音洞，其在墙上开有十多个洞，当风吹过时，就能像笛子等吹奏乐器一样发出声响。风音洞以洞借声，给人寒风凛冽的视觉联想（图 2-9）。

　　声音虽然短暂且不集中，但无处不在，因此声音不仅与室内而且与室外，不仅与局部而且与整体环境体验密切相关。但是，并不是所有的声音都是有益的，有些声音可能会干扰人们的注意力，影响人们的睡眠，甚至损害我们的听力。因此，如何在建筑中控制

图 2-9 扬州个园的风音洞　　　　　　　　　风音洞正立面　　　　　　　风音洞发声示意图

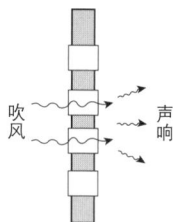

和改善声音环境，是一个值得关注的问题。对于噪声产生的不利影响，可以通过采取隔声密闭措施营造相对安静舒适的室内环境，例如设置隔声门窗、吸声墙面及管道外包吸声材料等措施。

### 2.2.3　嗅觉

人们可以通过嗅觉对气味的属性与浓淡进行判断，从而认知环境。心理学家的研究显示，"嗅觉具有情感的特性"，气味可以令人回忆起闻到它的场景，并产生充满感情的反应。嗅觉设计是指人通过对事物在嗅觉层面进行有意识地观察、分析、处理，在大脑中进行信息综合加工，从而形成有意识地改造事物的活动。

嗅觉具有激发个人情绪的能力，能加深人对环境的体验。公园和风景区具有充分利用嗅觉的有利条件：花卉、树叶、清新的空气，再加上微风，常会产生一种"香远益清"的特殊效应，令人陶醉。有时，还可以建成以嗅觉为主要特征的景点，例如杭州满觉陇和上海桂林公园。在不少小城镇中可以闻到小吃、香料、蔬菜等多种特征性气味，这些气味提供了富有生气的感受，增添了日常生活的情趣。此外，不同的气味还能唤起人对特定地点的记忆，用以作为识别环境的辅助手段。

在商业空间设计中，常将气味转化成视觉语言，在视觉、嗅觉双重作用的催动下，有效地传播资讯，获得受众心理上的共鸣，产生积极的反馈。例如星巴克咖啡店的嗅觉设计，围绕烘焙咖啡豆的特定气味，让顾客感觉自己始终被咖啡包围。星巴克从不同的方面运用将咖啡的味道转化为视觉层面的方法，以浅黄、白、绿色系和天然材质诠释咖啡的"香气"，运用原木材质让人联想到咖啡天然的味道，灯具则选择黑色圆点状，酷似咖啡豆，从而让人置身于咖啡海洋。

植物散发的特定味道具有一定疗愈效果。近年来兴起的"疗愈花园"，就是通过特定的植物搭配，使其产生芳香疗法的作用，起到消除疲劳、减轻压力、松弛神经、改善情绪的效果。嗅觉景观能够引发游览者的时空联想。不同地区生长的植物挥发的地标性气味可帮助盲人定位空间范围；不同时段、气候下植物挥发物浓度的变化能够帮助游客感受时间的变化，尤其是对于盲人等残障人士。

## 2.2.4 触觉

通过触摸感知肌理和质感是体验环境的重要方式。触觉主要来自受到机械刺激所产生的感觉，例如行走时对地面质感和形状的体验。质感来自对触摸的感知和记忆。

图 2-10　浅水池中戏水的孩童

对于儿童，亲切的触觉是生命早期的主要体验之一。儿童起先是被动地触摸，继而是通过主动地触摸来增加触觉体验，从摸石头、栏杆、花卉、灌木、沙坑、戏水、玩具、各种游戏设施，直到小品、雕塑，几乎成为孩提时的习惯。创造富有触觉体验且既安全又可触摸的环境，对于儿童的身心健康发展具有重要的意义。进行空间设计时，在庭院中设置供孩童嬉戏的小路，变化的路面可以吸引儿童争相体验；设置浅水池，以供孩童戏水嬉戏；设置沙坑，以供孩童玩沙塑型，激发孩子的想象力；配置游戏设施，以供孩童嬉戏锻炼，增加触觉体验，如图 2-10 所示。

对于盲人而言，触觉体验是其认知周围环境的主要手段。因此，在设计中常利用地面走道质感和形态的变化来作为区分领域或控制行为的暗示手段。可采用不同铺地暗示空间的不同功能，例如设置利于盲人行走的盲道，利用相同的铺地外加凸凹图案表明预定的行进路线。

不同的质感，如草地、沙滩、碎石、积水、厚雪、土路、渣道等，有时还可以唤起人们不同的情感反应。石材的形式多种多样，有光滑的大理石，粗糙的文化石，富有肌理感的黄锈石，以及洁净的鹅卵石。虽然对于每种石材人们的触觉感知会有些微妙的变化，但其主要的触觉感知是一种肌理感。对石材加工工艺的不同，可能会让人产生完全不同的触觉感知（图 2-11）。

## 2.2.5 动觉

动觉是对身体运动及其位置状态的感觉，它与肌肉组织、肌腱和关节活动有关。动觉反映身体各部分的位置、运动及肌肉的紧张程度，是内部感觉的一种重要形态。身体位置、运动方向、速度大小和支撑面性质的改变都会造成动觉改变。

例如水中的汀步（踏石）。当人踩着汀步行进时，必须在每一块石头上略作停顿，以便找到下一个合适的落脚点，结果造成方

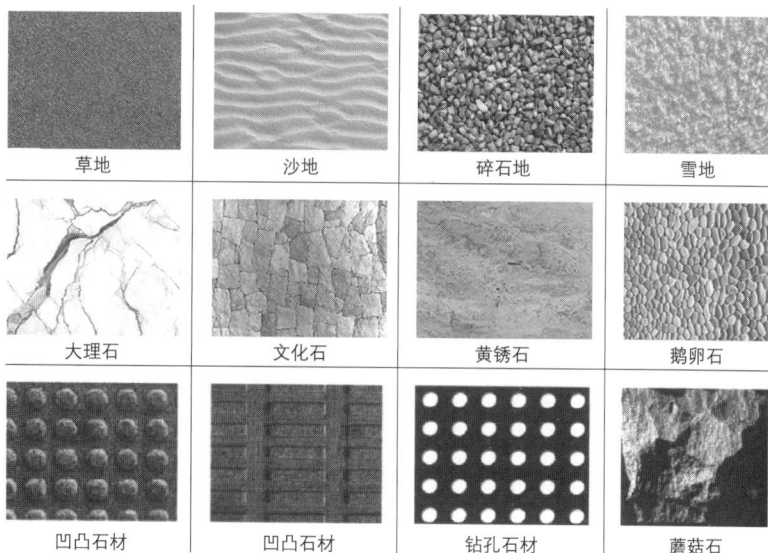

图 2-11　不同触感的材质

（草地　沙地　碎石地　雪地　大理石　文化石　黄锈石　鹅卵石　凹凸石材　凹凸石材　钻孔石材　蘑菇石）

图 2-12　水中汀步示意

向、步幅、速度和身姿不停地变化，构成动觉和视觉相结合的特殊感觉模式，如图 2-12 所示。

如果动觉发生突变的同时伴随有别致的景色出现，则突然性加上特殊性就易于使人感到意外和惊喜。在我国江南小尺度的私家园林建筑中，"先抑后扬""峰回路转""柳暗花明""曲径通幽""小中见大""借景"等都是运用这一原则的常用手法。例如留园的入口虽狭长曲折，且相对封闭，但通过巧妙的设计，这一特点不仅未使人感到沉闷或单调，反而因为充分利用了其狭长、曲折和封闭的特质，与园内的主要空间形成了强烈的对比，从而有效地凸显了园内的主要空间（图 2-13）。

在儿童户外游戏环境中，常利用游乐设施、高差变化和自然环境相结合的设置，让孩童获得深刻的动觉体验，从而成为儿童户外游戏环境中重要的特色之一。例如在儿童公园中，利用原有的地形建设了具有趣味性且有挑战性的儿童攀爬空间，激发了孩子们的好奇心和探索欲（图 2-14）。

### 2.2.6　温度和气流

温度与气流是影响人们在各类空间环境中舒适度感受的重要指标。外部空间中，良好的热环境和风环境不仅可以使人感到愉悦，

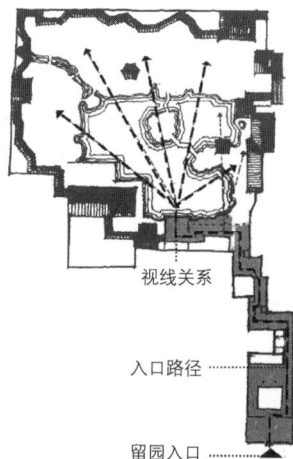

视线关系

入口路径 ┈┈

留园入口 ▲

图 2-13　留园平面图

还可以促进室外活动的发生。在城市中，凉风拂面和热浪袭人会造成完全不同的感觉体验，其中热觉对人的舒适感和拥挤感影响尤其明显。

图 2-14　儿童户外活动场地

建筑布局可对外部空间的热环境和风环境产生影响。建筑主要通过对太阳辐射的遮挡，形成日照区和阴影区，从而直接对外部空间的人群行为活动造成影响。此外，建筑布局会影响到建筑物的上、下风两个风向的环境条件。风速过高可能是由于建筑布局产生了狭口效应，或者室外绿化设计可能无法有效地阻止该区域的过多气流。由于上风向建筑物作为障碍的阻挡作用，在其背风表面形成漩涡，从而阻碍了背风建筑的室内和室外空间的通风效果，造成建筑通风不良。

合理的建筑布局能够缓解城市热岛效应，改善外部空间环境的舒适度。在户外环境设计中，应尽可能为人们提供夏日遮阳、冬季朝阳的人性化的小环境（图 2-15）。注意室外活动场地不应完全置于建筑的阴影之中，可通过加大建筑之间的间距，或适当提升活动场地的地面标高，来确保活动场地能获取一定的日照，如图 2-16 所示。

夏季烈日暴晒，故不宜在室外铺设大面积的硬质地面，而应适当结合绿化、水体和小品改善局部小环境，体现人性化的设计理念。在冬季，临街高层建筑底层的穿堂风给行人带来不少困难，故应改进建筑总体布局，妥善处理步行街道及设置导风板是切实可行的解决办法。我国北方地区冬季寒冷，应尽量避免在建筑物中设置北侧入口及北向开敞外廊，以免寒冷的北风吹入；也可设置门斗或封闭外廊来减弱寒冷北风的影响。

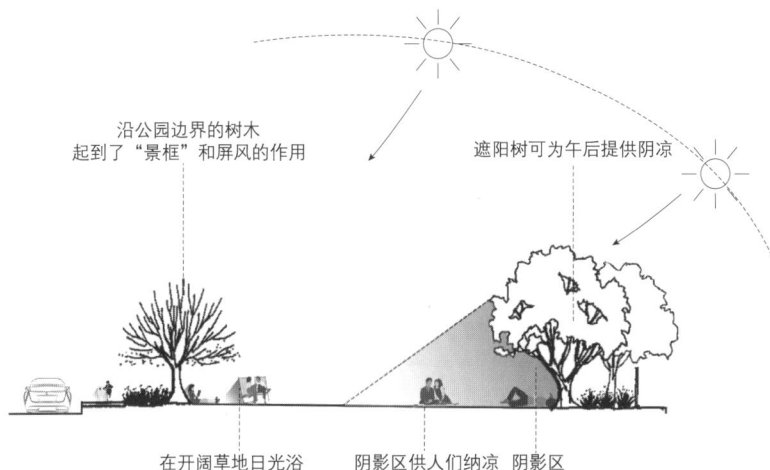

沿公园边界的树木起到了"景框"和屏风的作用

遮阳树可为午后提供阴凉

在开阔草地日光浴　　阴影区供人们纳凉　阴影区

图 2-15　户外活动场地布置

25

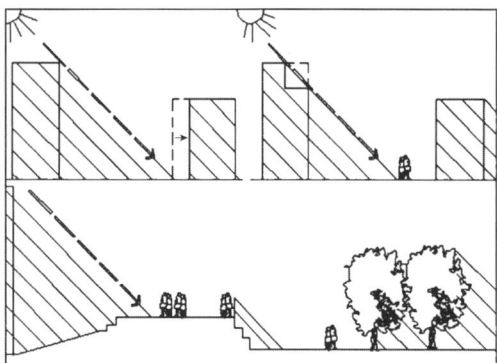

图 2-16　夏季遮阳、冬季朝阳的场地优化布置

## 2.2.7　不同感觉的综合运用

一个良好的空间环境体验，通常能调动人们的多种感觉，尤其当多种感觉提供同一类信息时，体验就更加深刻。由于多种感觉都提供了同一个相关信息，故其相互加强所产生的体验就远比单一的感觉过程生动。

通常，在不同规模的环境中，各种感觉按照其重要性形成等级。在规模较大的环境中，其形成的次序为视觉、听觉、触觉和嗅觉；在规模较小的环境中，其形成的次序为视觉、触觉、动觉和听觉。同样，建筑空间环境提供的多种感觉也应相互加强而不应削弱。当人们站在巴黎圣母院前欣赏这座著名的哥特风格教堂时，仿佛雨果笔下的人物在脑海中浮现，悦耳的教堂钟声响起，具有教堂建筑特征的视觉感觉和教堂钟声的听觉感受相结合，给人们提供了与教堂有关的同一类信息的多种感觉，相互加强，结果形成了深刻的环境体验。

建筑空间环境所提供的多种感觉应与所在环境的性质相匹配，这些信息在质和量两方面应相互配合，才会产生良好的感觉体验。例如，图书馆应保持安静的阅读环境，然而同一标准如果用于商厦，则会缺乏商业气息，影响经营收益。对于学校校园总体布局而言，应避免教学楼过于临近运动场地，以免运动过程中的噪声分散上课学生的注意力。

在空间环境设计中，充分重视和恰当运用各种感觉规律有助于形成丰富多样和易识别的良好环境，从而使人们较好地得到对空间环境的感觉体验。例如在地中海花园双年展中的感官花园设计里，意大利某设计团队通过互动和体验空间触发人们的不同感官，在场地中创造了一个多层次花园，分别有嗅觉景观、味觉景观及视觉景观，从而使人们形成全方位的感官体验。

## 2.3　知觉

### 2.3.1　基本概念

#### 1. 定义

知觉是人脑对当前直接作用于感觉器官的客观事物的整体属性的反映。人通过感觉器官感知客观事物时，不仅能反映客观事物的个别属性，而且能通过各种感觉器官的协同活动，在大脑中按其相互间的联系或关系整合成事物的整体，从而形成对该事物的完整映像。这种对信息整合的过程就是知觉。

### 2. 感觉与知觉

知觉的产生以各种形式感觉的存在为前提，并与感觉同时发生。感觉与知觉是两种既相同又相异的紧密联系的心理活动过程，其都是人脑对当前客观事物的反映。感觉与知觉的关系示意如图 2-17 所示。

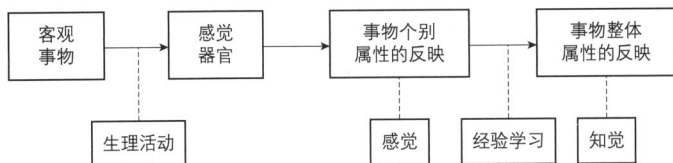

图 2-17  感觉与知觉的关系

知觉是对物体整体的反映，是以生理机制为基础的纯粹的心理活动，表现出主观因素的参与。但是，若没有对物体个别属性反映的感觉，就不可能有反映事物整体的知觉。对某个物体感觉到的个别属性越丰富、越精确，对该事物的知觉就越完整、越清晰。现实生活中，人们一般都是以知觉的形式直接反映客观事物，感觉只是作为知觉的组成成分存在于其中。而心理学为了研究的需要，才把感觉从知觉中区分出来加以讨论。感觉与知觉统称为感知，平常所说的感觉往往也泛指感知。

## 2.3.2  知觉的特点

### 1. 选择性

知觉的选择性指人在知觉过程中把知觉对象从背景中区分出来优先加以清晰反映的特性，也就是选择知觉某个对象，而忽略其他。知觉的选择性特点强调对象与背景的关系。

### 2. 整体性

知觉的整体性是指知觉的对象是由不同部分和属性组成的，但人们总是把客观事物作为整体来感知，即把客观事物的个别特性综合为整体来反映，也就是看到部分而知整体。知觉的整体性特点强调部分与整体的关系。

强度大的组成部分往往决定对知觉对象的整体认识。例如，人的面部特征是我们感知人体外貌的强的刺激部分。只要认得人的面部特征，不管他的发型、服饰等如何变化，只要面部没有变化，就不会认错人。知觉对象各部分之间的结构关系也影响知觉的整体性。例如，把相同的音符置于不同的排列顺序、不同的节拍和旋律之中就构成不同的曲调。

### 3. 理解性

知觉的理解性是指在知觉过程中，人们总是根据已有的知识经验来解释当前知觉的对象，并用语言来描述它，使它具有一定的意义，也就是基于自身经验认识事物。知觉的理解性特点强调经验与对象的关系。

### 4. 恒常性

知觉的恒常性是指在知觉过程中，当知觉的条件在一定范围内发生变化时，人知觉的映象仍然保持相对不变的特性，其包括亮度恒常性、颜色恒常性、形状恒常性、大小恒常性、方向恒常性、声音恒常性等。知觉的恒常性特点强调条件与对象的关系。

## 2.3.3 知觉定势

个人的知识、经验、兴趣，以及别人的言语指导或环境的暗示，会促使知觉判断的心理活动处于一定的准备状态而具有某种倾向性，心理学中称这种倾向性为知觉定势。知觉定势的形成基于主体先前的经验、需要、动机、情感等因素，这些因素共同作用，影响人的当前知觉，使得个体在知觉客观事物时带有一种心理准备状态。这种准备状态决定了或影响着同类后继心理活动的趋势，即人的心理活动的倾向性是由于预先的准备状态及定势所决定的。

如图 2-18 所示，排列在中间的符号从水平排列上像 13，从竖向排列上又像 B，究竟是什么？主要是看观察者依靠哪一种位置关系（左右或上下）得势，继而倾向 13 或是 B。

定势对知觉对象的判断，尤其是对具有某种不定性对象的判断会产生很重要的影响。心理学家黎柏曾用著名的三张"光阴如箭"图片做实验（图 2-19），研究定势对知觉的影响：在图 2-19 中（a）图为一少妇；（c）图为一老妪；（b）图兼有（a）和（c）两图的特征。被试者分为两组，第一组先观看（a）图 15 秒，然后看（b）图，结果 100% 的被试者把（b）图看成少妇；第二组先观看（c）图 15 秒，然后再看（b）图，结果 96% 的被试者把（b）图视为老妪。

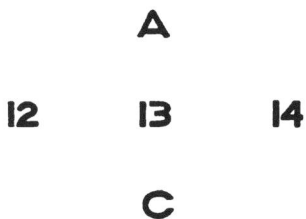

图 2-18 排列在中间的是什么？

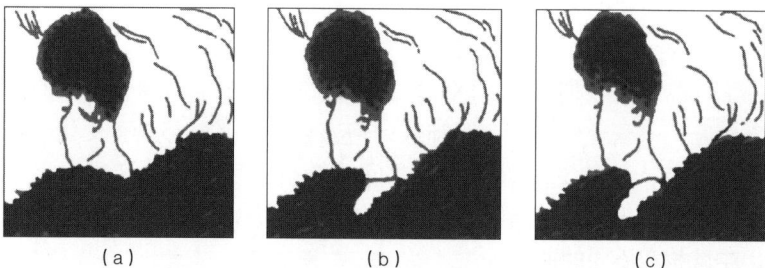

图 2-19 少妇与老妪的图示
（a）为一少妇；（b）兼有（a）和（c）两图的特征；（c）为一老妪

（a）　　　　（b）　　　　（c）

同样的道理，生活在不同环境的人对同一个具有不定性的对象，也可能作出截然不同的判断。把知觉的这种倾向称为定势，也体现了它在影响个人态度和价值观方面的顽固性。每个人都曾通过找出"适合"于自身最初的定势，并用来加强这种定势的对象和事件，用以保持甚至于加强其早年生活中的态度和价值观。心理上的这种定势常常可以帮助个人对客观事物迅速作出判断，但也常常妨碍判断甚至引起错觉。

## 2.3.4　对变化的知觉

如果人们已经适应了某种环境刺激，在刺激发生变化时人们是否能感知到这种变化呢？萨默认为，根据韦伯—费希纳的"心理—物理"定律可以对这类现象作出解释。研究发现，刺激强度的增量与原刺激强度的关系，影响着人们对刺激变化的知觉：对于低强度的刺激，只要一个很小的增量就可以觉察到它的变化；而对于高强度的刺激，则需要比较大的增量才能觉察到它的变化。例如，如果在一个小房间中降低唯一的一盏灯的功率，人们就可以感觉到亮度的变化；但如果在一个大空间中仅降低其中一盏灯的功率（降低几瓦），则人们很难觉察到大堂中亮度的变化。

在室内光环境设计中，由于人的视觉对室内照度的变化存在着相应的适应过程，故不同环境应采用不同的设计方案。对于明适应，即人眼从暗环境到明亮环境时，大约只需要 1~2 分钟的适应过程就能看清周围的环境；而当人眼从明亮环境到暗环境时，则需经过 20 分钟左右的适应过程，才能大致适应周围较暗的环境，这个较长的适应过程称为暗适应。在暗适应的空间设计中（如电影院的观众厅、休息厅和门厅之间衔接的光环境设计中），应在暗环境和明亮环境之间适当设置中间过渡空间，通过逐渐降低环境亮度的渐变的照度处理，来适应人眼知觉的变化。

## 2.4　认知

### 2.4.1　基本概念

认知是指人们获得知识的过程，它包括感知、表象、记忆、思维等，其中思维是它的核心。人脑接收外界输入的信息，经过人脑的加工处理，转换成内在的心理活动，进而支配人的行为，这个过程就是信息加工的过程，也就是认知过程。认识过程是主观客观化的过程，即主观反映客观，使客观表现在主观中。

从 20 世纪 50 年代开始，以皮亚杰为代表的学者开始研究认知、智力或思维的重要性，《发生认识论》就是其间著作之一。在皮亚杰的理论中，将已有的知识或经验称为"图式"。人们总是习惯于用固有的图式去解释所面临的新事物，并把新的信息纳入固有的图式之中，皮亚杰称这一过程为"同化"。在同化过程中，已有的图式不断巩固和充实；固有图式既是接收新知识的基础，又可能成为认识新事物的障碍。皮亚杰称这种建立新图式的过程为"顺应"。同化是图式量的改变，顺应则是图式质的改变。每当人们遇到新事物时，总是企图用原有图式去同化，即将新的事物纳入原有图式之中，如果获得成功，便得到认识上的暂时平衡；反之便作出顺应，即调整原有图式或创建新图式去同化新的事物，以达到认识上的新平衡。从较低水平的平衡上升到较高水平的平衡，这样不断发展的平衡—不平衡—平衡的过程，就是智慧发展的过程。智慧的本质就是适应，也是学习或适应环境的过程。

皮亚杰的理论被认为是结构主义的认知心理学，其提供的是关于心理结构的设想。而现代认知心理学则企图用信息的输入、存储、检索、加工、输出等概念来说明从感觉经过表象、记忆、思维进而作出反应的全过程。但是，现代认知心理学家都主张除研究认知因素外，还应研究非认知因素，如情绪、意志、态度等。此外，认知或思维过程是在人脑内由神经细胞的活动完成的，信息加工只是一种类比或模拟。因此，现代信息加工论者认为，不研究人的生理机制，照样可以研究心理活动。同时，认知心理学也期待着能够把信息加工和神经生理学结合起来进行研究。

## 2.4.2 "空间—行为"的关系

理解行为产生的心理作用机制是环境行为学研究的第一步。行为产生的心理作用机制可以从环境刺激、感觉、知觉、认知和行为过程的角度来阐释。环境刺激人的感官系统，通过视觉、触觉、听觉和嗅觉感受和接收信息，再经由神经传至大脑的对应区域，这一过程便是"感觉"。在感觉的基础之上，大脑借由知识和经验来处理信息，进行比较和识别的处理过程称为"知觉"。知觉过程包括对感官信息进行解码、分类、组织和识别，以及对环境刺激的意义和价值进行评估。根据人的记忆和知识经验对感知进行复杂的"暗箱"操作，其一系列的信息处理过程称为"认知"。最后，通过这一系列的感受和信息处理作出行动反应，这一过程即为行为产生的心理过程，如图 2-20 所示。

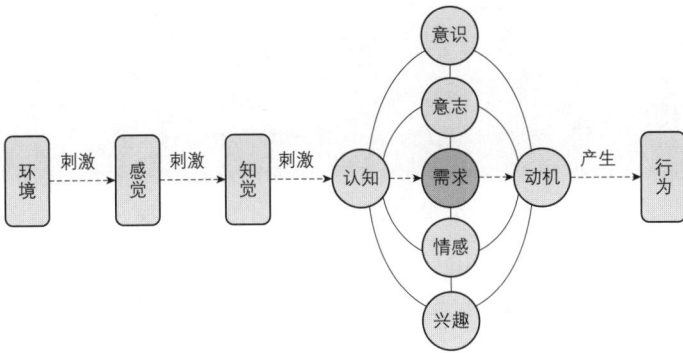

图 2-20 "空间—行为"的作用机制

人作为行为主体，其与公共空间之间的关系是相互影响、相互依存的。在这种作用与反作用之间，空间和行为之间的桥梁由行为人作为媒介，通过一系列的感知过程，从物质环境接收信号，到作为行为主体的人作出行为反馈。通过"空间—行为"互动的研究能更深入地理解人与环境相互作用的机制，进而从人的需求到认知出发，做到人性化的空间环境设计。

# 第 **3** 章  环境知觉理论

环境知觉着重研究人（群体）对来自真实环境的刺激所产生的即时而又直接的反应。即时、在场和直接分别强调了空间、时间和感知方式。关于人对环境的知觉，不同领域的研究者从不同角度分别给予了不同解释，形成了不同的相关理论。由于不同理论基于不同的出发点，所以内容上有时会相互对立。尽管如此，每一种理论都对我们的设计和研究有所启发和帮助。本章介绍三种主要的理论：格式塔知觉理论、生态知觉理论及概率知觉理论。

## 3.1 格式塔知觉理论

### 3.1.1 格式塔心理学简介

格式塔心理学于 1912 年兴起于德国，后来在美国广泛传播和发展。它是现代西方心理学主要流派之一，主要代表人物有韦特海默（M.Wertheimer）、考夫卡（K.Koffka）和柯勒（W.Kohler）。

早在 1890 年，德国心理学家爱伦费尔就写了《论格式塔性质》的论文。他指出，正方形由四条直线组成，但正方形的性质并不是四条直线的集合，因为四条直线本身只具有直线的性质，而正方形是经过重新组织结合而成的崭新整体，具有新的、与四条直线集合完全不同的性质。爱伦费尔把这种整体所具有的性质称为"格式塔"（Gestalt）。1910 年，韦特海默等在实验中映示了一列先后连续、快速视见的图形。尽管图形静止，但在观察者看来，以一定时间间隔映示的图形却在运动。韦特海默把这种现象称为似动现象。

韦特海默认为这种似动现象不是某些感觉元素的总和，而是所感知到的一种运动整体，一种格式塔。他还把这一理论推广到其他知觉现象，认为作为整体的知觉不可分解为元素，整体先于元素并决定了部分。韦特海默与柯勒、考夫卡等以研究人对图形的知觉为契机，扩展研究领域，最终形成了格式塔心理学派。

格式塔心理学派认为机体的生理过程是心理过程的基础，是行为环境和地理环境之间的媒介物，认为生理过程、心理过程和物理过程在结构形式上是完全相等的，即它们都具有格式塔性。格式塔心理学认为心理现象最基本的特征是意识经验中显现的结构性或整体性，整体是先于部分而存在的，它所具有的形式和性质不是决定于其中的部分，而是决定于作为一个整体的情境。

### 3.1.2 格式塔的含义

"格式塔"一词由德文"Gestalt"音译而来，德语格式塔意指形式或图形。此外，格式塔还具有英语 Structure（组织）的含义，但由于 Structure 一词已为其他心理学派所专用，因而它的英译为 Configuration 或直接音译为 Gestalt。Gestalt 中文译为"完形"或音"格式塔"。

格式塔强调的是形式、图形或者经验、行为的组织结构或整体，强调完形的有组织性和整体性，因此格式塔心理学也被称为完形心理学。作为心理学术语的格式塔具有两种含义：一种是指事物的一般属性，也就是形式；另一种是指事物的具体的、个别的实体。按照第二种含义，格式塔可以理解为分离的整体，形式仅为其属性之一。也就是说，"假使有一种经验的现象，它的每一成分都牵连到其他成分；而且每一成分之所以有其特性，是因为它和其他部分具有关系，这种现象便称为格式塔"。总之，格式塔不是孤立不变的现象，而是指通体相关的完整现象。格式塔的特性由其内部的整体性所决定，完整的现象具有其本身完整的特性。它是一种具体的存在，既不能割裂成简单的元素，也不是其部分简单相加之和。整体大于部分，它的特性不包含于任何元素之内。

在格式塔知觉理论的应用中，格式塔就是"有组织整体"的同义词，即认为所有知觉现象都是有组织的整体，都具有格式塔的性质。于是，凡能使某一感知对象（如建筑立面、平面）成为有组织整体的因素或原则都被称为格式塔。

格式塔知觉理论有以下基本观点。

### 1. 知觉的整体性

格式塔心理学认为人的知觉经验是完整的格式塔，不能将其人为地区分为元素。例如，观察房屋及其周围的树木和天空，看到的不是多少光和色的元素，而是房屋、树木和天空的有机整体。即便它们确实由若干元素组成，但也只能看到这些元素自然组合而形成的整体，而不是人为抽象得出的感觉元素的累加。它们都自成一个格式塔——一个通体相关的有机整体：整体先于部分，并非部分之和，而且部分也不包含整体的特性。

### 2. 同型论

格式塔心理学家认为，物理现象、生理现象和心理现象都具有同样的格式塔性质，它们有两两相对应的关系，因而它们都是同型（或称同构）的。按照这一观点，当人感知到灰色背景上的白色图形时，其脑内也会存在与灰色背景和白色图形相对应的区域。"相对应"是理解同型的关键，它指特定的物理现象会引起特定的生理和心理现象。

### 3. 场作用力

场作用力（Field Force）可看成是同型论的推论。这一观点认为，既然物理现象是保持力关系的整体，那么与之对应的生理和心理现象当然也是保持力关系的整体，即三者都具有相对应的完整的动力结构。所有这些力，即物理力、生理力和心理力都发生在同一场之中，被称为场作用力。与物理力一样，心理力也具有方向、量度和作用点。研究人员认为，作为物理现象的几何形状及其结合并不是纯粹的形式，而是保持力关系的整体。因此，当人感知到不同的形式时，会在物理力的诱导下对应产生不同的心理力，即不同的心理体验。此外，格式塔研究人员还主张对形式进行场作用力分析，试图借以把握不同形式与不同心理体验之间的对应关系。

## 3.1.3　格式塔的组织原则

现实生活中，人总是试图在知觉范围内将感知对象加以秩序化地组织，从而更好地理解和适应环境。由于人对环境刺激的知觉过程和客观环境刺激的特性存在着同构性，所以环境刺激直接影响着人的知觉效果。

格式塔组织原则的核心是事物的整体性，它可以归纳为图形与背景原理、邻近原理、相似原理、连续原理、闭合原理与完形倾向等几个重要规律。这些规律在建筑设计及理论研究中具有一定的作用，并且已经有一些艺术家和建筑师利用这些规律作出了许多成果。

### 1. 图形与背景原理

#### 1）基本概念

现实生活中，作用于人的感觉器官的客观事物多种多样，人们在一定时间内并不能感受到所有刺激，而总是会有选择地感知一定的对象，仅仅能感受到引起注意的少数刺激。此时，这些引起注意的少数刺激好像从其他事物中"突显"出来成为图形（Figure），而其他事物则"退后"到衬托地位成为背景（Ground），这就是图底之分。由先天失明者复明后的实验可知，图底之分是复明后视知觉的最早反应，这证明它是先天就有的，后天经验和学习只起一定的加强作用。

#### 2）图形与背景的关系

图形清晰明确，相对较强；背景模糊不定，相对较弱。图形是被包围的较小对象，背景是包围着的较大对象。图形有轮廓，背景的轮廓则不容易被一般人感知到。但当图形与背景相互围合且形状类似时，图底关系会发生互换。丹麦学者鲁宾最早绘制的著名的

"两可图形"（图 3-1）就是一幅典型的视觉双关图，它利用了图底互换的原理。在图 3-1 中，若以黑色为背景，则能看到一个白色的花瓶；若以白色为背景，则看到的是两个相对的黑色人脸。"两可图形"视觉对象和背景的相互转换很好地说明了图底的相互依存关系。又如中国的阴阳太极图，其作为图形围合、中心对称、类似、对比、图底互换等意义兼而有之的一个典型实例，也利用了视觉双关原理，即格式塔原理的图底互易性。

图 3-1 两可图形

3）易成图形的主要条件

图形是视觉的焦点，背景则是图形的衬托。图底对比明显则界限分明，容易被感知。影响知觉选择的因素，从客观方面而言有刺激的变化，包括对比、位置、运动、大小程度、反复等；从主观方面看，有经验、情绪、动机、兴趣、需要等。对这些问题的研究对于建筑环境设计是有意义的。一般情况下，易成图形有以下规律：

（1）小面积的比大面积的易成图形，暖色的比冷色的易成图形，同周围的明度差别越大的对象越易从背景中被区分出来成为图形。当小面积形态采用对比色时尤其引人注目，比如蓝天上的白云、湖泊中的岛屿、碧波白帆、青山黄瓦、万绿丛中一点红等。

（2）单纯的几何形态易成图形。例如卢浮宫前的玻璃金字塔，其在复杂的建筑环境中以单纯的几何形态吸引着游人的注意而突显为图形。又如中国的国家大剧院（图 3-2），其以半椭球形的钢结构壳体漂浮在水面，在长安街上格外醒目。

（3）水平和垂直形态比斜向形态易成图形（图 3-3）。

（4）对称形态比非对称形态易成图形，例如中国美术馆（图 3-4）。

（5）封闭形态比开放形态易成图形，被围的比包围的易成图形。例如群山环抱的天池、围墙上的月洞门往往更吸引人的眼球。

（6）单个的凸出形态比凹入形态易成图形。对于凹凸连续的形

图 3-2 半椭球形的国家大剧院

图 3-3　天津大学建筑学院系馆

图 3-4　中国美术馆

图 3-5　景山远眺故宫

态，图形与背景可以互换，此时，主体的经验及客体所包含的意义常常会参与图底关系的判断。例如浦东的建筑群总是被看成上凸而不是下凹的图形。

（7）在固定不变的背景上运动的物体容易被知觉为图形，例如广场上的喷泉、橱窗的动态展示、路边飘动的彩旗等。

（8）整体性强的形态易成图形，例如中国北京的故宫，红墙黄瓦、朱门金钉，三大殿、后三宫、御花园沿着一条南北向中轴线整齐排列，一气呵成，让人过目不忘（图 3-5）。

（9）奇异的或与众不同的形态易成图形，例如悉尼歌剧院就是以其独特的建筑造型在海滨建筑群中显得极为醒目。

**2. 群化原理**

格式塔心理学认为，当人们在观察时，知觉具有控制多个刺激，使它们形成有机整体的倾向。这种使多个刺激被感知为统一整体的控制规律，通常被称为群化原则。具体来讲，知觉在群化时遵循以下具体规律。

1）邻近规律

相互邻近的物体比相隔较远的物体有更大的组合倾向。邻近的刺激物常被感知为有内聚力的整体，发生这种现象的外因是场的作用，内因是刺激物间的协同作用。这一规律体现了格式塔学派同型论和场作用力的观点，同时也与系统论中耗散结构理论的观点相吻合。图 3-6 中，（a）是一定范围内处于平衡态的点，人们一般没有兴趣去多看多想这些均匀分布的散点；然而当人们面对（b）中不同元素聚合成群的非平衡态的图形时，有聚合关系的元素易被感知为整体，犹如宇宙中的星云、草原上的蒙古包群或田野上的村落等。

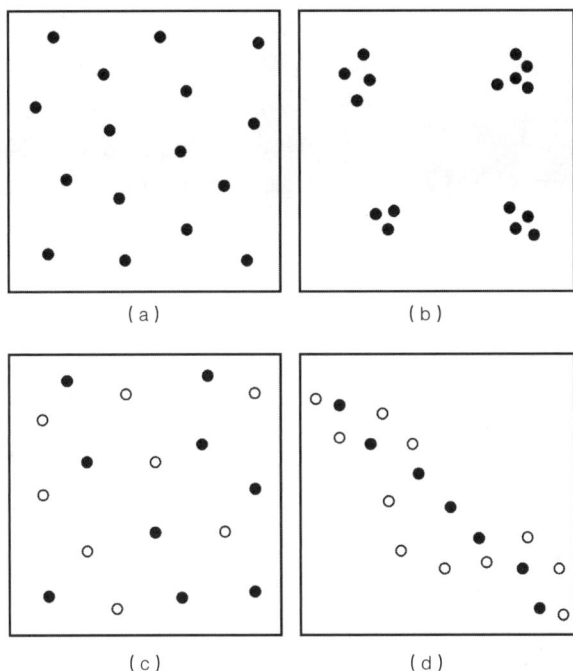

图 3-6　群化原理
（a）均匀分布的点；（b）聚合关系的点；（c）相似规律；（d）连续规律

　　感觉单元的相对距离近，这些单元就容易联结紧密成为稳定的整体。在实际的建筑与规划设计中，要素组合处理得好，就能在构图美学上获得充分的设计表现力，形成亲切宜人的环境。比如，客厅内常将休息座椅相近摆设，并且用一块大地毯将家具统一在一个起居和会客区域内，起到整体聚合作用，引人注目亦感觉亲切。但建筑物或环境设计要素之间并非越近越好，相互间距不仅要考虑采光、通风、日照、防火等功能需要，同时也要考虑心理因素的影响。疏密有致、距离恰当的有机整体系统，才是一种富有生命力的结合。

　　2）相似规律

　　所谓相似，是指刺激物的大小、形状、方向、材料、颜色、强度等物理属性上的相似。类似的物体在视网膜上容易形成相互联系的一个整体，人们容易将相似的刺激物按照它们彼此接近的关系分组，这是人通过分类简化刺激对象来认识世界的方式（图 3-6c）。"物以类聚、人以群分"就包含着这个规律。相似原理不仅适用于视觉刺激，也适用于听觉、嗅觉等其他刺激。相似不仅仅局限于物体看上去属于一组，相似的单位还能进一步构成某些式样。视觉对象的各个组成部分在色彩、形状、质感、运动速度、空间方向方面越是相似，其看上去就越是统一。究其原因，是由于眼睛的扫描是由相似性因素引导着的。在建筑创作中有意识地利用这种扫描路线，可以帮助我们优化建筑立面及外观的构图和布局。

（a）

（b）

图 3-7 相似规律的应用
（a）Bibury 的阿灵顿排屋；（b）苏州博物馆新馆

图 3-8 五当召全景

例如设计中常运用建筑元素的相似、设计母题的相似、立面构图元素的重复（图 3-7）、材料和色彩的相似等进行巧妙的组合，从而达到理想协调的效果。注视一排竖线，人们往往按其平行远近的排列关系而将它们知觉为几组，就像建筑物立面的窗子，排列不同，则效果不一样。例如有时两两接近的组合窗户，立面看上去比单个等距离排列的窗户显得生动而有变化。同样，在居住小区总体布局中，成组团的布局方式比住宅楼行列式等距离布置要灵活生动。这种相似规律也可以形成等级层次，应用在多层次设计的居住小区布局中：成对组织的窗户或单栋住宅楼为一整体单元，属于第一层次；住宅楼成组成团布置又形成一整体单元，这是第二层次。其秩序中存在变化，变化中又有序，整体性较强。

真实环境中常常是邻近性与相似性共同起作用，例如建筑物入口连续排列的柱廊设置、历史街区相邻且风格一致的立面形态，都是运用相似性和邻近性以引导视觉的扫描，形成了强烈的通道感和行进感。位于包头的藏传佛教格鲁派寺院五当召是一组依山势层层垒砌的白色建筑，其单体虽高低和形态有所差别，但都有着类似的建筑要素或风貌，故仍然能形成极具韵律的整体性和连续性（图 3-8）。

3）连续规律

按一定规则连续排列的同种元素易被感知为有序整体，这是一种倾向。在图 3-6（d）中，排列成直线的圆点倾向于被看作是一条直线而不是多少个点；排列成曲线的小圆倾向于被看作是一条曲线。在实际生活中，建筑构图、空间组合、广告与美术图案中利用连续性的例子不胜枚举。从系统论观点来看，这样的一组元素远离了平衡态，从混沌走向有序，产生了组织和结构，更易被看作是一个有机生动的整体。

连续性原理涉及的是视觉对象的内在连贯性。构图单位的形状越是连贯，就越易于从其所处的背景中独立出来，例如一条贯穿的直线看上去比缠绕着它的不规则线条更为突出。运用连续性原理，能够在环境设计中很好地处理建筑要素的协调关系和景观绿地的整体性。这样的环境形象作用于人的视觉，会保持一种连贯性，是一种延续的、自然而和谐的形象。在景观环境的视觉效应中，大小、形状和色彩的连续性是最有活力的因素。重视环境的连续性和建筑物之间的邻近性，即使是在新旧建筑、不同风格建筑的对比中，也能处理得很好而达到和谐统一的效果。需要注意的是，连续性原理往往需要在相似性原理等的协同作用下才能形成视觉对象的整体性。例如，城市道路的两侧建筑高度、体量虽呈连续性，但如果风格不一致，则并不能成为形象完整的有机体。

**3. 简洁原理**

知觉在组织空间位置相邻的视觉刺激时，具有使对象尽可能简单的倾向。心理学家的研究发现，人们在对视觉刺激进行组织时，也喜欢采取尽量减少或简化的方式，使之更加有序和易于理解。感知对象的知觉组织所需要的信息量越少，该对象被感知到的可能性越大。简单几何形体容易被感知为图形就是这一道理。

（1）闭合规律

一个倾向于完成而尚未闭合的图形易被看作一个完整的图形。这些图形虽未闭合，或距闭合甚远，但由于观察者经验的参与，其辅助线的倾向引导人们把它们视为整体，也可以说，其中包含的力的作用和动态趋势促使人们把它们看成整体。这时，由不连贯线条组成的图形看起来似有完整的形态，也就是缺口"闭合"了，线条"连接"了，这就是闭合原理。由此所感知到的完整图形是一种"主观轮廓"。达到这种闭合效果一般需要两个条件：不完整的视觉对象在完整时呈简单形状；这一简单形状具有某种合乎逻辑的连续性。利用这种倾向可在空间组织时以其一定的几何形式形成有边界感的室内外空间，从而呈现整体的、鲜明的空间形态。中国建筑的民居院落和庙宇庭院、西欧城市的某些广场所形成的围合空间，就表现了这种格式塔原理。如图 3-9 所示，由贝尼尼设计的罗马圣彼得大教堂前面柱廊围合的广场虽未完全封闭，但广场中多立克柱廊、方尖碑

图 3-9　罗马圣彼得大教堂广场

等垂直要素和铺地等水平要素以强烈的韵律感共同限定了椭圆形的
"闭合"广场，强调了完整的空间限定。

（2）完形规律

"完形"意即完整倾向，指知觉、形象随环境情况而呈现可能
的最完善形式。复杂结构的刺激对象，可以经过视知觉的完形组织
等加以单纯化、规律化，使其便于理解，进而统一于比较简单完整
的空间结构中，呈现一定的空间秩序与空间意义。

有围合、完形倾向的空间往往给人以较强的领域感。如果是住
宅区，其中的居民就会因此而加强交往，减少陌生行人流量，有利
于建立居民对环境的控制感、安全感和责任感。城市广场也属于类
似实例，其平面简单完整，四周界面也需保持一定的连续性，以营
造良好的领域性及空间活力。

## 3.2 生态知觉理论

### 3.2.1 生态知觉理论的基本观点

生态知觉理论（Ecological Theory）是由美国心理学家吉布森
（J.Gibson）提出的。该理论认为，来自环境的刺激完整而丰富，
人类仅凭对这些刺激的直觉就可以发现与生存和需求有关的环境信
息。该理论强调感知的直接性和积极性，强调人类的生存适应性。
它包括以下两个基本观点。

#### 1. 环境的提供

生态知觉理论强调环境刺激的整体性，认为环境可以提供丰
富的信息，同时也认为知觉是一个有机的整体过程，人不需要过去
的经验就能感知给定环境中有意义的刺激模式，知觉是环境刺激直
接作用的产物。在生态知觉理论中，环境的提供性起着非常重要的
作用。吉布森认为，环境提供了各种功能，也就是环境有"提供"
（Affordances），这些功能为人们的各种需求提供了可能性。所谓生
态知觉，就是在给定环境中尝试寻找这些功能的可能性以满足自身的
需要。善于发现和利用环境客体的功能特性以满足自己的需要，对个
体具有重要的生存意义。例如，一块尺度适宜、上表面平坦的石头可
供人坐下休息；一个内部空间大于人体、坚固不漏的山洞可供人藏身
和躲避风雨。从生态观点来说，知觉就成为环境向感知者呈现自身功
能特性的过程。当一定的环境信息构成对个人的有效刺激时，就会引
起个人的探索、判断和选择性注意等，而这些活动对于个人利用环境
客体的有用功能（如觅食、安全、舒适、娱乐）尤其重要。

真实环境中的提供往往非常复杂。例如，有的看上去是个门

洞，可实际上只是一幅墙绘；有的本来是个打火机，可采用了手枪、高跟鞋等不相关的形态；有的本来是为 A 功能而设计，但使用者能根据自己的需要创造性地使其发展出 B 功能或 C 功能，即发现环境的潜在功能，这也称为"异用"（图 3-10）。

### 2. 知觉反应的先天本能

吉布森还认为，知觉反应是人不断适应环境和遗传进化的结果，它不需要学习，是与生俱来的。为了证明这一点，吉布森的妻子伊琳娜·吉布森（E.J.Gibson）设计了著名的"视觉悬崖"实验。该实验发现：尽管母亲在对面呼唤，90% 以上的婴儿仍选择避开"悬崖"凹口；即使婴儿的手已经碰到玻璃，触觉已经告诉他们玻璃是结实的，但他们还是更相信视觉感知到的"悬崖"。事实上，不少动物的知觉能力是先天遗传的，比如觅食、藏身、逃生等。但人类不同于其他动物的是，双手的解放、手脑的协调并用使人的智力得到了进一步开发，学习能力显著提高，因而对客观刺激的判断和利用水平远远超出生物本能。人类对生活环境的选择与改善、对工具的创造等行为，就是更高级的生态知觉的体现。

## 3.2.2　生态知觉理论的意义

生态知觉强调环境的"提供"，而且与生存密切相关的"提供"是凭本能的直觉就能发现的，它不需要学习，或者是不需要花很多努力就能学会的。生态知觉是遗传进化的结果，它强调人凭直觉对环境客体功能特性的发现、选择和利用。面对环境，人类有感知可供性的先天本能，进而在这种可供性的引导下，发生诸如坐、躺、靠、踩等行为。

图 3-10　异用
（a）可坐；（b）可躺

（a）　　　　　　　　　　　　（b）

按照生态知觉理论的观点，环境需要有丰富的提供，去满足人们的各种需求。推演到环境设计中，即设计不应是设计师的"一厢情愿"，设计师应充分了解使用者的行为和心理特性及需求，以人性化为标准，设计出恰如其分地满足人生存、生活的各种需求的环境设施或空间。

## 3.3  概率知觉理论

### 3.3.1  概率知觉理论的基本概念及观点

格式塔知觉理论主要强调视知觉的直觉作用，生态知觉理论主要强调机体先天的本能和环境所提供信息的准确性，而由埃贡·布伦斯维克（Egon Brunswik）提出的概率知觉理论则更强调在真实环境中通过实验、实践所得出的经验的作用，更重视后天的知识、经验和学习。换言之，概率知觉理论是人们依据自己有关环境的既往经验和知识，联合使用从外部世界感知到的信息，从而形成关于外部环境性状的有效结论的理论。

概率知觉理论赋予知觉过程以主动性和智慧性的色彩，认为环境知觉是人主动解释环境刺激所引起的感觉输入的过程。具体来说，环境提供给人们的感觉信息往往是复杂的、丰富的，有时甚至是有缺陷和使人误解的，概率知觉理论强调个人在环境信息的知觉过程中起着极其重要的作用。由于知觉的选择性，人在同一时刻不能关注到全部环境信息，而只能感知到一小部分对观察者有用的信息，并同时忽略其余的大部分。也就是说，环境知觉是人主动地、创造性地在环境中搜寻那些能帮助他们的线索并进行解释的过程。理论上讲，为了应对环境提供的感觉线索的不定性和复杂性，个人必须从以往大量环境场景的感觉线索中进行取样，以建立对环境加以判断的、全部有关的概率论点。然而，由于个人生活时空的局限性，不可能对所有的环境和情景取样，所以我们对环境的判断不可能是绝对准确和一致的，而仅仅是一种概率估计。个人可以通过在环境中的一系列探索行动来评价这些环境的概率估计的功能效果，检验概率判断的准确性。

布伦斯维克的理论可以用一个透镜模型（图3-11）来解释，因此概率知觉理论又称透镜理论。透镜模型类似一个相机镜头，知觉过程就是通过透镜对环境信息进行筛选、处理并重新组合的过程。个体根据自己的经验和知识权衡哪些信息能真实反映环境，并在接下来的知觉信息重组过程中赋予这些信息更重要的地位。

例如著名的缪勒－莱尔错觉，虽然两条直线长度实际相等，但对大多数人来说，下面的水平线看起来比上面的一条更短

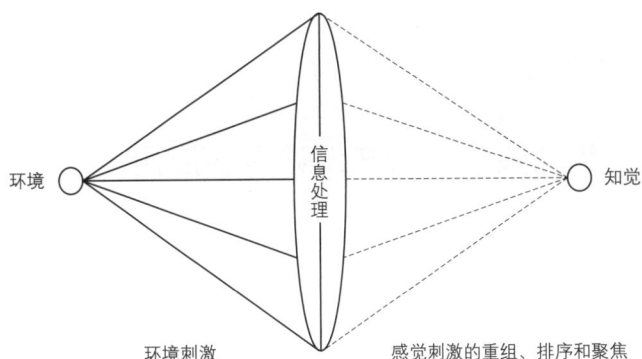

环境　　　信息处理　　　知觉

环境刺激　　　感觉刺激的重组、排序和聚焦

图 3-11　透镜模型

（图 3-12）。而不同文化背景的人群对复杂环境信息的理解模式常常并不相同。就像赫德逊发现的那样，在习惯于在二维空间里思考问题的某些人看来，图 3-13 中长矛投掷者的矛头指向的是离矛头较近的大象，而在有一定三维透视教育背景的人看来，图中重叠的山及体型较小的象（近大远小的原理）都暗示着实际上大象处在比羚羊更远的地方，因此知觉到矛头指向的是三维空间上距离较近的羚羊而非大象。

图 3-12　缪勒 - 莱尔模型（左图）
图 3-13　大象—羚羊图（右图）

### 3.3.2　概率知觉理论的意义

概率知觉理论不仅适用于自然科学，也同样适用于社会现象。人们根据现象对世界作出的各种解释仅仅是概率性判断，不一定是准确的答案，于是就出现了"大概""也许""可能""差不多"等模糊性词汇。人对客观世界的认识总有一定的片面性和模糊性，世界在人的眼里是一个概率性的世界，但世界是一个客观存在的因果世界。不管人类的认知是否科学客观，宇宙都在按一定规律井然有序地运行着。

相比较而言，格式塔知觉理论主要强调视觉的直觉作用，生态知觉理论强调机体的先天本能及环境的提供性，而概率知觉理论更强调人们积极主动的知觉，更重视在真实环境中得出的结论。必须承认，现实中存在着许多与环境使用者需求有一定差距的环境设计，作为设计师，应主动客观地了解使用者的习惯与需求，并根据环境的不同性质，提供丰富的、恰当的空间与场所。

## 3.4 环境知觉理论在设计中的应用

### 3.4.1 格式塔知觉理论与设计

格式塔知觉理论是在现象学的观点和方法基础上提出的，它从理论上阐明了知觉整体性与形式的关系，体现了"统一中求变化，变化中求统一"的传统审美规律。20世纪以来，西方的许多艺术家长期致力于形式美学的研究，总结出一套理性分析抽象形式的规律和方法，被称为形式美的法则。这套法则的内容其实和格式塔心理学的基本规律是一致的。格式塔知觉理论主要来自图形实验，运用时易于掌握、操作和引申，多年来已经获得广大设计者和研究者的使用和偏爱，其组织原则对环境设计有着重要的指导意义。

**1. 格式塔组织原则的应用**

格式塔的视觉组织原则是设计中元素组合的基础。其基本要求是，视觉组合的对应心理组织应当在环境条件的允许下，形成"好"的图形。这种"好"的图形具有下列特征：对称性、包容性、整体性、协调性、规则性，以及最大的简洁性等。对于建筑设计、城市设计、环境设计的初学者来说，往往会从格式塔的组织原则开始进行设计的初步学习，而专业设计人员所采用的许多组合原则虽然是在长期实践中发展起来的，但也与格式塔原则有直接联系。

（1）图底关系的应用

图底关系近几十年来已渐渐普遍应用于从环境设计、城市设计到平面设计、建筑细部设计等多个领域（图3-14）。平面设计中，感知对象图底不分或难分的平面图形往往是暧昧或混乱的，这时视知觉或者会忽略不顾、捕捉不到有益的信息，或者会因暧昧造成的闪烁而感到疲劳。诺伯格·舒尔茨在分析建筑物要素时，就用图形与背景关系对墙的作用进行分析。他指出，墙要素在建筑形式的图形与背景关系中有多重层次的作用：如果空间作为背景的话，则墙呈现图的性质；同时对于墙上的浮雕或其他建筑元素而言，墙又呈现背景的作用。在城市或街区空间分析中也经常有图形与背景关系的应用，通常将平面图中的所有建筑物涂黑，而把街道和广场留白，从而观察建筑物与外部空间的关系，以在城市更新和发展中决定如何处理城市的空间结构和肌理，以及保持和延续城市用地文脉（图3-15、图3-16）。

图3-14 电影媒介的平面重构
（内蒙古科技大学学生作业）

（a）　　　　　　　　（b）

在环境设计中强调图底之分，不仅符合视知觉需要，而且有助于突出景观和建筑的主题，使观众在随意和轻松的情境中第一眼就发现所要观察的对象。环境中某一形态的要素一旦被感知为图形，就会取得对背景的主导地位，使整个环境构图形成对比，有了主次和等级。例如，位于乌镇的木心美术馆就可以说是运用了"图形"的概念。它采用现代极简风格的"盒子"相互组合，横跨乌镇元宝湖水面，与西栅景区隔水相望，在老街细碎布置的沿河房屋的环境"背景"中，与乌镇的传统形成了对比（图 3-17）。真实环境中会有清晰程度不同的图底关系。如果该清晰的却很模糊，该模糊的反倒清晰，则这种缺乏图底之分的环境易造成消极的视觉效果，也不一定符合使用要求。此时若强制集中注意（如强制观看混乱的展品或设计），则更易加重视觉疲劳而使人感到厌烦，这样的设计往往需要加以调整和优化。

建筑物群体形象要努力建立一些较为明显且突出的目标，使之互相产生视觉上的联系。例如在建筑形态和色彩上都具有某些共同或相似之处，以使视觉能较快地在目标之间建立一种视觉感知，从而能把握整体环境形象的主要特征。依据连续性原则，可以创造环

图 3-15　街区空间对比（左图、中图）
（a）包头市昆都仑区；（b）包头市东河区
图 3-16　包头市城市肌理（右图）

图 3-17　木心美术馆

境的空间序列和有层次地展现环境形象的特征。利用邻近原理和相似原理，可以建构一个形象特别的构图，例如巴西利亚国会大厦就是使用平行的相近关系构成的生动画面。相似原理运用于建筑实体的组合上时，可以是建筑的几部分在体形和细部处理上的相似。

（2）秩序与无秩序

格式塔理论认为，有秩序的环境是无多余成分的部分所形成的有机整体结构。鲁道夫·阿恩海姆于1977年提出了达到有秩序环境的三个原则。第一，对称和整齐是高度秩序化的主题，但只能用在合适的地方，不同的功能不能用对称、整齐等形式。第二，任何事物都具有本身的独立性和完整性，但同时又是属于更大范围的一部分。第三，事物的缺陷、障碍、变化等同样是秩序的修饰性因素，从动态的关系来看，事物总是在运动、生长、成熟的过程之中。所以，秩序并不等同于机械、稳定、静态的平衡，无秩序的环境也并不一定混乱，复杂性并不等于无秩序。相反，结构越复杂，就越需要秩序，由此产生的形式则更具吸引力。可以说，对复杂结构的安排体现了建筑师的造型能力与审美素养。在建筑设计中，除了可以运用对称、均衡、整齐及最大的简洁性等手法达成形式的协调统一外，也可以通过表现紧张、冲突、变形等手段使形式产生某种张力，进而得到生动且有感染力的形象（图3-18、图3-19）。

（3）比例与均衡

除图底关系和图形秩序外，比例模式也是设计者关心的重要主题之一。格式塔心理学也关注各种"好"的比例产生的源泉及其与心理知觉过程的关系。比例的概念是与建筑中的节奏、秩序相联系的，大多数的比例是根据数学关系，有的则根据音乐节奏。

在一个建筑中，比例是指细部与细部之间、细部与整体之间在尺寸上的等比关系（模度系统）。根据比例的原则，建筑立面会按照一定的秩序分成更小的单元。维特鲁威说过："当建筑物的外貌优美悦人，细部的比例符合于正确的均衡时，就会保持美观的原

图3-18　哈尔滨大剧院（左图）
图3-19　北京银河SOHO（右图）

则。"也就是说，建筑美的关键是由细部的适当比例构成整体的均衡（和谐）外观。换句话说，在维特鲁威的观念中，比例是建筑美的核心，比例是建筑中细部和整体服从一定的模量从而产生均衡的方法。他认为在希腊神庙建筑中，整体尺寸和最小的细部之间存在着明确的比例关系，即有一个模度系统控制着希腊的神庙设计。

### 2. 格式塔的表现理论

格式塔心理学家认为，点、线、面、体等几何性元素在人的知觉中有一定的表现品质，即纯粹的抽象关系中会形成有意义的形式。这种形式感不是逻辑推理的产物，而是人的心理结构与环境模式的一种呼应。因此，有关建筑物的一系列特质，如轻松、沉重、明朗等，并不是产生于过去的联想或经验，而是关于人的生理、心理现象呼应环境现象的结果，也就是格式塔的"同型论"的说法。

用格式塔心理学分析建筑形式表现较有影响的人物是阿恩海姆，其于 1977 年发表了关于建筑美学的研究成果《建筑形式的动力学》(*The Dynamics of Architectural Form*)。他借助于格式塔的视知觉理论，运用心理力的概念分析建筑形式中有关相引相斥、均衡、轻重、秩序等因素，得出可以通过形状的几何特性、尺寸、面积量和位置等来表达建筑的性质这一结论，并指出这是因为存在着一系列决定着艺术表现和意义的心理力场，诸如扩张、收缩、推、拉、上升、下降、前进、后退等。在建筑设计中有意识地运用上述形式的表现力，可以表达和传递特定的美学信息。

### 3. 格式塔知觉理论存在的问题

作为一种形式训练和构图组织方式，格式塔知觉理论在抽象与象征美学中都有重要作用。但是，格式塔知觉理论也存在以下问题。

（1）在环境设计中，上述理论和原则主要适用于二维几何图形和视点静止的三维景观，有时难以对真实环境中的视知觉，尤其是动态的城市三维景观作出成熟的分析。

（2）另一方面，由于过分强调直觉，忽视后天经验和文化的影响，因而其也难以对不同个人和群体的知觉差异作出恰当准确的反应。实际工作中，设计者需注意格式塔心物同型的基本观点，充分调研适用人群和特定地域的文化背景，充分了解使用者的生理和心理需求，进行恰如其分的设计。

（3）这套形式分析系统虽然建立在大量实践基础上，但用在建筑形式的分析中还存在主观性和分散性。由于对个人直觉的强调，所以该系统主要是一些个人观点，尚未形成比较公认的系统。

（4）"完形"针对的是尺度相对较小的建筑或形态，只有人能将其尽收眼底时才能实现。当用于大尺度的建筑中时，"完形"规律就只能处理和分析局部的或远距离的建筑或建筑群。

上述这些问题在其他知觉理论中得到了不同程度的修正，但更重要的是，设计者要在实践中逐渐把握和反复验证。

### 3.4.2 生态知觉理论与设计

从环境与行为关系的角度来说，环境的"提供"包括三重含义：首先，环境对象要为它的使用群体提供便捷性，即让需要它的人能方便地到达它所在的位置；其次，环境对象要有明确的意义，这种意义不是脱离功能的空洞的概念，而是由环境的物质特征直接显示出来的、周围人群所需要的功能意义；最后，人们对环境客体的发现、理解和利用总是由表及里，由探索到体验，由偶然的直觉到习惯性行为。环境对象要让使用者的需要得到满足。

城市环境是高度人工化的环境，环境的物质特征与社会特征一旦向周围需要它的人们展示了它的功能意义，人们就会发现和利用它。在一定的社会条件下，常常是有什么样的环境就会发生什么样的行为，因此，从环境"提供"的观点来说，很多行为现象都能从它的环境特征中找到原因。观察和分析各种行为现象及其发生的原因，对于改进环境设计和优化环境管理都会获得有益的启发。比如，设计中在因地制宜、因人而异地进行环境提供的同时，也要注意物质场所可能的潜在功能。实际使用中，已经设计好的特定场所除了有其预定的设计功能外，使用者可能基于生态知觉的先天本能而发现一些其他功用，称为"潜在功能"。现实环境中，潜在功能往往比设计者的预设更为丰富。设计师一方面要注意到环境中潜在功能的多样性，带来的居民生活的真实与烟火气，另一方面也要预见潜在功能可能带来的不必要麻烦，提前作好有预见性的设计。

### 3.4.3 概率知觉理论与设计

根据概率知觉理论，对环境的开发者、设计者和管理者来说，要按不同环境的功能性质恰当地运用知觉的确定性与不确定性。实际环境中，由于人的不同需要而产生了各种各样的场所。有些场所需要有较清晰的知觉判断，比如车站、机场、商场、交通要道等流线复杂的场所，知觉的清晰性对其安全和效率起着至关重要的作用。为此，设计需要强调简单性、确定性和便捷性，需要有充分适度的照明及醒目易读的标识。有的场所则需要提供适当的复杂性、不定性甚至错觉以维持一定的唤醒水平和兴趣，如游览和娱乐场所，其常通过增加景观对象的不确定性来给使用者提供更多的惊喜和刺激，甚至可以利用视错觉创造出人意料的效果。中国园林中"步移景异""小中见大""曲径通幽"等就是在有限的面积内创造了丰富的空间意象。

　　实际设计中，为了能更好地理解和操作不同景观环境的功能特性，设计师需要承认自己的认识与环境使用者需要之间的偏差，设计前需要预先主动调研，以便客观地了解使用者的生活特征和行为需求。

# 第 **4** 章  个人空间、私密性与
领域性

空间与行为之间的关系始终是规划师、建筑师、社会学家、心理学家、人类学家等共同关心的问题。30 多年来，空间行为研究取得了较大进展，已被列为环境心理学的重要研究领域之一。空间使用方式是空间行为研究中的主要课题，其着重研究人使用空间的固有方式，并通过这方面的研究进一步揭示人使用空间时的心理需要。个人空间（Personal Space）、私密性（Privacy）和领域性（Territoriality）是空间使用方式这一课题所要讨论的基本内容。

## 4.1　个人空间

### 4.1.1　基本概念

个人空间又称心理空间，是个人心理上所需要的最小空间范围。美国心理学家萨姆（Sommer）早在 20 世纪 60 年代就提出了个人空间的概念——以人的自身为中心，存在着一个隐形的空间范围，其随身体移动，对这一范围的干扰或侵犯会引起人的心理不适感。

人与人之间总保持着一定的距离，好似被包围在一个气泡之中。这个神秘的气泡随身体的移动而移动，当这个气泡受到侵犯或干扰时，人们会显得焦虑和不安。这个气泡是心理上个人所需要的最小的空间范围，即个人空间。

任何一个人，都需要在自己的周围有一个个人空间，即围绕在一个人身体周围的、看不见界限而又不受他人侵犯的一个区域。无论是陌生人之间、熟人之间还是群体成员之间，保持适当的距离和采用恰当的交往方式十分重要。热情过了头会把别人吓跑，过分冷漠也令别人难以接受。鸟儿停落在电线上站成一排，互相保持一定的距离，恰好谁也啄不到谁。类似的现象在人类中同样存在（图 4-1）。例如在公共场所中，一般人不愿夹坐在两个陌生人中间，因而出现公园座椅两头忙的现象。如果有人张开双臂占据中间位

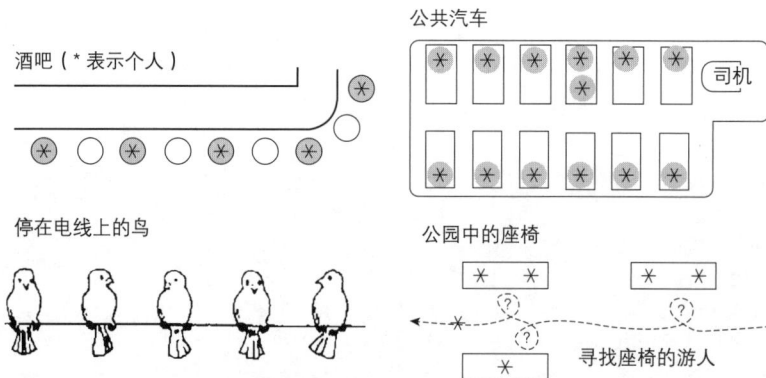

图 4-1　陌生场合中的个人空间模式

人类希望在空间上保持一定的距离

图 4-2  岸边的个人空间模式

置，那么常常是一个人就客满了。在公共海滩钓鱼的人们也一样，彼此在岸边保持一定的距离（图 4-2）。

在环境心理学家看来，这种情绪反应便是他人的空间行为影响的结果。在人与人的交往中，彼此间的距离、言语、表情、身姿等各种线索都起着微妙的调节作用。事实上，个人空间这一概念在生物学、人类学、建筑学中早已出现。

在人类中，个人空间既包含生物性的一面，又受到社会与文化的影响。日本的环境心理学家将之称为"心理的空间"，而人类学家霍尔（E. T. Hall）则称之为"空间关系学"。个人空间现象在日常生活中是司空见惯的，人类对空间的利用既是一种与别人沟通的方式，也是反映对他人的感受的重要因素。有关个人空间方面的观察和研究不仅有益于个人在人际交往中的行为选择，而且对环境设计也具有重要的意义。

## 4.1.2  个人空间的度量与功能

### 1. 个人空间的度量

研究者们普遍认为，个人空间就像一个围绕着人体的看不见的气泡，腰以上部分为圆柱形，自腰以下逐渐变细，呈圆锥形（图 4-3）。这一气泡跟随人体的移动而移动，依据个人所意识到的不同情境而胀缩，是个人心理上所需要的最小的空间范围，他人对这一空间的侵犯与干扰会引起个人的焦虑和不安。可以说，个人空间是在心理上个人所需要的最小空间范围，即身体缓冲区（Body Buffer Zone）。这种空间范围并没有固定的地理位置，而是随着个体移动和情境的不同而变化。

霍洛维茨（Horowitz）等人在 1970 年所进行的试验更客观一些。该试验让被试验人从前、后、左、右与对角线等不同方位分别朝着一个男人、一个女人的半身像模型走去，观察其在什么位置停

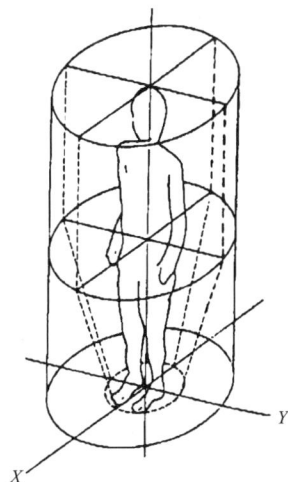

图 4-3  个人空间三维模型

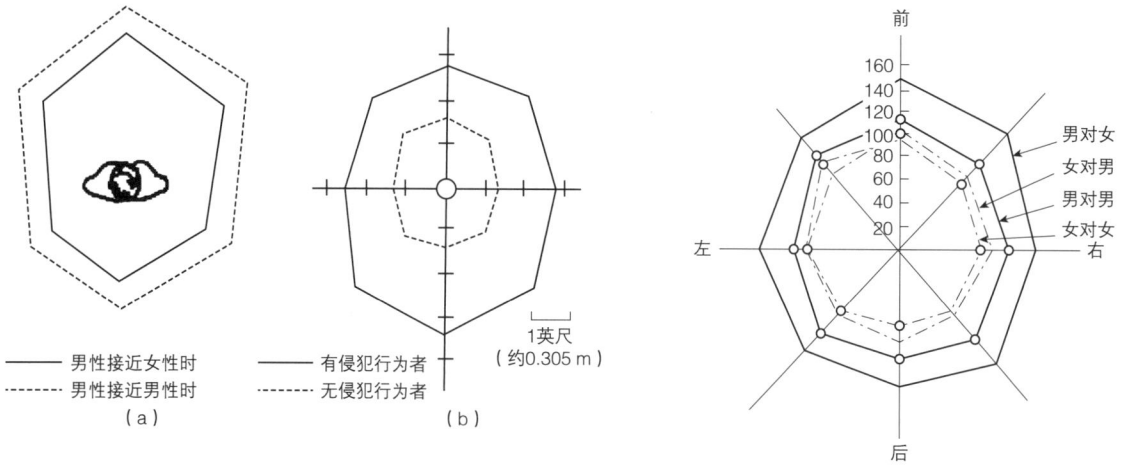

男性接近女性时
男性接近男性时
（a）

有侵犯行为者
无侵犯行为者
1英尺
（约0.305 m）
（b）

前
160
140
120
100
80
60
40
20
男对女
女对男
男对男
女对女
左
右
后

图 4-4　个人空间的形状与度量
（左图）
（a）不同性别接近时；（b）有无侵犯
行为者时
图 4-5　中国人的个人空间距离
（右图）

下来（最接近的），记录这个距离，随后通过记录的整理，可绘制出一个图形（图 4-4）。由图形中可见，个人空间的前部较大，后部小些，两侧更小。我国已有学者对中国人的个人空间圈进行了研究。早在 1988 年，杨治良等发现不论性别、年龄或文化的差异，人们对正前方的空间距离需求大于后方所需的空间距离（图 4-5）。

### 2. 个人空间的功能

从个人空间的定义中不难发现，个人空间可作为一种缓冲地带或缓冲物，使人们能摆脱他人的过分亲密的行为和过多的刺激，从而保护自己，维持"独处"；同时，个人空间有助于人们之间的有效沟通。个人空间起着自我保护作用，是一个针对来自情绪和身体两方面潜在危险的缓冲圈，以避免过多的刺激而导致应激的过度唤醒，避免私密性不足，或身体受到他人攻击。任何个体只要侵入他人的个人空间，便会引起对方的强烈反应，这是由个人空间的重要功能所决定的。

一个人在侵犯别人个人空间的同时，他（她）自己的个人空间也同时被别人侵犯，因此侵犯别人的人自己也感到不自在。事实上，当个人感到有人闯入自己的空间时，逃离之前常常在行为上作出一些复杂的反应，例如改变脸的朝向或调节椅子的角度。有些被试者还做出防卫姿态，例如收肩缩肘、手托下巴，还有人用书或其他物品将自己与来犯者隔开（图 4-6、图 4-7）。

图 4-6　个人空间的调节

侵犯他人的个人空间气泡会引起他人的不安

图 4-7　个人空间的调节与保护

　　进一步的研究显示，人们也忌讳穿越正在交谈的两人空间，尤其是男女交谈的两人空间。如果是两位女士则稍好一些，顾忌最少的是两位男性。穿越双人空间的人在行为上常常表现出不安，他们低着头，目不斜视，并低声道歉（图 4-8）。如果仅仅有两个人站在那里，对别人的穿越影响不大，当两人离开 1.2 m 以上时，穿越的人就会增加。

　　观察人们在拥挤电梯中的行为表现。当电梯显得拥挤时，人们必须站得更靠近，有时还会有所接触。一般来说，这种接近的情况会增加关联性，而且也提高亲密程度。然而，电梯中的大多数人都是不希望有亲密互动的陌生人，所以他们会调整非言语行为以消除因接近带来的后果。在此种情形下，每个人都会面向前方，眼睛盯着电梯上的楼层数字，尽量避免眼神接触（图 4-9）。他们的姿势僵硬，而且尽可能避免碰触，并试图把注意力放在别的物体身上，以此来缓解心中的不安。这形成了不成文的空间规范，假如违反这个空间规范，便会使他人产生不愉快的感受。

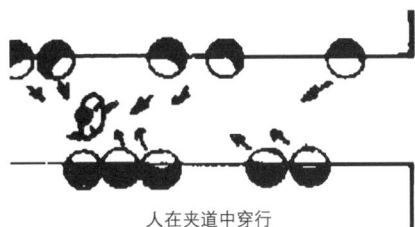

人在夹道中穿行

图 4-8　个人空间的穿越（左图）
图 4-9　拥挤电梯中人们的行为
表现（右图）

### 4.1.3 个人空间的影响因素

个人空间并非固定不变的，而是会受到诸多因素的影响，例如个人因素（包括年龄、性别、社会地位等）、人际因素（包括人与人之间的喜欢程度等）和情境因素（包括活动性质、情绪、场合等）。以下讨论重要的几个因素，即年龄、性别、情境因素，以及民族文化和伦理背景等因素。

**1. 个人因素**

（1）年龄

个人空间是会随着年龄而改变的。一般认为小孩的个人空间较小，并随年龄增长而有所增长，到了老年，人际距离又显示缩小的倾向。

儿童的个人空间需求随着年龄递增稳定地增加，其中，学习在发展人际距离的偏好中起着重要的作用。年幼的儿童在游戏玩耍时较为接近，而且经常碰触。这种情形到了一定年龄开始出现变化（图4-10）。研究表明，与成人相似的空间规范始于青春期。我国研究者的研究结论与此相似。顾凡（1988）通过对180名大、中、小学生人际空间距离需求的实验研究，发现11岁小学生所需的人际距离为139.4 cm，16岁中学生所需的人际距离为147 cm，与大学生21岁所需的人际距离接近。

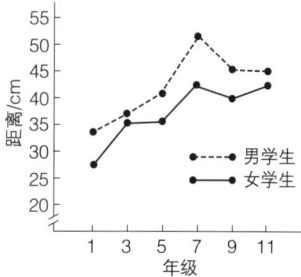

图4-10 六个年级的学生相互接触时的平均距离

（2）性别

性别是决定大多数情境中空间行为的重要因素。任何年龄的女性都使用比男性更短的互动距离，而男性对过短距离的忍耐性较低。一对妇女总要比一对男人站得更近一些，妇女的个人空间比男性的略小一些，妇女间交往中的个人距离比男子间交往中的个人距离要小些。男性更注意与同性别的人保持非亲密状态。两人性别不同时，所保持的距离一般比性别相同时更近，当然这一结论仅就北美文化而言。目前东方年轻人比较容易接受西方文化的影响，而上了年纪的人往往还保留着传统的习惯。

上述研究结论不但被大多数人认同，而且也得到许多实验证据的支持。这说明人与人之间的关系极端重要，它影响着两个人交往的距离。

（3）个性

人格中的自尊对个人空间行为会产生影响。具有积极的自我概念的个体要比具有消极自我概念的个体较近地接近他人。有研究认为，内向的人比外向的人占有的个人空间大，自尊心强的人所需要的个人空间比自尊心弱的人要小，合群的人比不合群的人与人保持更近的距离。显示暴力倾向的囚犯的个人空间差不多是正常人的3

倍。1969 年 Kleck 的试验证明了霍尔的看法，即残疾人之间的交往距离比一般正常人之间要大。

（4）情绪

个人情绪可能影响个人空间。个人空间从情绪和身体两方面对个人起着保护作用，因而它也随个人情绪的变化而变化。情绪好与坏时对闯入干扰个人空间的人或动物所持的态度有很大差别。研究显示，焦虑的或感到社会情境对自己有威胁的人需要比一般人更大的个人空间。

**2. 社会因素**

（1）亲近性

从小孩的表现中可看出，人们之间的亲属关系影响人际距离。亲近者与陌生者之间的距离是迥然不同的。双方的情态，友好抑或恼火亦严重影响人际距离。友谊和人际吸引的程度会使人们保持更小的人际距离。尤其值得注意的是，人们所感觉到的彼此间的相似性会促使他们的身体相互靠近。例如，随机对学校男生和女生进行几天观察不难发现，那些人格相似的个人之间比人格不同的个人之间更加靠近。也就是说，相似性增加了人际吸引，人际吸引缩小了人际距离。感到别人与自己相似之处越多，对别人就越容易产生好感，这实际上反映了"人以群分"的行为倾向。

（2）社会地位

研究表明，在交往中地位比较高的人总是比对方拥有、控制和利用更大的空间。这个结论与我国学者的研究结论相似。我国研究表明，干部所需的空间距离平均为 97 cm，工人平均所需的空间距离为 82 cm。某研究发现，如果来访者进门后就停下来，与远远坐着的被访者说话，则说明来访者的身份、地位较低；如果来访者直接走向被访者坐的地方，则说明来访者的身份最高；当来访者进门后站在被访者较近的地方，则说明他的身份属于中等水平。最明显的例证是古代的皇帝，他出行时庶民要回避，大臣均低下头，不能与他有目光的接触，周围簇拥者亦有类似情况。现代社会中的重要人物在一些场合出现时，会扩大其前部空间，且习惯坐在正中最显要的坐席中。姑且不论这个研究的可信度如何，但从中也看出不同社会地位的人对空间距离的需求是不同的。

（3）环境因素

物理空间环境也会对个人空间产生影响。费希尔等人（1984）的研究发现，人们对空间的利用反映了他们的安全需要。因此，人们坐着比站着需要更大的空间，在室内比在户外需要更大的空间，在角落里比在房间中央需要更大的空间，所有这些个人空间的大小，均是出于安全的考虑。鲍姆等人（A. Baum 等，1974）的研究表明，榻扇的使用减轻了空间侵入的感受，而且扩大了办公室和其他拥挤的公共场所中令人舒适的空间。这同样是为了满足安全的需要，前者可能属于生理上的安全感，而后者则可能更多地属于心理上的安全感。

研究发现，当实验者接近男性被试者时，被试者在顶棚较低的房间时比在顶棚较高的房间时需要更大的个人空间；个人空间随房间尺寸的减小而增大，随房间增大而减小；当人多时，在房间中设置隔断可减少空间侵犯感；在边界开放的环境中，个人空间相对较小，这说明人们感到便于疏散时有较强的控制感，因而满足于较小的个人空间。

（4）文化因素

霍尔（E.T.Hall，1966）指出，行为方式直接与文化相联系，空间行为也只能在与文化的联系中才能反映出来，不存在脱离文化的个人空间行为。在地中海文化中（包括法国、阿拉伯、南欧和拉丁美洲等），习惯使用嗅觉、触觉及其他感觉形态进行人际交往，故使用极近的交往距离甚至频繁的身体与目光接触，显示极大的密切性。而在北美和北欧文化中（如德国、英国和美国等），则喜欢较大的交往距离和个人空间，一般很少对他人使用非言语的密切行为。具有不同文化背景的人，对于站得远近有不同的偏好。美国人、英国人和瑞典人站得最远，意大利人、希腊人站得比较近，南美人、巴基斯坦人和阿拉伯人站得最近。

许多研究表明，不同种族成员之间的互动距离大于同一种族成员间的互动距离（C.D.Booraem 等，1977）。但霍尔强调指出，以上研究主要针对地中海和北欧文化，而且都是粗浅模糊的分类，对其他文化，尤其是亚洲文化不一定完全适用。文化差异对行为的影响应引起我们的关注。

## 4.1.4　人际距离

人与人之间的距离决定了其在相互交往时以何种渠道成为最主要的交往方式。1966 年，人类学家霍尔出版了《隐藏的向度》（*The Hidden Dimension*）一书，在书中提出了距离学（Proxemics），认为距离学是对人类空间行为的科学研究，人们的情绪情感与使用距离密切相关，并详细探讨了人类空间利用的意义，进行了不同文化中空间规范的形式及人际互动距离的有关研究。在现实生活中，我们常常可以通过人们交往时的距离来判断人与人之间的关系（图 4-11）。

霍尔通过对中等阶层白人的长期观察，认为美国人的人际交往通常发生在以下 4 种距离的情况下，即亲密距离（Intimate

图 4-11　交往距离与人际关系

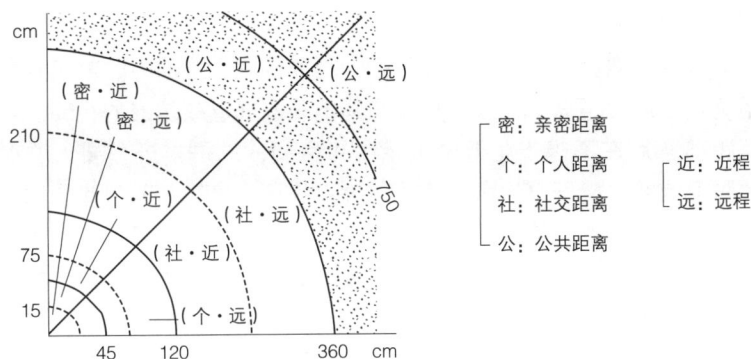

图 4-12　霍尔的 4 种个人空间距离模型坐标

Distance）、个人距离（Personal Distance）、社交距离（Social Distance）和公共距离（Public Distance）（图 4-12）。

### 1. 亲密距离（Intimate Distance）

亲密距离一般为 0~0.45 m，小于个人空间。处于亲密距离时，个人空间受到干扰。这种距离专门用在非常亲密的互动中，如爱、抚摸、安慰和防御等，父母与子女、夫妻、恋人之间的距离就属于此类。亲密距离通常不适合公开场合中的成年人。处于亲密距离的人有很大程度身体间的接触，视线是模糊的，声音保持在说悄悄话的水平上，能感觉到对方的呼吸、气味等。在公共场所与陌生人处于这一距离时会感到严重不安，人们用避免谈话、避免微笑和注视来取得平衡。

### 2. 个人距离（Personal Distance）

个人距离通常为 0.45~1.2 m，与个人空间基本一致，是得以最好地欣赏对方面部细节与细微表情的距离。处于个人距离时，眼睛很容易调整焦距，观察细部质感不会有明显的视觉失真，但即使在远距离也不可能一眼就看清对方的整个脸部，而必须把中央凹视觉集中在对方脸部的某些特征，如眼睛上；超过这一距离的上限（1.2 m），就很难用手触及对方，因此可用"一臂长"来形容这一距离。处于该距离范围内时，能提供详细的信息反馈，谈话声音适中，言语交往多于触觉。个人距离适用于亲属、师生、密友握手言欢，促膝谈心，或日常熟人之间的交谈。

### 3. 社会距离（Social Distance）

社会距离为 1.2~3.6 m。处于社会距离时，可看到对方全身及其周围环境，相互接触已不可能，由视觉提供的信息没有个人距离时详细；其他感觉输入信息也较少，彼此保持正常的声音水平。这一距离常用于非个人的事务性接触，如同事之间商量工作、业务洽谈、接待新客等。

## 4. 公共距离（Public Distance）

公共距离为 3.6~7.6 m 或更远的距离，属于互动中非常正式的距离。在这种距离下，人们可以轻易地采取逃避或防卫的行动。公共距离常用在不想产生互动的陌生人之间，或是接近重要人物时的防卫信号，属于政治家、演员与公众的正规接触，通常为单向沟通时采用。此时无细微的感觉信息输入，无视觉细部可见，为表达意义差别，需要提高声音、语法正规、语调郑重、遣词造句多加斟酌，甚至采用夸大的非言语行为（如动作）辅助言语表达。

距离可以影响人们的行为，几乎所有的接触中都会有意识地利用距离因素。随着距离由远及近，信息的强度和数量也会大大增加（图 4-13）。

80m

7.5m

50m

2m

20m

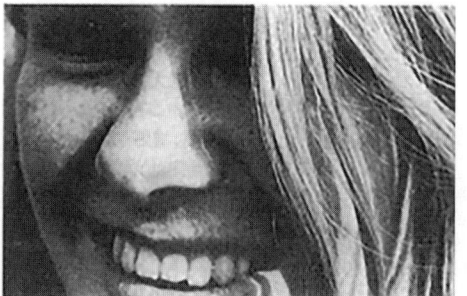

0.5m

图 4-13　视觉与距离

人际交往的空间距离不是固定不变的，它具有一定的伸缩性，这依赖于具体情境、交谈双方的关系、社会地位、文化背景、性格特征、心境等。值得注意的是，上述 4 种距离都是估计数，这种人际距离模式存在着文化背景的差异。霍尔一再申明，他论述的这些空间尺寸仅仅是依据北美社会白人中产阶级的习性。

## 4.1.5 空间定位与座位布置

### 1. 空间定位

人们在进行人际交往的接触中，其空间定位往往具有一定的规律性。这一点在座位的选择中表现得很明显。学者萨默（R.Sommer）1969 年对此进行了一系列的研究。他的研究是这样进行的：1 张长方桌，周围有 6 张椅子，请被询问的学生思考，如果他与他的同伴在一起从事某些活动，他们将选择怎样的坐法，然后解释原因。学生选择座位坐法的百分比如图 4-14 所示。

根据观察发现：

（1）进行交谈：此时选择 90° 把角与面对面的坐法较多。解释中说这样既有接近也便于眼光接触，而目光的自由度很大，谈话过程中很少有连续的目光接触。而选择面对面的坐法略多于把角的坐法。

（2）合作做一件事：相当一部分选择肩并肩的坐法。原因是这样便于阅读共同的材料，或核对数据、使用工具。

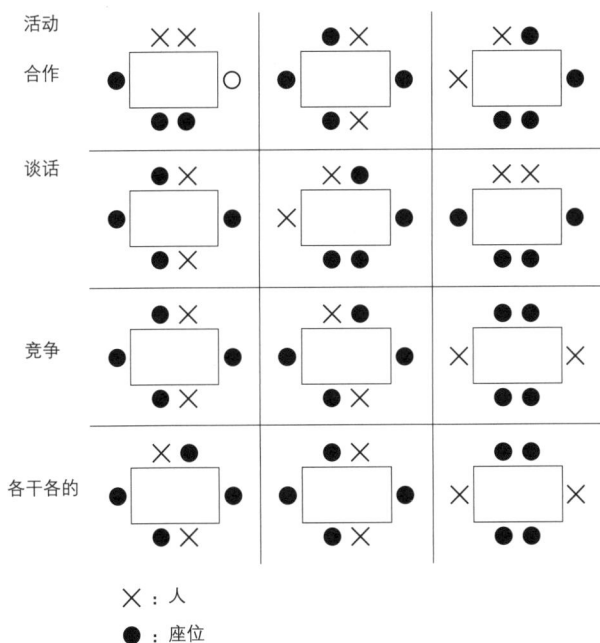

×：人

●：座位

图 4-14 选择座位坐法的百分比

交谈的朋友常选择桌子的一角相邻而座，从留下的空位也可证实这一点。

图 4-15　朋友间交往时座位的选择

（3）在一起各干各的事：这时往往选择距离最远的座位，可保持秘密，减少目光接触。

（4）竞赛：此时双方间希望彼此保持一定的距离，但同时又需要有目光接触以刺激竞争意识，故多选择面对面坐，这样各自工作有一定秘密性且同时可了解对方是怎么操作的。

萨默经大量研究认为，一般朋友交谈选择角对角就座；一对竞争者常选择面对面就座；合作者更多地选择肩并肩就座（图 4-15）。

在不同的社会与文化背景中，个人的相对位置还常常与其权力和地位相对应。例如中国封建社会的朝廷上，天子总是高高在上坐北朝南，百官则文东武西分列两侧。中国人的宴会也分上座与下座，上座留给贵宾或长者。这说明人际交往中的空间定位不仅与交往的方式有关，有时还与文化、地位、政治等其他因素相关。

### 2. 户外座位布置

座椅是外部空间环境中最为常见的城市家具，其形式及布置方式会直接影响人们的使用方式及使用体验。常见的座椅形式有以下几种，其布置方式及使用场景各有不同。

（1）直条式

直条式适用于相互不认识的人使用，可以观看发生在正前方的事。坐在上面的两个人可以转成谈话的方向，但是免不了会相互碰到膝盖。此方式不适于一群人交往，站着的人会阻塞人行道路（图 4-16）。

（2）单独式

单独式适合于一个人或 2~4 个（依尺寸而定）互不相识的人使用。通过背向而坐，人与人之间可以互不干扰。但由于尺寸限制和难以转身，故单独式座椅不适于两人交流或群体使用（图 4-17）。

（3）转角式

转角式分为单独转角式和多重转角式。转角可容纳两个人交谈而不发生膝盖碰撞。单独转角式虽然在两端的人不容易交谈，但可

图 4-16　直条式户外座位布置（左图）

图 4-17　单独式户外座位布置（右图）

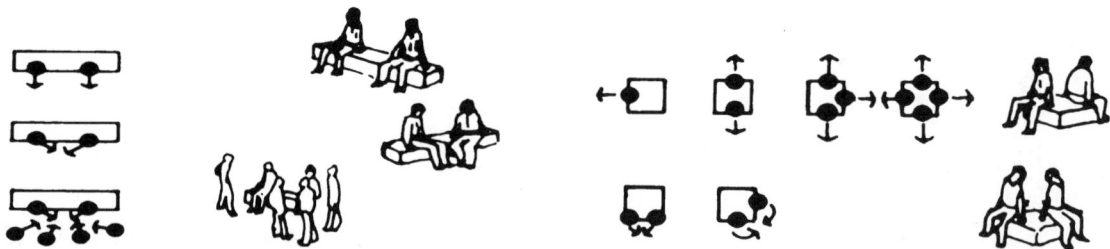

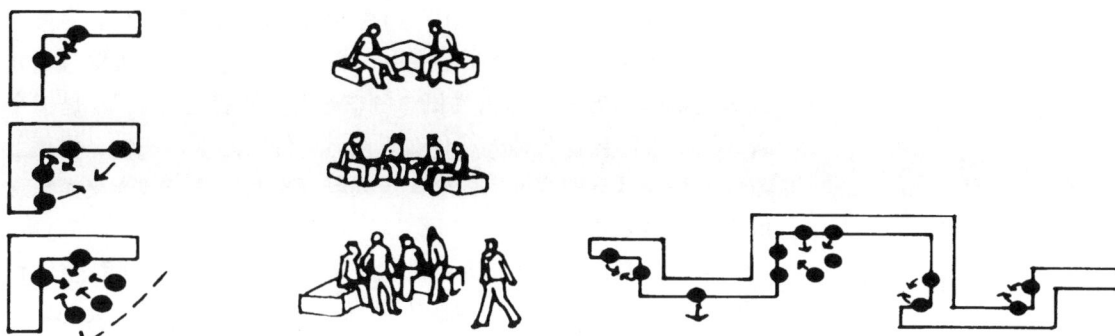

以满足 4 个人交谈的需要。如果仍有几个人需要站着，对于一小群人的交流来说，这种形式比直条式和单独式的要好，因为站着的那些人不会阻塞邻近的通道（图 4-18）。多重转角式为最佳方式，可满足多种需求（图 4-19）。

图 4-18　单独转角式户外座位布置（左图）
图 4-19　多重转角式户外座位布置（右图）

（4）环形式

环形式适于互不相识的人使用。曲线让邻近的人微微偏离开，有助于减少干扰。两个人可以进行交谈，但由于他们转身的方向与曲线相背，故不如直条式舒服。对于参与会话的第三者来说，环形式就更糟了，因为其必须侧身坐来进行交谈。环形式的弧线越弯曲，这一问题越严重。与直条式相同，环形式不适于群体交往（图 4-20）。

## 4.2　私密性

### 4.2.1　基本概念

众所周知，人类具有生物性、社会性和主体性三大特性。这些特性反映在人对空间的需求上，便是领域性、公共性和私密性（图 4-21）。

在现实生活中，人们一方面常常对人际交往、沟通予以极大的关注，希望建立友谊，获得信息，另一方面又对一定程度的自我封闭表现出需求倾向，要求自我隐匿、有所保留。这说明人类的交往活动是公共性与私密性的矛盾统一。

图 4-20　环形式户外座位布置（左图）
图 4-21　人类特性与空间需求（右图）

阿尔托曼（I. Altman，1975）对私密性提出以下定义：对接近自己或自己所在群体的选择性控制，即有选择地控制他人接近自我或其他群体的方式。私密性概念的核心为"选择性控制"，是指个人或人群控制自身与他人在什么时候、以什么方式、在什么程度上与他人交换信息的需要，即个人或人群有控制自身与他人交换信息的质与量的需求。

根据威斯汀（A. F. Westin，1967）的研究，可以把私密性划分为几种基本形态，其中退缩（Withdrawal）包括独居（Solitude）和亲密（Intimacy），信息控制（Control of Information）包括匿名（Anonymity）和保留（Reserve）等。独居是指一个人独处时不愿受到他人干扰的实际行为状态，表现为自我独处，自我孤立，与他人隔离和避免被人观察，怕受人干扰等。亲密是指几个人亲密相处时不愿受到他人干扰的实际行为状态，表现为小群体内彼此之间保持相互亲近，不愿受他人影响。匿名是指个体在人群中不求闻达、隐姓埋名的倾向，表现为有所保留，决不和盘托出，并要求周围的人与之合作。保留是指个体具有对于自己的某些事实加以隐瞒或有所保留的倾向。

### 4.2.2 私密性的功能

私密性有多种功能。它既可以使人具有个人感，能按照自己的想法支配自己的环境，在没有他人在场的情境中充分表达自己的感情，也可以使人在进行自我评价时隔绝外界的干扰作用，还具有控制、选择与他人交流信息的自由，在某种情境中选择独处或共处。因此，私密性可以帮助人们调整互动，以维持秩序且避免与他人冲突。

具体来说，人类的私密性具有以下四种功能：①完整（Autonomy），使个体具有个人感，以维护个人行为自由，使个体按照自己的意愿支配自己的环境；②自泄（Emotional Release），能够孤独地进行自我表现，独自充分表达自己的情感，放松自己的情绪；③内省（Self Evaluation），进行自我思考、自我设计、自我评价；④隔离（Limited Communication），隔绝外界的干扰，控制交流，实在必要时还可保持与其他人的接触。

研究表明，私密性的四种基本形态与四种功能之间存在着一一对应关系（表4-1），这有力地说明了人类对空间的私密性需求。为了维护个人行为的完全自由，需要匿名；为了能自我表现和自我放松，需要亲密；为了自我反省，闭门独思，需要独居；为了避免干扰，限制沟通，需要有所保留。反过来，如果实现了独居、亲密、匿名和保留，即私密性的四种状态，同样可以反映出完整、自泄、内省和隔离的功能。

<table>
</table>

| 功能 | 私密性状态 | | | |
|---|---|---|---|---|
| | 独居 | 亲密 | 匿名 | 保留 |
| 完整 | | | ● | |
| 自泄 | | ● | | |
| 内省 | ● | | | |
| 隔离 | | | | ● |

私密性状态与功能的对应关系　　　表 4-1

## 4.2.3　最优私密性水平

根据私密性的概念可知，私密性并非仅仅指离群索居，而是指对生活方式和交往方式的选择与控制。阿尔托曼认为，私密性概念的关键是从动态和辩证的方式去理解环境与行为的关系。独处是人的需要，交往也是人的需要，人们可以通过多种方式表达这些需要，包括言语表达和非言语表达。什么时间，在什么地方，独处还是交往，和什么人在一起，以什么方式交往，这要取决于人格、年龄、角色、心境、场合等多种因素。人的体验如何，关键在于选择性和控制感。

人们主观上总是努力保持最优私密性水平。当个人需要与他人接触的程度和实际所达到的接触程度相匹配时，就达到了最优私密性水平（图 4-22）。因此，个人选择的范围越大，控制能力越强，感觉就越满意。

## 4.2.4　私密性与空间设计

私密性对个人生活和社会生活都起着重要的作用。私密性的关键在于为使用者提供控制感和选择性，这就需要物质环境从空间的大小、边界的封闭与开放等方面，为人们的离合聚散提供不同的层次和多种灵活机动的特性。人类既需要私密性，也需要相互间接触交往，过分的接触与完全没有接触对个性的破坏力几乎同样大。

对每个人来说，既要能退避到有私密性的小天地里，又要有与别人接触交流的机会。环境既可支持也可阻止这些需要的实现。环境设计中的一个基本点在于创造条件求得两者间的平衡，满足两方面的需要，即私密性与公共性。任何设计都应包含私密性与公共性及半私密性与半公共性的空间。

图 4-22　最优私密性水平

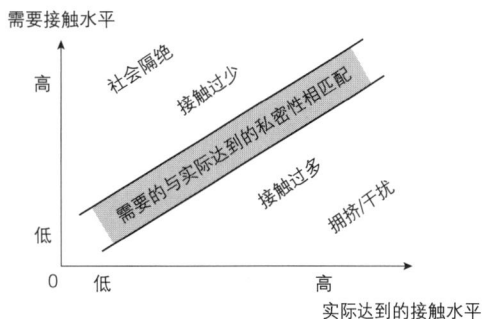

### 1. 居住空间与私密性
居住环境是影响个人生活体验最重要的场所。理想的住宅应使每个家庭成员都具有只属于自己的空间作为退路。对于现代城市居民，文化背景、生活方式、年龄、家庭结构、经济状况等因素都影响着他们对居住环境的选择，即使同一户人家中也存在着程度不同的个人差异。因此，房地产开发商和建筑设计者应当在可能条件下尽量提供不同层次、多种户型、空间分隔灵活、功能齐全的居住环境，以满足不同个人和家庭的需要。

（1）入口

在中国传统文化中，家与园构成了一个不可分割的整体。家是私密空间，园是半私密空间，一片可耕种的土地。通过院落、围墙、大门、照壁等的设置，形成居住环境的"公共空间—半公共空间—半私密空间—私密空间"的过渡。

以北京的四合院和山西传统民居为例。民居由房间围合成对外封闭、对内开放的院落。大门对着厢房的山墙，无论是独门小院还是深宅大院，站在门外都不可能看到院子内部（图4-23）。这些处理手法，对现代住宅设计都有借鉴意义。

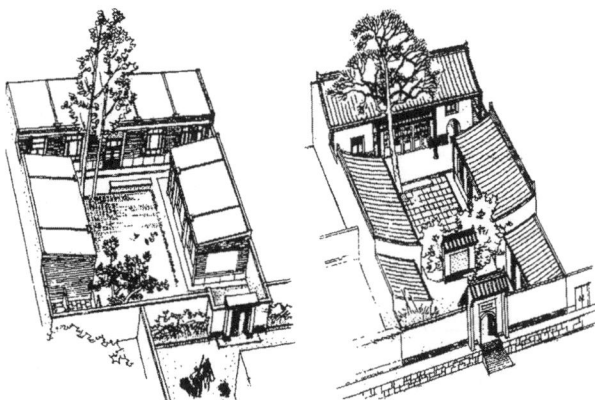

图4-23　山西传统民居

现代城市住宅利用入户花园作为公共交通空间与住宅室内空间的过渡，打破传统的入户门与客厅直接相接的方式，充分保证住户私密性的需求（图4-24）。入户花园可以根据住户的喜好，作为小

图4-24　带有入户花园的城市住宅

入户花园

1000
720

图 4-25 富有个性的入户花园空间（左图）

图 4-26 提高室内外高差（右图）

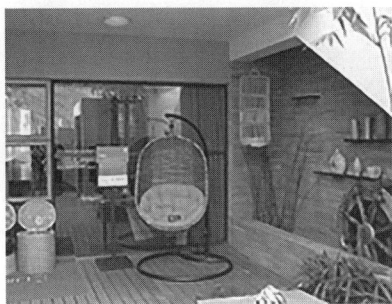

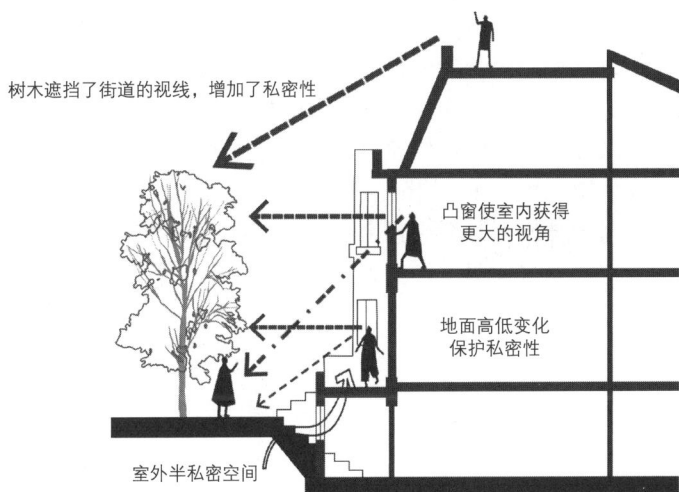

型的会客空间、茶室、观景阳台、健身房等多功能空间（图 4-25）。同时，半开敞的前院创造了丰富的住宅室内空间，同时也为邻里交往提供了可能。

（2）剖面

城市住宅中底层住宅住户的私密性往往最容易受到外界的干扰，建筑师可以通过建筑设计的巧妙处理来改变这一现状。常用的处理手法有适当抬高室内外高差、适当抬高窗户高度、设置阳台或室外平台等多种手段（图 4-26、图 4-27）。

树木遮挡了街道的视线，增加了私密性

凸窗使室内获得更大的视角

地面高低变化保护私密性

室外半私密空间

图 4-27 通过多种手段提高底层住户的私密性

## 2. 开放办公空间与私密性

不同于传统的单间式封闭的办公空间，开放办公室（Open-Plan Office），有时也称景观办公室（Landscape Office），最早于 20 世纪 60 年代出现于德国（Brookes，1972；ZanardeUi，1969）。开放办公室是一个大面积开敞的工作区，其中没有从地面到顶棚的隔墙。有的一层楼就是一间无固定隔墙的大办公室（图 4-28）。办公桌、工作空间、低矮的可移动隔板等反映了流线型工作方式和特定办公场所的组织程序。开放办公空间的设计目的在于提高工作效率，加强有关工作人员之间的联系，并给工作人员提供了灵活和自由。虽然对开放办公室绩效的评价还需要进行更多的研究，但已有的一些初步评价可供我们参考。

（1）办公室的大小

大空间办公室和小单间办公室各有其优缺点，所以选择时应考虑多种因素。管理者希望下属在大空间办公，而办公室的工作人员似乎更喜欢小规模的办公室。图 4-29（a）是对 1180 名办公室人员就最喜欢工作的办公室的大小所做的问询调查的结果，显示大部分人选择 10 人以下大小的房间。与此相比，回答认为大一些的房间舒适的人是极少的。这一结果表明小办公室的私密性更强。

（2）办公室大小与作业效率

办公室的大小不仅与办公人员的心理状态有关，而且与办公人员的作业效率也有明显的关系。图 4-29（b）是对不同大小办公室中工作人员作业效率进行的考核。其结果说明大空间更适于处理事务性的工作，而对侧重于思考、分析的工作人员而言，空间越大，对其干扰影响越大。

（3）办公室大小与人际关系

办公室的大小对于在其中从事工作的人们的人际关系的形成和相互作用有很大的影响。对一个楼层上有各种大小集团的公司里人的结合构造进行研究，表明社会性的选择程度及两者间的物理距离的关系是：不论男女，随着物理距离的增加，选择程度在减少。尤其是对于女性来说，这种倾向特别强。这充分显露出女性的守护家园（Home Ground）的性格。在小房间工作的人们之间比在大房间的人在内部结构上具有更紧密的结合关系，但同时也更容易被孤立。在大房间里工作的人，其人际交往的择数性更多，但其间关系更松散。

图 4-28　开放办公室标准层平面（左图）

图 4-29　办公室大小的选择（右图）
（a）房间人数与办公室大小;（b）房间大小与作业效率

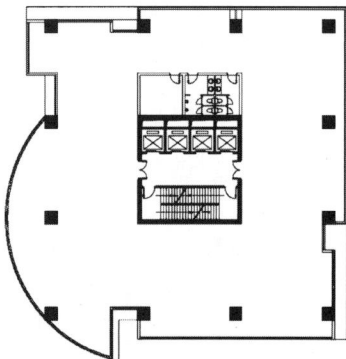

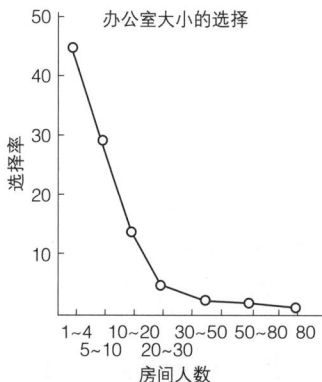

办公室大小的选择

选择率

房间人数

1~4　5~10　10~20　20~30　30~50　50~80　80

（a）

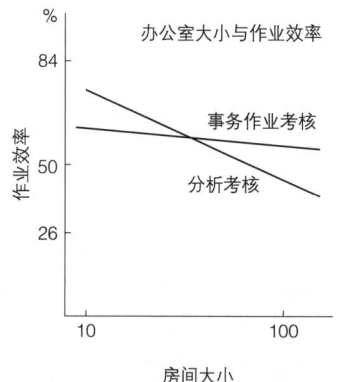

办公室大小与作业效率

作业效率

事务作业考核

分析考核

房间大小

（b）

（4）开放办公空间的改进

一项研究（Brookes，1972；Brookes and Kaplan，1972）采用语义差别法评价一家大公司雇员从传统办公室搬入开敞办公室前后的反应。该研究认为，新的开敞办公场所并不比原来的办公环境工作效率高。雇员们感到在开敞办公环境中噪声和视觉干扰更多，空间传来的谈话声尤其分散工作时的注意力。因此，需要对普通的开放空间进行改进。例如在大空间中设置一些私密性较强的小空间，如小型会议室、洽谈室、个人办公室、茶水室、休息室等。可在开放办公区设置工作隔断以减小工作时相互间的干扰，同时也不阻碍工作人员的交流（图 4-30、图 4-31）。

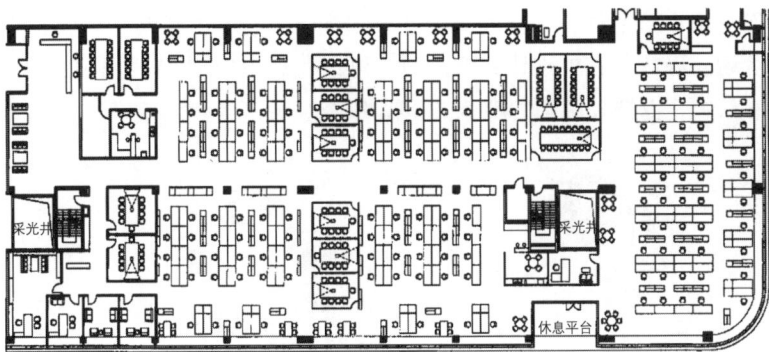

图 4-30　开放办公室平面图

图 4-31　开放办公室内景

### 3. 偏爱停留的外部空间与私密性

（1）偏爱停留的地点

在外部公共空间中，人们往往愿意处于有一定私密性的被保护的空间之中，或愿意在半公共、半私密的空间中逗留。从人的心理感受上来讲，在外部空间中实墙的角落，或背靠实墙，或凹入的小空间等，都有助于人们获得私密性、安全感和控制感。此类空间既有一定的私密性，又有对公共活动的参与感，能看到人群中的各色活动，并可随时参与到活动中去（图 4-32）。

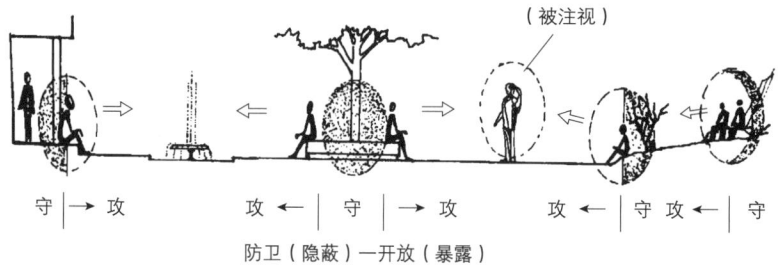

图 4-32　人愿意逗留的地点

防卫（隐蔽）—开放（暴露）

　　无论是广场、街道或大的室内公共空间，小群活动总是从边上逐步扩展开的。如果边上的空间能吸引人，留得住人，空间特性适合于小群活动，加上空间大小与人的密度合适，则这种边界空间就可能很有生气感（图 4-33）。相反，如果边界上的处理留不住人，不适于小群活动，则空间就可能死气沉沉，没有停留感，缺少人的活动。因此，在处理边界空间时，可以有意识地创造一些凸凹变化的空间，以增强空间的趣味性和吸引力。

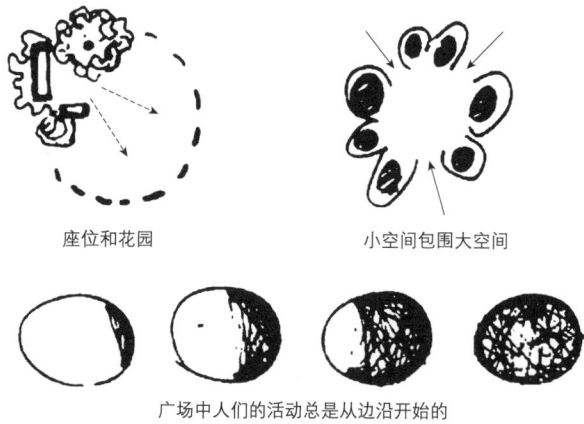

座位和花园

小空间包围大空间

图 4-33　人愿意逗留的边界空间

广场中人们的活动总是从边沿开始的

（2）座椅的选择

　　在外部空间中，通过人们选择座椅的方式，可以看出人们更偏爱选择那些私密性好的座椅，并能停留更久的时间。公园中最受人欢迎的座位是那些凹入的有植物保护的座椅，而不是临道路的座椅（图 4-34）。

图 4-34　常见座椅的形式

　　人们在进行交往的过程中，时常会冷落那些排成一条的直线长椅，而喜欢选择那些既能支持他们的活动，同时又能保持个人私密性的座椅。在公共场合当中，人们总爱选择位于角落的座位，比如长椅的两端或座椅、台阶、水池边沿、花池边沿等的转角处（图 4-35）。这是因为转角处不仅利于交谈，同时更易保有谈话者的私密性，他们能够获得相对开敞的视野及心理上的安全感。

在设置座椅时，应考虑到座椅的形式与人的多种需求，不仅要有利于人的交流，同时还应满足人们私密性的需求。两组座椅的使用者如果需要进行交流，则其间距建议设置为 1.2 m 以内；两组座椅的使用者如果无需交流且需设置通道，则间距建议设置为 3 m 以上（图 4-36）。

图 4-35 人们喜欢选择的座椅位置

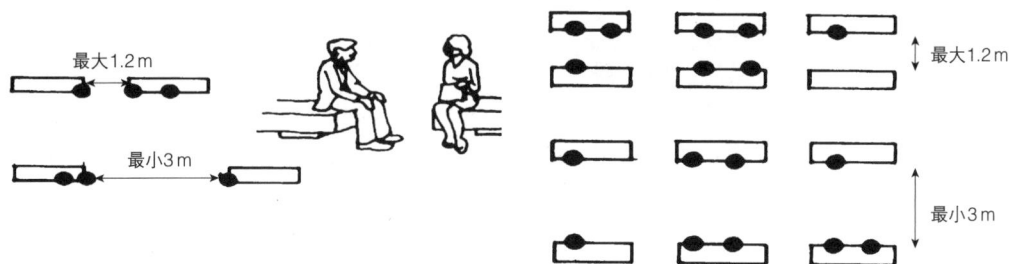

图 4-36 人们喜欢选择的座椅形式

## 4.3 领域性

### 4.3.1 基本概念

#### 1. 定义

领域性一词源于生物学，领域性是高等动物的天性。动物的领域性多表现为雄性动物为其种族小群保护其领域边界，有时是整群联合起来防卫。一般来说，动物领域性是指动物在一段时间占领一定地区的某种倾向或特性。在动物占领的这个区域内，它们生存、戏耍、繁殖，并且防止其他个体的侵犯。对大多数动物来说，维护和保持其领域性具有重要的生物学价值。动物领域性也有助于自我保护。

从某种意义上说，人的领域性行为具有最原始的生物特征。但是人与动物有着本质的不同，无论是从占有领域的方式上，还是从防御侵犯的形式上，两者都有严格的区别。特别是在利用外界环境建立固定的、满意的、舒适的人工环境方面，动物与人类是无法相提并论的。人类领域性是人的空间需求特性之一。由于领域性既是个人有效利用个人空间的基础，也是满足个人空间的方式，因此这个问题引起了研究者的广泛兴趣，并积累了丰富的研究资料。

阿尔托曼对领域性提出了以下定义：领域性是个人或群体为满足某种需要，拥有或占用一个场所或一个区域，并对其加以人格化和防卫的行为模式。该场所或区域就是拥有或占用它的个人或群体的领域（Territory）。

### 2. 特性

领域这一概念不同于个人空间。个人空间是一个随身体移动的看不见的气泡，而领域无论大小，都是一个静止的、可见的物质空间。根据领域的定义，领域具有以下三个特点：①领域性具有一定的空间范围；②领域性具有排他性；③领域性具有控制性。领域的这三个特点又可归纳为领域的占有性与归属性（图4-37）。

人的领域性不仅包含生物性一面，而且包含社会性一面。美国著名的人本主义心理学家马斯洛（Maslow）提出了人的需求层次递进理论。他在《人的动机理论》一书中将人类需求细致地划分为五种层次：生存需求、安全需求、社交需求、尊重需求、自我实现需求。这五种需求由低到高呈金字塔形分布（图4-38）。随着个人需要层次的不同，领域的特征和范围也不同，例如一个座位、一个角落、一间房间、一套住宅、一组建筑物、一片土地……随着拥有和占用程度的不同，个人或群体对它的控制，即人格化与防卫的程度也明显不同。

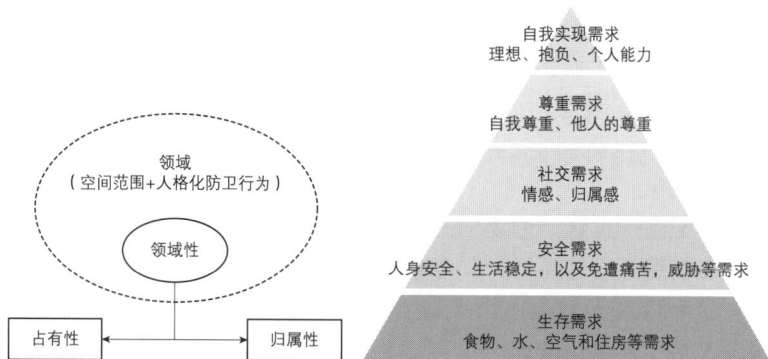

图4-37 领域性图解（左图）
图4-38 人的需求层次（右图）

## 4.3.2 领域的类型

阿尔托曼1975年在《环境和社会行为：私密性、个人空间、领域和拥挤》（*Environmental and Social Behavior：Privacy，Personal Space，Territory and Crowding*）一书中对人类领域进行了划分。根据领域对个人或群体生活的私密性、重要性及使用时间长短的不同，阿尔托曼将领域分为以下三类：主要领域（Primary Territories）、次要领域（Secondary Territories）和公共领域（Public Territories）。

### 1. 主要领域

主要领域指拥有者觉得可以完全控制他人的接近，以及大多数时间内都可以使用的地方。主要领域是使用者使用时间最多、控制感最强的场所，包括家、办公室等对使用者来说最重要的场所。

主要领域为个人或群体独占和专用，并得到明确公认和法律的保护。外人未经允许闯入这一领域被认为是侵犯行为，会对使用者构成严重威胁，使用者必要时用武力保卫也被认为是无可非议的。

### 2. 次要领域

次要领域对使用者的生活不如主要领域那么重要，不归使用者专门占有，使用者对其控制也没有那么强，属半公共性质。次要领域在使用者的生活中不居于核心地位，也不排外，占有者对它的控制较少，是主要领域和公共领域之间的桥梁。

次要领域包括人们经常使用的各类公共空间，如学校、办公室、社区街道、餐厅等。这些场所面向各种不同使用者开放，其中可能有的个人或群体是这里的常客，他们在这里比其他人显得更具有控制感。还有一些类型的次要领域，如住宅楼的公用楼梯间、房前屋后的空地等，如果被某些人长期占用，则可能变成半私密领域而被占用者控制。

### 3. 公共领域

公共领域是指可供任何人暂时和短期使用的场所，当然在使用中不能违反规章。公共领域场所一般包括电话亭、网球场、海滨、公园、图书馆及步行商业街座位等。这些领域对使用者不是很重要，也不像主要领域和次要领域那样会令使用者产生占有感和控制感，因此当使用者暂时离开而被他人占用时，原使用者返回后一般不会作出什么反应。

如果公共领域频繁地被同一个人或同一个群体使用，最终它很可能变为次要领域。例如学生常常在教室选择同一个座位，晨练的人群常常在公园中选择固定的场所，如果这一位置或场所被他人或其他群体占用，则可能会引起不愉快的反应（图 4-39）。

由于公共场所的某些地点反复被一定人群所占用，因此该地点的地域特权可能被人们所默认

图 4-39　公共领域与固定使用人群

### 4.3.3 领域的功能

#### 1. 空间划分与组织功能

领域具有不同的尺度和区分方法，包括微观环境、中观环境和宏观环境。明确的空间分区使人们了解哪些具体领域从事哪些具体活动，会见到哪些人，从而有利于个人根据自己的角色和需要选择安排自己的行为，形成稳定有秩序的生活（图4-40）。

图4-40 领域的行为层次

（1）微观环境

微观环境（或称个人空间）指机体占有的围绕自己身体周围的一个无形空间，如果受到别人干扰，会立即引起下意识的积极防范。个人空间可以扩大为一个领域单元，如一间私密性的房间、一个座椅、一张办公桌的周围……当个人空间未扩大到固定的围合构件所限定的范围时，它是随人身体移动而移动的，具有伸缩性。

（2）中观环境

中观环境是指比个人空间范围更大的空间，属半永久性，由占有者防卫。中观环境可能是个人的，也可能是群组的、小集体的，属于家庭基地与邻里。在此领域内，大部分时间用于食宿等日常生活。

（3）宏观环境

宏观环境是指机体离家外出活动的最大范围，属公共空间。交通愈方便，宏观环境的范围愈大。但个人在城市中并非遍及各地，故通常也只限于一定的范围。

### 2. 增强私密性与控制感

明确的领域划分有助于私密性的形成和控制感的建立。生活在具有丰富的"私密性—公共性"层次的环境之中，会令人感到舒适而自然，人们既可以选择不同方式的交往，又可以躲避不必要的应激。一个空间如果没有明确的边界，就不能明示或者暗示它的所有权和控制权，人们相互交往就会形成混乱。

如图 4-41 所示，在美国某唐人街广场的设计中，根据不同人群的特点对外部空间进行了领域划分，从而既满足了不同群体的行为习惯，又增强了外部空间的私密性和控制感。住宅中也划分为不同的功能分区，以满足家庭成员之间亲密而有间的良好关系。厅为家庭的公共空间，但每个人在餐厅的就座位置差不多都形成了固定的习惯。卧室和书房是个人的私密空间，家庭各成员一般都尊重关上门这类领域性行为。

### 3. 增强归属感

在一些没有明确领域感的地方可能会发生两种后果：一种是引起领域争端，导致邻里不和；另一种是无人过问，空间被糟蹋和滥用。城市中后一种现象更为常见。例如，两区交界处或两单位交界

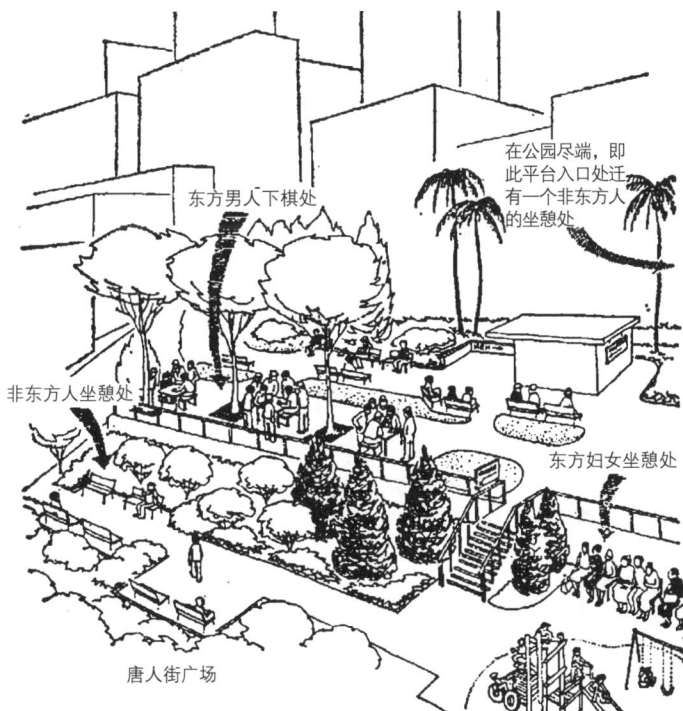

在公园尽端，即此平台入口处迁有一个非东方人的坐憩处

东方男人下棋处

非东方人坐憩处

东方妇女坐憩处

唐人街广场

图 4-41 外部公共空间的领域划分

处，常乱搭乱建或垃圾成堆，成为城市环境的老大难地带。越是没有归属、没有人管、没有人爱的空间，越容易被糟蹋；一旦其有了明确的主人，并得到爱惜与呵护，就会得到尊重。

例如，住宅的楼前楼后总有些空地。如果有关部门将这些空地统一围起来，划归住户，使之成为半私密的外部空间，允许住户自己动手种花养草，或由住户按自己的爱好委托花木公司代为美化，就可以加强房前屋后的人性化，并提高住户的控制感、责任心和对环境的满意度，同时也会使环境更丰富多彩，受人尊重。

### 4. 增强安全防卫

1）领域划分与安全性

美国建筑师奥斯卡·纽曼（Oscar Newman）自 1968 年开始研究美国城市住宅区的犯罪问题，发现高犯罪率住宅区在规划布局与设计上具有户数多、层数高、区内可自由穿行、缺乏组团划分、公共空间缺乏监视等特点。他考察了低犯罪率住宅区的特点，位于纽约的河湾住宅就是其中一例（图 4-42）。这组住宅由 2 幢并排的10 层楼组成，楼间的公共院落高于街道，形成了有别于街道的领域。楼内联系各户的外廊采光充足，底层每户前还设有略高于外廊的半公共小院，居民可以在院中休息或做家务，从而增加了邻居熟识的程度。公共院落、开敞的公共走廊、半公共的院落构成了一系列清晰的领域，为居民提供了较安全的环境。

图 4-42 美国河湾住宅

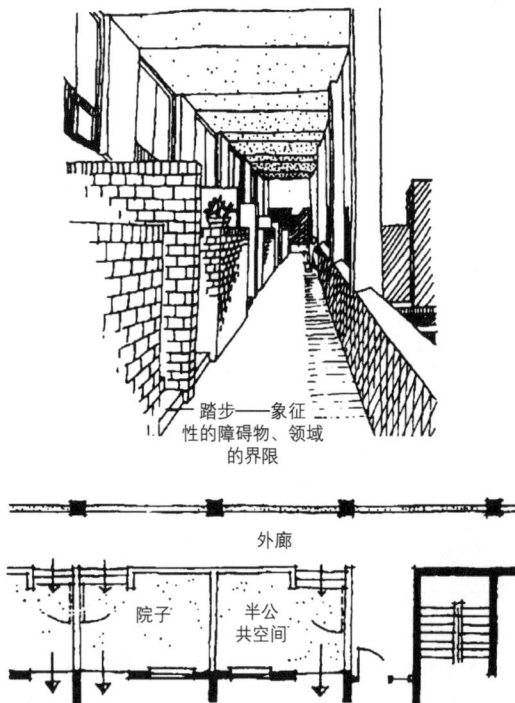

踏步——象征性的障碍物、领域的界限

外廊

院子 | 半公共空间

纽曼在分析高层住宅区犯罪率高于低层住宅区原因时指出，低层住宅由于分组明确，居民较频繁使用门前的半公共领域（休息、停车、游戏），彼此容易熟悉，因而也便于共同负起管理和监视环境的责任；而高层住宅居民感到外部空间与己无关，结果互不相识，从而为犯罪分子提供了可乘之机。

2）能防卫空间

纽曼认为，应通过建筑设计解决空间的安全性，并提出了"能防卫空间"（Defensible Space）的设计原则。

（1）形成易于被感知并有助于防卫的领域

领域的形成与安全防卫密切有关。划分居住区领域的前提是把住宅的户内外空间都看成是居民的活动场所，都应有明确的活动内容。清晰的边界划分和明确的内部结构是形成能防卫空间的第一步（图 4-43）。在私密空间和公共空间之间有明确过渡空间的住区往往能形成易于被感知并有助于防卫的领域空间。

从控制性和增加安全感出发，纽曼（1972）把领域划分为四个空间层次：公共领域、半公共领域、半私密领域和私密领域（图 4-44）。这四个领域层次构成了不同控制程度的空间。

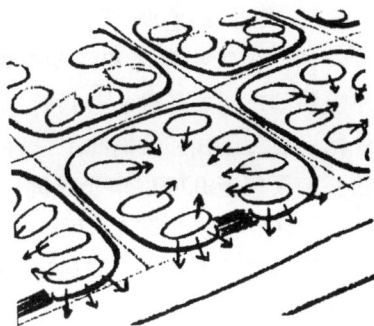

图 4-43 能防卫空间模式

在我国住宅区规划设计中，也在不断探索如何通过建筑设计为居民创造安全、舒适、既有私密性又能促进邻里交往的居住空间。外部空间除了私密性—公共性领域层次外，还应设有半公共领域，从而无形中扩大了居民占有的空间与活动范围，增加了居民对周围环境的关心，进而加强了居民对环境的控制（图 4-45）。在领域划分中，每幢建筑物的单元数、每个组团的建筑物数量不宜过多，以便居民互相熟识与交往，增强共同维护环境的责任感。图 4-46 展现了组团内公共空间、半私密空间、私密空间是如何划分的。

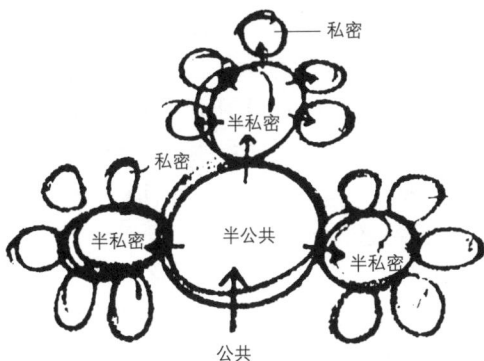

图 4-44 领域的四个空间层次（左图）

图 4-45 住宅区空间层次划分（右图）

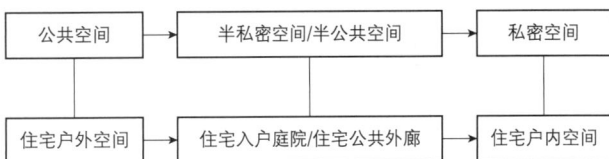

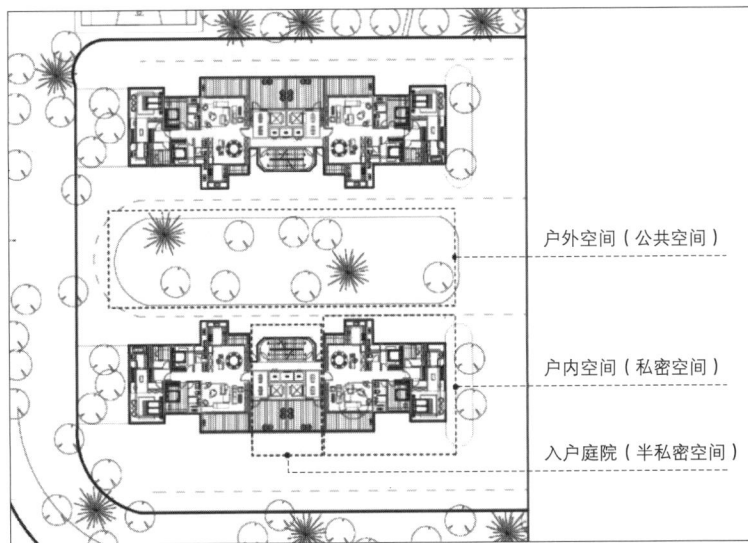

图 4-46 住区平面图

（2）自然的监视

通过建筑物布局和门窗位置，使居民可以从室内自然地监视户外活动，犹如环境长着眼睛，从而对犯罪分子具有心理上的威慑作用。自然监视和共同防卫只有在那些白天有人在家的邻里中才有效。如果邻近几幢住宅全是同一户型，居民都是清一色的上班族，则这种社会组成本身就不可能建立有效的全天候监视。

除调查分析之外，纽曼还与心理学家合作，对公共住宅区加以改建。纽约的克拉森波因特花园住宅区即为一例。通过改建，对这个原来基地荒芜、盗贼出没的住宅区在用地功能方面进行了明确划分，把原先最令人担心安全的地方辟为公共休憩活动区；住宅和公用道路之间用路边石围出了半公共前院；同时每 8~12 户为一组，用 2 m 高的栅栏围成封闭的后院，从而使住宅区 60% 的空地成为集体占有的空间，杜绝了原来陌生人随意出入的现象。

以上实例说明，住宅底层的外部形象和所保持的维护方式直接关系着住宅的安全和居民的满意程度。群体领域性促进了群体领域感和保护自己的邻里、自己的社区、自己的城镇的群体行为，这种现象应引起设计者和管理者的足够重视。

同时，住宅的规划布局也应有利于形成"自然监视"作用。例如，住宅组团的道路应设置为单一出入口的环路，而不应是互不关联的多个出入口（图 4-47）。如图 4-47（a）所示的布局方式一，住宅单体通过围合式布局在中央形成公共活动场地，从而既可增强邻里的交往，有助于形成人们的空间归属感，同时也有利于形成监管空间，增强环境的控制感和安全感。

（3）领域标志与领域防卫

人类领域性行为的一个重要特征是领域标志。日常生活中，人们对不同领域的标志方式是不同的。主要领域的标志方式通常反映了拥有者的价值和个人特征，但次要领域和公共领域则是对空间占有的暗示。贝克尔（F. D. Becker，1973）曾调查了人们在公共场所使用标志以维护领域的方式，结果表明，人们几乎利用了所有现成的东西，例如在公共汽车站可能利用手提箱和背包，在图书馆、教室则是用书本，在海滩上是用毯子、收音机。无论在任何地方，

图 4-47　住宅组团的布局方式
（a）布局方式一；（b）布局方式二

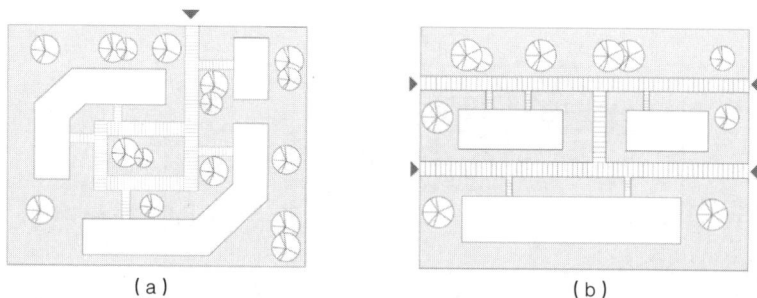

（a）

（b）

用个人所有物作为领域标志可能比其他东西更为有效。显然，领域标志物构成了有效的警告系统，使得人们得以避免与他人在公共场所发生冲突。一般来说，这些标志物总是得到其他人的尊重。

布朗和阿尔托曼（Brown and Altman，1983）调查了 306 户被盗住宅的领域标志，并将它们与未被盗的住宅加以比较，结果发现未被盗住宅的领域标志远远多于被盗住宅，包括实际的和象征性的标志，如栅栏、围墙、报警装置及其他领域边界。停放的汽车、院内的工具、开放的洒水器，都能有效暗示住宅中有人存在，而且这些住宅更容易被邻居，尤其是被近邻看到（图 4-48）。而被盗住宅地处偏僻，看起来像人迹罕至的公共领域，例如宅前缺少私密性标志的门牌、篱笆，也缺乏对户外进行视觉监视的功能（图 4-49）。有研究者（MacDonald and Gifford，1989）要求 43 名罪犯评价 50 幢独户住宅的照片，判断哪些可成为作案的目标。结果显示，那些便于被监视的住宅不易成为目标，而那些沿道路的房子则容易成为目标，尤其是那些仅使用象征性障碍物的房子更容易成为犯罪分子的目标。从生态知觉来看，缺乏对户外的监视，宅门附近不恰当的障碍物，包括不恰当的绿化（如灌木丛），都为歹徒提供了躲藏、窥视的场所和伺机待动的便利条件，导致房屋主人防不胜防。

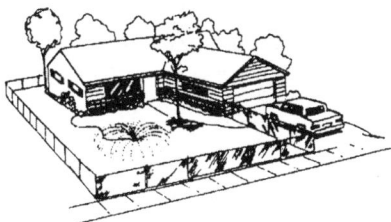

图 4-48　未遭盗窃的住宅（左图）
图 4-49　遭盗窃的住宅（右图）

## 4.3.4　领域性与空间设计

人在空间环境的"领域性"是在空间环境的各构成要素与人的行为活动综合作用下的产物。影响领域性形成的因素包括物质环境因素、社会因素、人的因素及其他可能存在的影响因素。其中，物质环境因素是直接影响使用者的空间感知，进而影响该空间的"领域性"。

领域性的建立在外部公共空间设计中具有重要意义，明确的领域划分可增强空间的归属感、控制感和安全感。在外部空间中，增强空间领域性的主要方法包括以下几种。

### 1. 明确的边界

边界是界定领域的必定条件，只有明确的边界形式才能有效地控制一定的领域。明确的边界可以增加环境参与者的领属意识，通过界定边界来强化环境参与者对环境的控制。在外部空间中,边界可以通过以下方法来建立:建筑的围合,地面高差、地面材质及色彩等的变化(图 4-50),景观植物或景观构筑物等的限定,道路的划分等。灰空间、地面高差、矮墙、台阶、景观绿地等要素常作为领域的暗示。

图 4-50 通过材质及高差划分边界

### 2. 清晰的空间层次

奥斯卡·纽曼认为清晰的空间层次可以加强环境参与者的所有权,激发领域性,减少不同空间层次之间的混淆和滥用,有利于扩大居民的感知领域,增强对周围环境实施防控保护的责任心和掌控力。

外部空间设计应尽可能提供一系列的空间层次。芦原义信把领域层次划分为:公共一半公共(或半私密)一私密(图 4-51)。为了满足不同活动、不同使用者的需要,仅仅机械地提供私密和公共两类空间还远远不够。在私密为主的空间中要保持视听联系的渠道,在公共为主的空间中应设置半公共(或半私密)空间。不同层次的空间之间应有可感知的界限和过渡,并留有机动

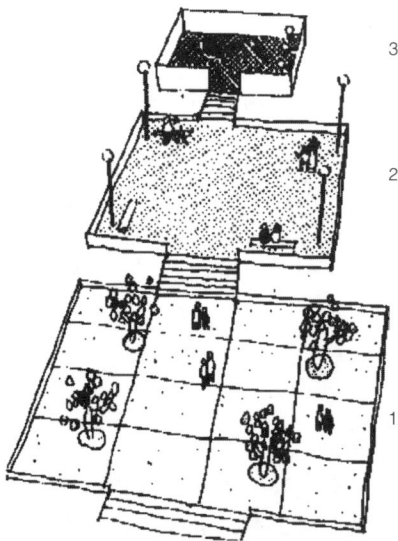

图 4-51 公共空间一半公共空间一私密空间

改变的余地。只有这样，才能使不同的活动各得其所，使不同的使
用者各取所需。

### 3. 突出的标志

标志既是对空间环境的识别，也是一种明确领域范围的重要方
式。标志常设置在场地的出入口处，如柱廊、界碑、雕塑等。标志
会增强使用者对环境的感知，增加环境的识别度。有时，标志也会
具有一定的象征意义，其不同风格也能作为领域的暗示，使用者会
意识到领域的变化，实现空间的分隔。

# 第 **5** 章　空间环境认知及其应用

## 5.1 认知地图概述

人们在一个地方生活必须具备某些基本的能力，也都会对居住的地方有许多空间知识，这样才能在城市环境中生活和生产，在环境中定向、定位和寻路，并理解环境所包含的意义。地图是最早的文字。人之所以能够识别和理解环境，关键在于能在记忆中重现空间环境的形象。很多著名理论家相信空间知识就像一张地图一样储存在大脑中，这张图浮现在人们的脑海里，人们使用它就像使用一张建筑图纸。

### 5.1.1 基本概念

#### 1. 意象与认知地图

为了在物质环境中生产和生活，人必须能在环境中定方位和寻址，并能在付诸行动之前理解环境所包含的意义，这是生存的基本需要之一。一个市民长期居住在城市中的某一地区，他的地区印象中必然含有各种记忆，进而建立城市的印象。即使一个城市的陌生客，当其来到这个城市，他也有机会建立关于这个城市的印象。心理学家认为，人之所以能识别和理解环境，关键在于能在记忆中重现空间环境的形象。

曾经感知过的事物在记忆中重现的形象称"意象"（Image），具体空间环境的意象称"认知地图"（Cognitive Map）。

认知地图可以通俗地称为心理上的地图、头脑中的环境，或是头脑里的城市。认知地图强调了一种认知的效率，即人们是以一种简化的形式储存空间信息的。环境在人心理上的表达能力，以及记忆能重现环境的形象是人类基本的生存技能。

认知地图的概念最早由美国新行为主义心理学家爱德华·切斯·托尔曼（Edward Chase Tolman）于 1948 年在"老鼠走迷宫"的试验中引入。凯文·林奇（Kevin Lynch）在其 1960 年出版的著作《城市意象》一书中，最先对城市居民认知地图进行研究。书中详细介绍了美国三个城市——波士顿、洛杉矶和泽西市市民的认知地图，开创性地将认知地图应用于现代城市空间结构研究，其理论和方法很快在美国及世界其他地区被推广应用，并为后人广泛借鉴。

凯文·林奇早期曾采用两种方法研究市民的认知地图。其中，①画地图草图，是要求市民根据记忆在没有格子的白纸上画出所在城市的地图草图（图 5-1），并在图上标出城市中的独特要素；②言语描述则是通过访谈或文字描述让居民说明城市的环境特征、独特要素或体验。

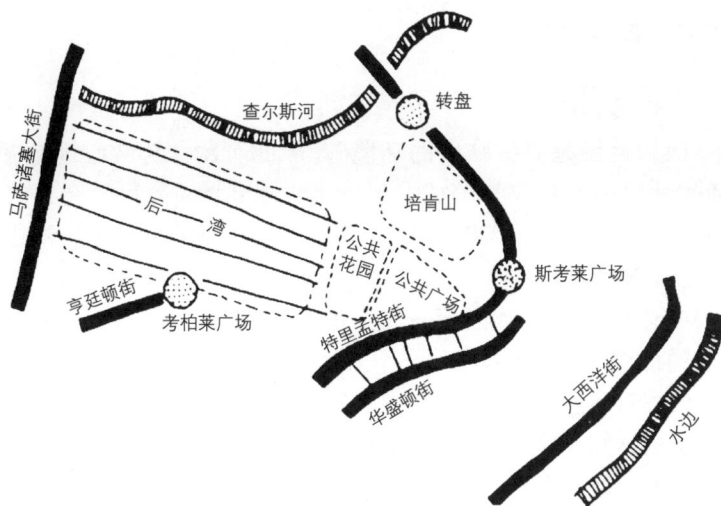

图 5-1 公众理解的波士顿视觉模式

## 2. 图式

认知中的图式是指获得知识的过程，它包括感知、表象、记忆思维等，而思维是它的核心。空间认知首先依赖于对环境的知觉。人们通过各种感官捕捉环境特征，通过观察道路、地物、界限和其他环境特征获取某一地方的信息，并想办法弄清楚事物之间的联系，了解不同地点间的距离，是否可以从此处到彼处，如何从 A 点到达 B 点。人们听各种声音，嗅各种气味，触摸各种物体，所有这些工作，都能使人知道一些有关事物的位置和环境的属性。

在皮亚杰（Piaget）的理论中，已有的知识或经验称为"图式"（Schemata）。人们总是习惯于用固有的图式去解释所面临的新事物，并把新的信息纳入固有的图式之中，皮亚杰称这一过程为"同化"（Assimilation）。在同化过程中，已有的图式不断巩固和充实。固有图式既是接收新知识的基础，又可能成为认识新事物的障碍。皮亚杰称建立新图式的过程为"顺应"（Accommodation）。同化是图式量的改变，顺应则是图式质的改变。

每当人们遇到新事物，总是试图用原有图式去同化，即将新的事物纳入原有图式之中。如果获得成功，便得到认识上的暂时平衡；反之，便作出顺应，调整原有图式或创建新图式去同化新的事物，以达到认识上新的平衡——从较低水平的平衡上升到较高水平的平衡。图式、同化、顺应、平衡共同形成了人认识活动中的"认识结构"。人最初的图式来自先天遗传，一经和外界接触，在适应环境的过程中就不断变化、丰富和发展起来。从这一过程可以看到，认知是主客体相互作用的产物。

### 5.1.2 性质与特点

**1. 性质**

认知地图是"头脑中的环境",因此可称之为"心理地图"(Mental Map)、"环境意象"(Environmental Image)。它是人们对环境信息进行收集、组织、贮存、回忆,并对其空间方位和特征属性加以编码的产物。

广义而言,认知地图不一定只是一张纸上的图,它更像是一个动态的过程。透过此过程,一个人对他每日生活的空间及其特性、相关位置有所感受、归类、记忆、回想和阐释。广义的认知地图等同于空间认知。狭义而言,认知地图是人们编码和简化空间环境安排方式的一种心理装置,是人对空间环境的一种内部表征。

认知地图是一种结构,人们的空间信息将编码于此结构中,或至少解码以后整合在此结构中。此结构相当于它所代表的环境。认知地图是空间表象的一种形式,它强调了图解的性质,能够表征空间环境中的距离、形状和方向。

认知地图主要以视觉信息为主,同时又包含其他感觉信息,其既有直觉性又有形象性。人们通过长年累月的活动和体验,构成并积累了这张大脑中的地图。它包含广泛的信息,如街道景观、建筑造型、树木流水和地物特色等。

不同的人对同一环境,由于活动和体验的不同,个性、年龄、社会地位和生活方式的不同,其认知地图也不尽相同。但一群人对某一地区会取得一定共识,这在一定程度上会反映环境本身的特性,并对环境设计具有参考价值。

**2. 特点**

1)多维信息的综合再现

认知地图不仅仅是一张说明二维平面的地图,它还反映了使用者和环境之间有机互动的过程及反复熟知的经验累积。这张二维平面图在表现出三维空间的立体性(建筑、道路等周边相关环境)的同时,还可在心理意识层面捕捉到环境的精神氛围及使用者对于整个环境熟识的动态过程。

认知地图是多维环境信息的综合再现,既包含具体信息,如街景、建筑造型、广告人流等,也包含抽象信息,如构成整体意象的单独要素(凯文·林奇提出的五要素)、环境氛围等,它们共同形成"头脑中城市"的结构。这种结构一旦形成,就带有一定的持久性和稳定性,因此,这类信息还带有认知图式(Schemata)的性质。

2)模糊性和片断性

意识的形成具有非常大的不确定性,它是带有直觉性和持久性的头脑加工的关于记忆的产物。一些环境要素在被人熟知的过程中有各种难以确定的影响因素，这些影响因素有的来自环境本身，有的来源于各类人群。因此，认知过程的复杂性和不确定性决定了认知地图具有模糊性和片段性的特点。

认知地图来源于对环境的感知和体验，带有直觉性和形象性。然而，它并非客观环境的照片或测绘图，更不是精确的复制模型，而是经头脑加工过的记忆的产物。因此，这些信息有的被记住，有的被淡忘；有的清晰，有的模糊；可能还包含许多错误，例如方位的错误或把弯路和斜路认为是直路，甚至增加本来没有的或已拆除的要素等。清晰与模糊的程度，反映出个人在认知地图方面的具体差异。

许多研究说明人们会把日常的实质环境知识转化为相对简单的地理形式。例如，对于一个椭圆形的铁路体系，人们会把它看成是正圆形的体系；两条斜交道路构成的十字路口，人们会把它看成是由两条正交道路构成的。

认知地图中除了图形以外，空间其他方面的表达也可能失真。例如，距离和方向可能会画错；通道和路线可能会画得过分突出（这可能意味着它的重要程度），或者放大后和原来的不成比例，或者可能画错了地方；场所的某些特征不是强调过分就是强调不够。这说明人们在空间信息的处理过程中，在编码、储存、解码和整合的时候，存在使环境的某些方面失真的倾向。

虽然这种认知图式是不准确、不完全和不完美的，但它很有用。它表明人们在描述环境时是有选择的，是以对其生活有意义的方式来处理和组织信息的，其结果是产生了一个有效率的、简化的认知结构，这就是认知地图。

3）差异性

对于同一物质环境，不同个人具有与众不同的认知地图，这主要取决于个人对环境的熟悉程度。这种熟悉程度又取决于多种复杂的因素。由于认知地图考察的是使用者的心理认知，所以人的心理意识对于认知地图的结果有着决定性作用。

不同的人对于相同的空间环境有着不同的认知感受，这种差异性来源的因素非常多。其中最主要的一点是个体对于环境的熟识度不同，故而记忆中的意识产物自然不同。其次是人这个特殊的使用对象具有复杂性，表现在性格、兴趣爱好、性别、年龄等各方面的差异，而这些对认知过程都有着非常大的影响。

（1）当地居民与外来者

人们头脑中的地图，对其日常使用最多的地区总是最详细的。在一个地方居住得越久，经验越多，印象也越深。陌生人对城市景观具有高度选择性与局限性，新迁入的居民与老居民对城市的意象差别也很大。

外来者的认知地图多是按序列画出的，倾向于以路来表示；而当地居民中更多地强调空间。外来者的认知地图比较局限，但错误较少，而且对环境的兴趣较大；当地居民对所在城市比较熟悉，在长期往返过程中信息逐步简化，因习以为常而变得熟视无睹。外来者是对当前环境不熟悉的群体，他们需要依靠细心观察和探索来适应新的环境，因而比当地居民对环境现象更加敏感；同时，由于外来者常常把新的环境与原来所在的环境相比较，故更容易发现新环境的特征。以西安某大学为例，本校三年级同学与意大利短期交流的学生所绘制的校园认知地图就有明显差异（图5-2）。

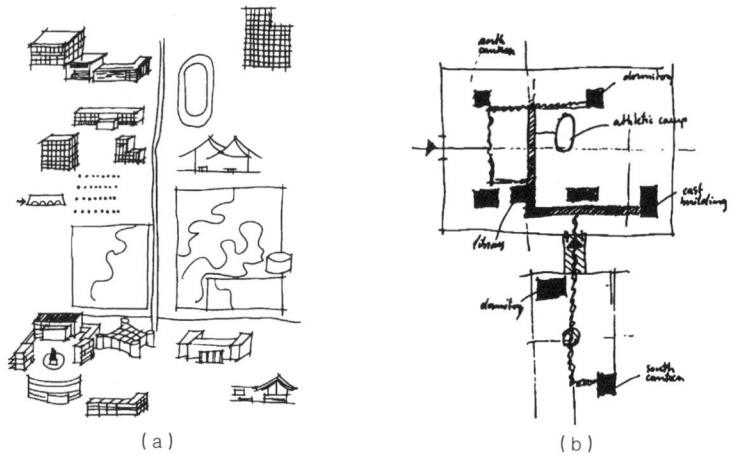

图5-2　西安某大学校园认知地图
（a）来自本校学生；（b）来自意大利交流学生

（a）　　　　　　　　　　（b）

**（2）活动区域**

居住和工作地点是影响个人活动范围的最重要因素。城市居民既有不同的活动范围，又有共同的活动区域。如果某一城市的主要工作地点和商业区位于市中心，而居住区位于外围的话，则居民的城市意象一般呈扇形，且扇形区域内比较熟悉，扇形区域之外则比较生疏（图5-3）。

以在西安某大学同班就读的两位学生为例。两者虽均为西安人，但两人居住的区域不同。一位同学家住南郊主城区，另一位家住东南郊县区域。居住区域的差异，在他们的西安市认知地图中有所反映（图5-4）。

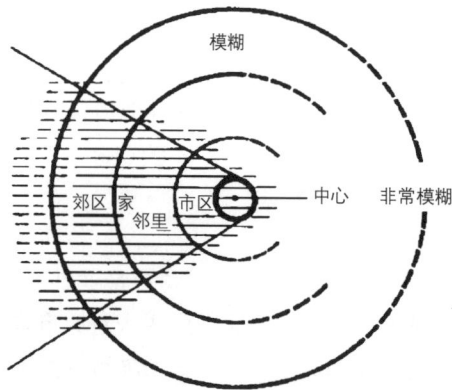

图5-3　扇形的城市认知地图

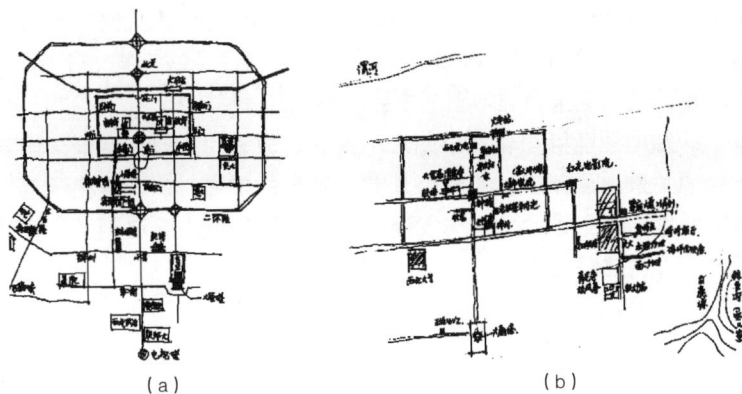

（a）　　　　　　　　　　　　　（b）

图 5-4　来自大学生的西安市认知地图
（a）家住南郊主城区大学生的西安市认知地图；（b）家住东南郊县大学生的西安市认知地图

（3）性别差异

大多数研究认为，男性和女性总的认知成图能力没有性别差异，只是对环境的理解表现出不同的兴趣。女性往往更加关心区域和标志，而男性则更加关心道路和方向。但日常生活经验的直觉告诉我们，男性天生比女性具有更强的方向感和认路能力，这种差异或许也是生存适应的结果。

男主外女主内的角色分工和生活方式促使男性比女性对外部世界更感兴趣，并进行更广泛的探索。因此，男性对更大范围的城市区域更熟悉，认知地图也更准确清晰；女性则对家所在区域及其附近更加熟悉。

（4）年龄差异

儿童的认知地图常常以学校和家为中心，并包括连接这两处的道路及其两侧要素。年轻人学习能力和活动能力都比较强，认知地图包含的范围较广，也能及时反映城市的变化。老年人由于出门不便，对新事物的学习能力也相对减弱，所以对城市的变化不能及时了解，反映在认知地图上表现为常出现旧的已拆除的要素，缺乏新的要素，且意象清晰的范围有缩小的倾向。

（5）人格化地图

人们除了受到文化、社会背景的影响外，也受到其价值观、个性的影响。由于个人价值观、兴趣互不相同，不同的人对城市中不同要素注意的程度也不相同。例如，家庭主妇注意杂货店和食品店，儿童注意玩具店、糖果店和游戏场。同样是休闲的成人，有的注意游乐场所，有的注意自然风光和文物古迹。此外，环境心理学家研究发现，思维方式也影响个人的认知地图。

## 5.1.3　功能与局限性

### 1. 功能

认知地图不是储存于大脑中的一张折叠照片，当人们使用它时便把它展平开来；也不是一个微缩的航海模型，当人们需要校对航向时才把它放在面前。认知地图是经过大脑加工的产物，不精确、完形和简化是这张心理地图的主要特色。

认知地图能够简化复杂的人地关系，故常用于研究空间环境与行为的关系。近年来，随着公众参与观念的加强，认知地图已经成为国外城市规划设计、城市发展、旅游意象研究中获取相关社会数据的一种重要研究方法。

（1）解决空间问题

认知地图可以帮助人们解决很多空间问题。认知地图将帮助人们适应环境，协助人们在环境中进行定向、定位和寻路。它能帮助人们在记忆中对环境布局加以组织，提高其在环境中活动的机动性，方便工作、学习、购物和休闲等活动。比较清晰的认知地图有助于人们更加充分有效地体验环境，使环境更有意义，并为人们提供更强的安定感和控制感。

（2）有助于接收新环境信息

人类增长知识是一个循序渐进的过程，接收新知识必须在原有知识的基础上进行，需要依靠原有知识对新知识作出解释，然后变成概念存入记忆。头脑中原有的认知地图就是接收新的环境信息的基础，原有环境不断变化，人的活动范围也在不断扩大，原有环境的意象则成为更大范围环境认知的基本参照系。所以，人们在不断认识新环境的过程中，也要经常回过头来寻找原有的参照点或参照系，否则就会迷失方位，给接收新的环境信息带来困难。人适应环境的过程，就是在原有环境认知基础上逐步扩大认知地图范围的过程。

（3）提供公共符号系统

城市的重要特点之一就是使市民通过共用的符号系统和共同的交往模式联系起来。每一座城市都有大多数人公认的重要元素，这些公认的要素组成了城市的公共意象。环境的公共意象提供了社会交往所必需的公共符号系统。公共意象越清晰的城市，这种公共符号系统的作用就越突出，市民的公共活动与社会交往就越活跃，而活跃的社会生活又进一步提高了市民城市公共意象的清晰度。

**2. 局限性**

认知地图的研究方法具有其局限性，例如受到个人绘图能力和表达能力的影响，以及受到样本来源的影响等。但由于这种方法简便易行，具有形象性与直观性的优点，而且能在一定程度上反映使用者对环境的记忆和评价，故其有效性和可靠性已得到各国学者的公认，并在许多国家得到推广和应用。目前，有关认知地图方面的研究仍在不断取得新的进展，同时通过这种方法收集的资料也应成为城市规划和城市设计的重要客观依据。

## 5.2 公共认知地图及其组成要素

### 5.2.1 公共认知地图

将通过以上方法收集到的市民个人的认知地图资料进行统计分析，用百分数表示不同要素在所有个人认知地图中的出现率，并结合相应的图例绘出反映这一统计结果的平面图，便得到"公共认知地图"，或称"公共意象图"（图 5-5）。

公共意象图是许多人对同一环境个人认知地图的交集，反映了某一群体对特定环境的共识，也在一定程度上反映了该环境的特征。被试范围越广，环境特征就越有代表性。由于这类方法容易受绘图和言语表达能力的影响，故为了弥补上述缺陷，其他人在后继的研究中还曾采用展示环境照片、放映幻灯和录像或观看模型等补充方法。

不同城市会形成不同特征的公共意象。这些公共意象作为市民共识，与城市居民的公共活动和社会交往密切相关。在公共意象空间往往存在更多、更活跃的市民活动与社会交往，而活跃的市民活动与社会交往又促进了市民对公共意象的认知与认同。

在城市规划建设过程中，可以通过对城市公共意象的分析，辅助城市规划建设，增强市民与空间的互动感知。所谓公共认知地图分析，是将关注点集中在受城市空间影响的个人及集体行为上，表征出一个群体对该环境的共识，也表征出该环境的特征与特色。其本质上体现了市民参与的规划分析，故对环境设计与城市规划有着重要的参考价值。

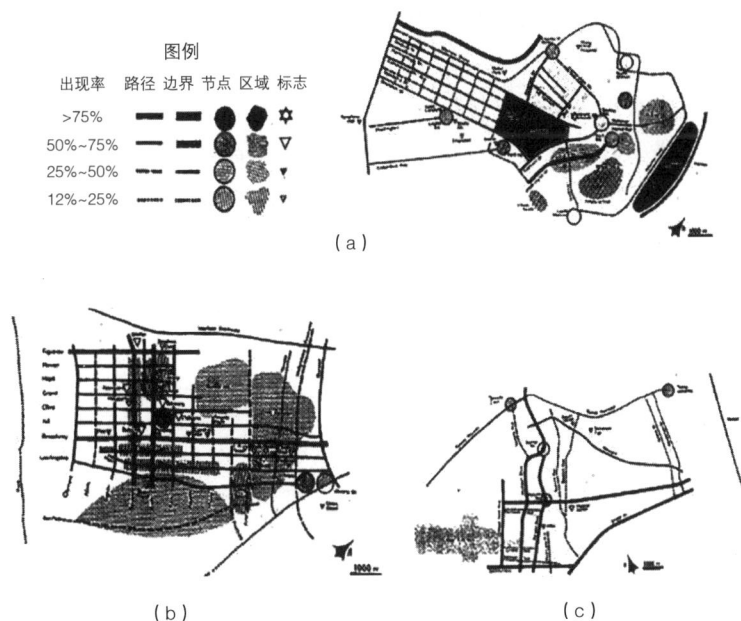

（a）

（b）

（c）

图 5-5 波士顿、洛杉矶和泽西市民的公共意象图
（a）波士顿市民的公共意象图；（b）洛杉矶市民的公共意象图；（c）泽西市民的公共意象图

## 5.2.2 公共认知地图的组成要素

1960年凯文·林奇发表了《城市的意象》一书，这对研究认知地图具有开创性意义。他尝试如何找出人们头脑中意象的方法，并将之描绘表达出来，且将之应用于城市设计。凯文·林奇运用了一系列的方法引出人们头脑中有关的城市意象，并通过把收集到的这些意象地图，与居民回答问题时的大量资料加以分析，发现其中有许多不断重复着的要素、模式。这些要素可分为五类，即道路（Path）、标志（Landmarks）、节点（Nodes）、边界（Edges）与区域（District）（图5-6）。

道路 区域

边界 标志 节点

图5-6 城市认知地图组成要素

### 1. 道路（Path）

道路是观察者经常地、偶然地或可能地沿着它走动的通道，如步行道、大街、公路、铁路、水路等连续且带有方向性的交通通道。道路是意象中的主导元素，其他环境要素一般沿着道路布置。人们往往一边沿着路径运动，一边观察环境。

对大多数人来说，路是形成意象之最重要的要素。人们都是在沿道路移动的过程中观察城市的，并把其他要素围绕其经常经过的道路组合结构在一起。陌生人到一座城市首先是认路，通过在路上的感受形成对这座城市的意象。城市中林立的建筑阻挡了人们的视线，纵横交错的道路形成复杂的迷津，人们只能沿道路一边行进一边观察。因此，在大多数城市认知地图中，道路常常占主导地位，主干道往往构成城市环境认知的框架。

（1）路网与城市形态

道路经常彼此相通，构成或多或少均匀一致的网络，形成城市的主要骨架。根据人们的活动模式、交通工具、自然地形及城市与其周围地区的联系，道路形成不同特色的格局，平原地区、填海造地地区、丘陵地区、山地城市的道路模式都不一样，进而由此构成不同的城市形态与城市特色。

　　城市路网具有城市结构与形态功能属性。城市是完善的空间系统，城市道路作为其动脉与神经，发挥着重要作用。城市道路、水系、山体等将城市划分为若干区域。城市道路组织城市功能，具有城市结构布局功能，是城市结构要素相互作用展现出的空间形式。

　　城市道路系统的网络结构反映城市骨架形态、对外交通链接及道路开放空间体系等，网络系统中的骨架性交通构成城市道路空间结构，影响城市形态。因此，城市道路系统结构影响和决定城市结构和形态。道路作为城市形态骨架结构的组成部分，应与地形地貌相结合，形成合理的视觉特征。不同的地形、地势和地貌既影响着城市道路网的结构和布局，也影响着人们对城市的视觉感知和形象认知。

　　典型的城市道路网络布局形式包括以下几种（图 5-7）。①棋盘格式：又称方格式，这类路网中道路组成一个个规则的小方块，交通便捷且无复杂的路口设置，例如北京、西安的路网都是典型的棋盘式。②放射式：以市中心或镇中心为基准，各条街道均通向这里，每一点都要绕经中心。③环形放射状：由几条环线及从市中心或环线上某一点开始的射线组构成，如成都、天津。这类路网使得中心区与外围的联系更为便利，但会导致中心城区交通紧张并降低机动性。④条带状：由于受到地形限制或海岸限制而形成的路网类型，如兰州、深圳。⑤自由式：受限于地形特点而依据地势高低建设，道路网不存在固定的几何形状，多形成于山地丘陵地带或者沿

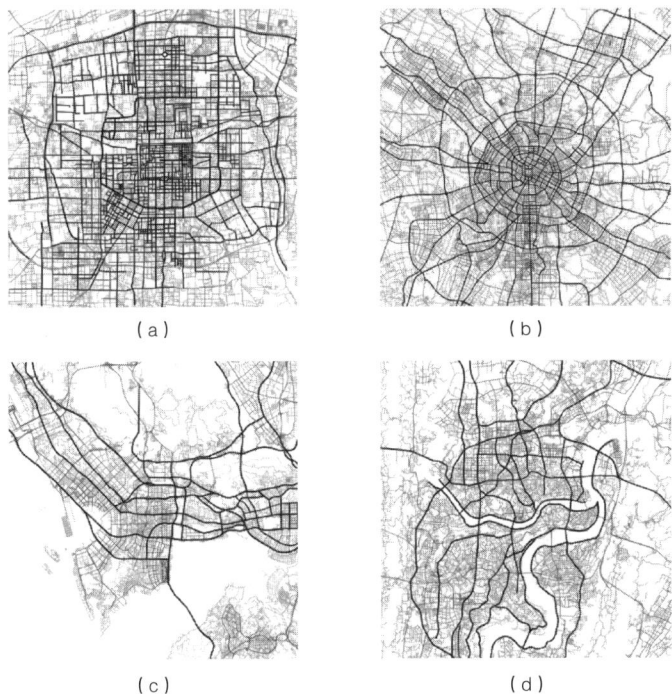

（a）　　　　　　　　　　　（b）

（c）　　　　　　　　　　　（d）

图 5-7　路网与城市形态
（a）西安；（b）成都；（c）深圳；
（d）重庆

图 5-8　北京轴线图

河海分布的城市，如重庆、九江等。

（2）道路与城市轴线空间

道路是一种线性带状廊道。城市道路在城市空间中表现为线性带状结构形态，其既是串联城市道路节点空间的结构线，也是塑造序列空间、组织步行交通空间的结构线。道路线性空间起到连接、串联作用，是城市空间连续性景观，其空间界面的多样统一、连续性是塑造城市道路空间的重要方面。

在中国的规划观念中，轴线观念是一大特色。道路常与轴线结合，甚至某些与轴线结合的道路实际上并不是为了真正的移动与交通，而是为了象征，以一种明确的方向感把许多变化要素统一为一个十分明确的、有强烈性格与特色的整体，使整个城市的格局十分明确易辨。北京中轴线从永定门到钟鼓楼，长约7.8 km，其不仅是中国古代营城智慧的体现，亦是中国传统都城中轴线的杰出范例（图5-8）。

（3）道路与城市景观

城市道路是展示城市的窗口，也是最容易观察到城市的物质空间。道路的开放空间功能不仅承载交通、生活，也是城市景观的直接体现。城市道路景观的特征是以线性空间为载体，连接道路节点空间。构成景观空间序列是组织道路空间、形成景观引导效果的必要手段。道路景观应与城市整体规划和综合发展紧密联系，形成能够体现城市面貌和个性的界面。

建设道路线性景观空间序列，应强调其空间的连续性、节奏性和变化多样性。每个城市都有一些主要道路，与该城市的历史、文化及商业空间相结合，承载了城市的历史记忆，如北京长安街、上海外滩与南京路等（图5-9）。

（4）道路与城市公共空间

城市道路是公共空间，城市道路景观与人们的生活密切相关且存在互动关系。人的行为活动赋予城市道路活力和动态场所特征。理论学家雅各布斯（J.Jacobs）强调街道具有人与人之间联系的功能，其既是提升城市活力和城市多样性的基础，也是衡量城市公共空间优劣的标尺。

"路"与"街道"在中国古代城市中很突出，同时也是作为交往的公共空间来对待的。中国古代城市中广场空间的概念不如欧洲发达，但街道的概念很强烈。不论都城还是小镇，中国古代城市都有几条十分热闹的街道作为公共活动的交往空间，而街道空间的连续性与人的尺度感与欧洲传统亦有近似之处。

当前，欧美发达国家检讨了传统的"车本位"街道设计理念，

（a）　　　　　　　　　　　（b）　　　　　　　　　　　（c）

图5-9　北京、上海、西安街景图
（a）北京长安街；（b）上海南京路；
（c）西安顺城东路

城市道路及其景观发展从"以车为本"转向"以人为本"和"以生态为本"；同时，街道设计范式从"技术主义"至上，逐步转向以"新城市主义"为导向的新的街道设计范式。城市道路功能由交通功能逐渐转型为城市复合性功能，而城市道路功能的转变也引起了新型街道的产生，共享、生态、安全成为街道时代的发展导向。

### 2. 标志（Landmarks）

标志是指具有明显特征而又充分可见的定向参照物。环境中的标志一定是引人注意的目标和醒目的图形。

标志可以是日月星辰、自然山川、岛屿、大树，也可以是人工建筑物或构筑物。按凯文·林奇的说法，标志是"物"而非空间，与"节点"（Nodes）不同，人不能进入其内部。它们是城市空间中的外部参考点。每一个标志物均应有其自身在造型上的特点，让人一看就能识别。它们帮助人们在城市中定向、定位，使人们一看到这些标志物就大体意识到自己目前处在城市中的什么位置。

在城市环境中，高度可见的电视塔、桥梁、纪念碑、雕塑，造型特殊的建筑、牌楼、喷泉等都可能成为引人注目的标志（图5-10）。标志物的作用不但帮助人们识别环境，而且对丰富城市艺术和城市景观也起着重要作用。有些特殊的标志，如纽约的自由女神像、旧金山的金门桥、北京的天安门、巴黎的埃菲尔铁塔、悉尼的悉尼歌剧院等，还升华为城市或国家的象征。

### 3. 节点（Nodes）

节点是在城市中观察者能够由此进入的具有战略意义的点，是人们往来行程的集中焦点。

节点往往具有连接和集中两种特征。首先是连接，节点与道路相互关联，例如交通线路中的休息站，道路的交叉或汇聚点，从一种结构向另一种结构的转换处等。节点也可以是各种要素的汇聚，包括人流、交通、建筑物等要素的汇聚。由于是某些功能或物质特征的浓缩，故而节点显得十分重要，是区域的集中焦点，比如街角的集散地或一个围合的广场。西安的钟楼广场就是一个典型的节点代表。其地处西安市南北轴线与东西轴线的交叉点，是四条大街的汇聚点，同时钟楼又是西安市的标志性古建筑，故而使得该节点空间尤为重要（图5-11）。

由于某些集中节点成为一个区域的中心和缩影，且其影响由此向外辐射，故其成为区域的核心。节点既可以是不同层次空间的焦点，也可能是交通的转换地，是城市中人类活动集中、人群集聚的地点，如广场、街道等。欧洲很多城市广场都处于道路的交叉点，如巴黎的星形广场（图5-12）。

图5-10　西安大雁塔

### 4. 边界（Edges）

边界是不同区域的分界线，既包括河岸、路堑、围墙等不可穿越的障碍，也包括树篱、台阶、地面质感等示意性的可穿越的界线。路径有时也起到边界的作用。边界是除道路以外的线性要素，它们通常是两个地区的边界，相互起侧面的参照作用。道路和边界有时难以区分。

城市中由自然因素形成的边界，其尺度比由人工构筑成的边界要大，特色也更强烈。例如，黄浦江将上海分为浦西、浦东两个区域；长江贯穿武汉市区，将其一分为三，形成武昌、汉口、汉阳三

图5-11　西安的钟楼广场
（a）节点总平面图;（b）钟楼鸟瞰

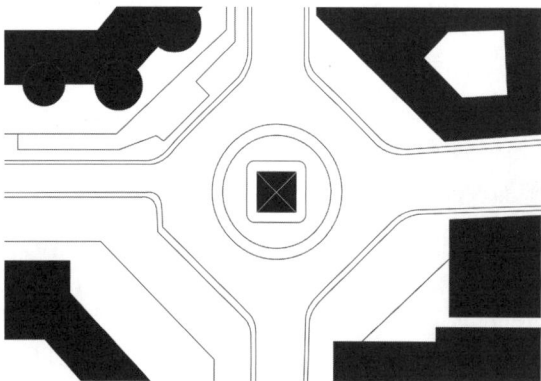

（a）

（b）

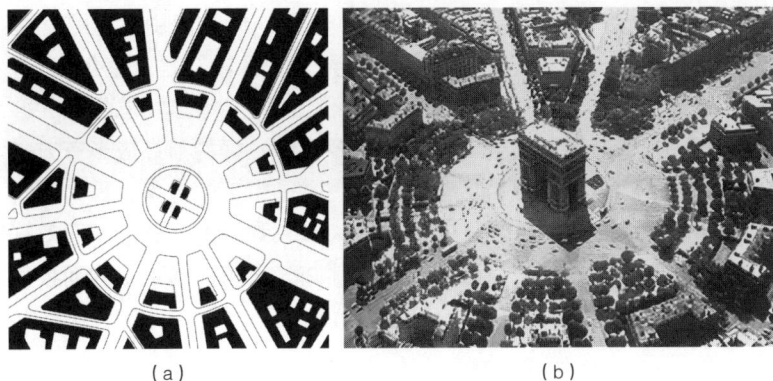

（a）　　　　　　　　　　（b）

图 5-12　巴黎的星形广场
（a）节点总平面图；（b）星形广场鸟瞰

镇鼎立的格局。

边界是把城市与其邻近地区加以区分，把城区加以围合的结果。它限定了城市的范围。一座城市内的分区与邻里社区的划分，都是限定领域的行为。边界与领域性密不可分，只要有领域就有边界的存在。边界标明了内外之分，边界的围合含有强烈的社会意义，建筑的基本特性就是清楚地限定边界。

### 5. 区域（District）

区域指具有某些共同特征的城市中较大的空间范围。环境有某种共同的特征可被识别。共同特征在区域内是共性，但相对于这一空间范围之外来说就成为与众不同的特性，从而使观察者易于把这一空间中的要素看作是一个整体。

利用格式塔组织原则对要素的空间布局、造型、质感、色彩等特征加以合理组织，都可能形成这种整体感，从而建立起足以引起人们注意的区域的整体同一性。同一性特征的建立，包括建筑类型、立面风格、建筑色彩、空间形式、景观要素等。

有的区域具有明确的可见的边界，有的区域则无明确可见的边界。区域在人们的意象中构成一幅如同由马赛克拼镶的图画，在人们的记忆中能留下鲜明印象的往往是那些有特色的、非同一般的地域。

## 5.2.3　五要素与城市意象

道路、标志、节点、边界与区域，这五个要素仅仅是在城市尺度中环境意象的基本素材，它们只有共同构成图形时才能提供一个令人满意的形式。上述五方面要素综合到一起，共同形成人们头脑中的地图（Mental Map），即"城市意象"。

很明显，这些要素并非孤立地存在，而是相互作用交织在一起。例如"道路"都是引向"节点"，连接各个"节点"的。有

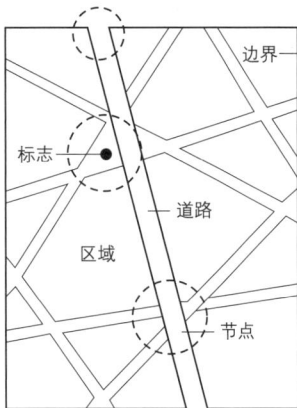

图 5-13　城市空间的五要素

的街道某一区段本身就是"节点","边界"也可能由"道路"构成（图 5-13）。有"区域"就有"边界"，"区域"是"底色""背景"，"节点"与"道路"就由此而显现出来。"标志"总是与"节点""道路""边界"结合到一起（图 5-14）。好的节点应当有方向感强的醒目标志。当然，这些标志也应当是审美的对象，因为这些标志所处的地理位置决定了它们会成为众人瞩目的对象。中心对称或四面无明显区别的节点最容易使人迷路，丑陋的节点最容易损害城市的形象。

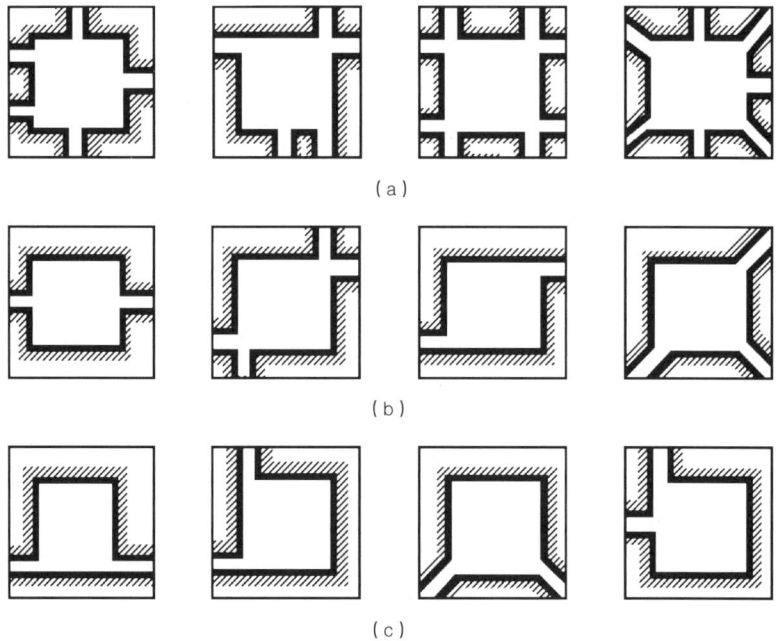

（a）

（b）

（c）

图 5-14　道路与广场（节点）的组合关系
（a）道路引向广场；（b）道路穿越广场；（c）广场位于道路一侧

不同元素组合之间可能会互相强化，互相呼应，从而提高各自的影响力；也可能相互矛盾，甚至相互破坏。研究表明，意象是一个连续的领域，某个元素发生的一定变化会影响到其他所有的元素。城市肌理是由所有的元素共同作用而形成的。

## 5.3　城市意象研究

### 5.3.1　可识别性环境的特征

人在同一时刻不可能把握过多的信息。具有一定秩序和意义的环境刺激有利于人们花较少的注意把握较多的信息，因此，在环境设计中因地制宜地运用格式塔心理学的组织原则——图形与背景的关系、邻近性形成的组团、相似性强调的群体、连续性产生的韵律、封闭性所界定的空间范围，可以达到简化信息、提高环境识别性的目的。

### 1. 组织与结构

（1）大尺度环境

在高楼林立、道路纵横的城市环境中，没有乡村那样的开阔视野，难以看到环境的全局，人们只能沿着迷津般的道路探索和熟悉环境。所以城市道路，尤其是大城市的主干道，对形成城市空间的意象结构起着极其重要的作用。

（2）中等尺度环境

道路是一维空间，在道路相互交叉的节点处常常是二维或多维空间。每当人们到达这些地点，就常常需要选择方向，也常常会迷失方向。因此，节点处的标志特别引人注意。如果在入口、道路交叉口、交通枢纽等节点处设置独特的雕塑和标志性建筑，就会加强这些地点的方向性。同时，由于行人在这里需要投入更多的注意进行行为选择，故标志的作用也被强化。此外，成组的标志也会彼此强化。无论从视觉效果还是从方向感来说，标志群都对环境全局起着更强的控制作用。因此，道路、节点、标志恰当地组合，就有利于形成凭直觉迅速判断的环境意象，使环境变得易于识别。

在视线可及的中等尺度环境中（如公园、小区、小镇、村庄等），高度可见的标志或标志群常常成为组织环境全局的核心，而周围要素则在它们的控制下结合成有机的整体。例如，在有大面积水体的风景区，湖中设岛是中国园林常用的造景手法。岛与水面形成强烈的虚实对比，使岛突现为醒目的图形和标志，也成为组织周围景观的核心（图5-15）。游人沿岸边行走时，随时可借助景象的变化判断自己所在的方位，从而更加强化了滨水空间的方向性和整体感。若附近有山丘、高地等人可以登上的制高点，在上面设恰当

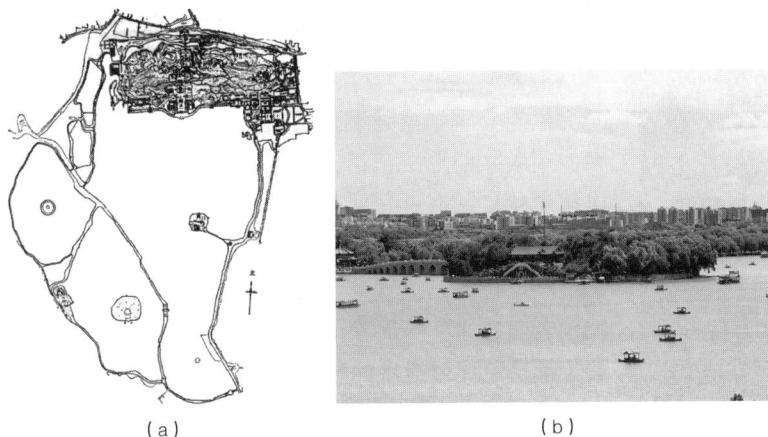

（a）

（b）

图 5-15　北京颐和园
（a）北京颐和园平面图；(b）颐和园南湖岛

的标志，则可以提高标志在更大范围的可见性。而且登上制高点还能鸟瞰全局，有利于建立总体意象。

只要结构清晰、标志醒目、方向明确，即使有局部的模糊甚至意象空白，也仍旧是一个有控制感的可识别的环境。结构清晰、层次分明的环境意象，便于人们根据已知的环境结构和醒目的标志去寻找不熟悉的环境目标。

### 2. 同一性

建筑群或区域内的某些共性，如统一的建筑风格、色彩、添加符号、绿化模式和与众不同的控制性标志等，都有助于形成整体感，同时也成为与其他区域或组团相区分的特征。

例如，被风格各异的现代建筑包围的传统建筑群，因其造型统一的屋顶形式、建筑色彩、立面风格、景观特色等，成为城市空间中可识别性较高的区域（图5-16）。又如，对武汉南湖某住宅小区的调查显示，居民对建筑的造型及细部处理均不大注意，他们对该小区公认的特点是粉红色——粉红色阳台、局部粉红色的柱子和粉红色的坡顶雨篷把小区内所有建筑联系为一个整体。因此，粉红色成为这一区域的共同特征，也是区别于其他小区的标志。尽管大多数居民画不清这一区的认知地图，但100％的住户认为很容易让亲友找到自己的家。

空间的韵律感既包含着重复、变化与节奏，也体现了同一性。无论是步移景异的运动体验，还是和谐的天际轮廓线的视觉刺激，都常常会使人感到好像在欣赏一首旋律优美的乐曲，因而也会把这些环境作为整体深深地印刻在记忆之中。凯文·林奇从对美国泽西市民的城市意象调查中发现，那里的市民认为当地没有什么特色和值得向人推荐的场所，唯一的特点是他们可以远远地看到纽约的天际轮廓线，它成为泽西的借景，也是控制全市大方向的标志。

图5-16　故宫鸟瞰

### 3. 意义

生态心理学家强调人感知有意义的刺激模式，理解的刺激才能形成记忆，无论是功能意义、文化意义或历史意义都有助于对刺激的理解。意义本质上是抽象的，可以通过具象载体表达和解读。城市文脉需要通过具象性的物质载体、人类行为才能得以延续和呈现，老旧建筑、街区空间布局等带有历史性的文化因素，都是意义最直观的载体。

不同时代、不同风格的建筑记载着城市的历史与文化，城市更新应保留有代表意义的要素和场所，如一栋建筑、一个场所或区域、一棵大树或一片树林、一个水体、一座桥等。这些要素是城市历史与文化的见证，有利于市民从时空的连续性去把握城市的环境结构。近年来，我国在城市建设迅速发展的同时，重视保护传统建筑，并恢复了不少重要古迹，这对城市的形象建设与文化建设都发挥了很大作用。

意义是某些城市独特文化所形成的独有特征，但并非所有城市的共有特征。不同地理位置的城市形成的意义与文脉是这个城市所独有的，是在其特定历史、自然、人文条件下生发并延续下来的特定文脉。因此，可以说"意义"在各城市中并非普遍存在，不具备共有性。这也是我们需要特别挖掘与保护的价值所在。

在我国城乡建设步入存量发展和精细化发展的背景下，具有特定意义的建筑与城市空间是城市更新的关键。城市更新也逐渐从单一的物质层面的空间要素设计转为与物质、社会、经济、文化相结合的综合性规划，其以构建空间、设施、活动、文化与社会价值相互交织的网络体系为手段，最终达到城市空间品质提升。

## 5.3.2 城市环境认知调研方法

### 1. 意象图法

凯文·林奇在其著作《城市意象》一书中，详细介绍了他对美国的波士顿、洛杉矶和泽西所进行的意象研究。波士顿是一个很有特点的城市，形式生动却不易确定方向；洛杉矶是一个特大城市，市中心有网格状的布局；泽西则是一个初次观察印象性极低的城市。

凯文·林奇在研究这些城市的意象时，采用了两种主要的方法。在第一种方法中，凯文·林奇在居民中抽样并与之面谈，探询这些被访者对城市环境的意象如何。他收集了以下的信息：每个城市对它的居民的象征意义，从家到工作地点的方向，人们对这一段路程的感觉，以及该城市中有特色的要素。此外，凯文·林奇还要求被访者画出地图和辨认各个地方的位置。

在第二种方法中，凯文·林奇要求一部分被访者从照片中辨认一些地方，另一部分受过训练的观察人员则到城市中去做系统的实地观察。他们被带到他们曾在采访中描述过的路线上去，被询问其所在的位置和所看到的东西。这些观察人员利用曾经在示范分析中证明富有意义的资料，描绘环境因素及其意象的优缺点等。这种方法能将抽样人士面谈所得资料与实地分析所得资料作比较。凯文·林奇以认知地图的五种构成要素（即道路、标志、节点、边界与区域）来分析这三个城市，这种认知城市环境的方法已被研究者广泛使用。

意象图是一种典型的图式调研方法，较为强调空间的视觉意象，且易受个人绘图能力的影响。其表达方式主要为手绘草图，且无固定模式，既可以是类似地图草图或总平面图的表达，也可以是建筑外观或环境场景的表达（图5-17）。对于特定人群（如儿童），意象图甚至是经想象力加工后的图式表达（图5-18）。

### 2. 调查问卷法

调查问卷法是通过一种经设计调研者仔细考虑编排的问卷去征询被访者对环境和建筑反应的方法。此法简便易行，故受到重视和广泛运用。采用调查问卷法调研时，一般列出调查提纲和所提问题，或者制成表格，口头或书面去访问使用人。

环境—行为研究涉及主观数据的采集，问卷调查通常是主观数据采集的最常用方法之一。研究人员通过问卷调查的方式收集人们对环境及相关问题的印象、评估、意见等主观数据。由于其中大量的主观数据通过量化的形式参与研究分析，因此问卷设计的合理性将对研究成果产生极为重要的影响。问卷是研究人员对个人行为和环境态度进行测量的技术。通常意义上，它是一种控制式的测量，

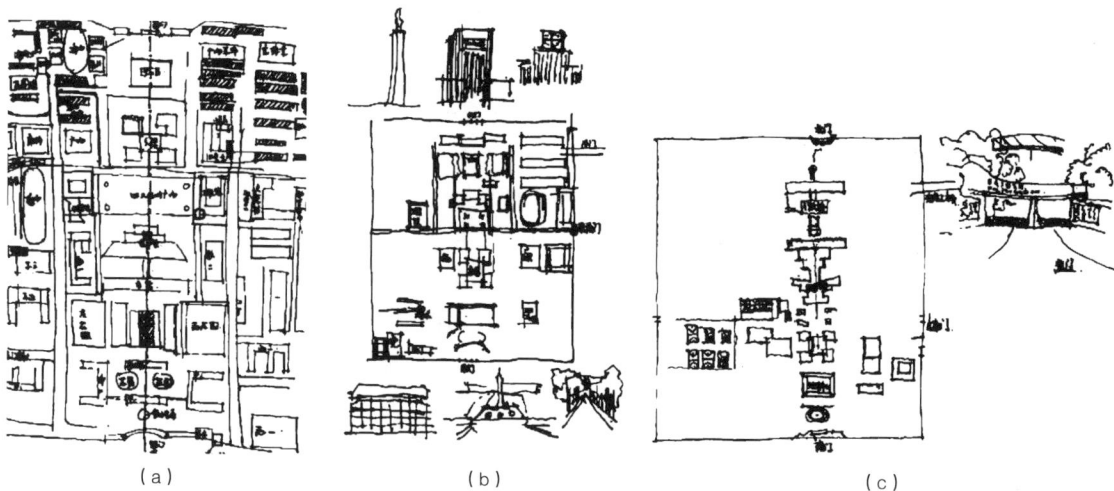

（a）　　　　　　（b）　　　　　　（c）

图5-17　西安交通大学校园意象图

（a）校园整体意象图；（b）校园重点建筑意象图及透视图；（c）校园轴线建筑意象图及透视图

图5-18　西安建筑科技大学附属小学校园意象图

（a）校园整体意象图；（b）教学楼意象图

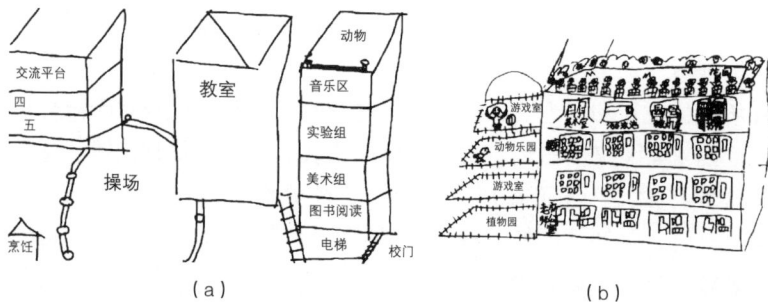

（a）　　　　　　　　（b）

即用一些变量来了解另一些变量，结果可能是相关关系，也可能是因果关系。在建立问卷之前，必须对所研究的问题与假设、客观事实与资料的性质、行为模式与观念，以及其他有关方面都有清楚的认识与了解，否则所得资料将难以满足研究的需要。

因研究性质或目的的不同，问卷可以分成许多类。不同类型问卷的设计又有不少差别，最普通的分法为两大类：无结构型问卷（Unstructured Questionnaire）与结构型问卷（Structured Questionnaire）。常用的问卷调查执行方法有三种：①邮寄问卷后由受访者自行完成；②研究人员通过电话与受访者共同完成问卷调查；③研究人员携带问卷与受访者面对面共同完成。具体选择何种收集方法取决于研究的具体内容和条件，例如研究者希望了解的问题类型、被调查人数的多少和居住地点的分布情况、调查的资金预算等。一旦收集数据的方案确定，并明确了要问的问题，就可以进行问卷的构造工作。

**3. 隐蔽测量法**

这是 1968 年美国学者韦布提出的，即以不影响被访者行为发展的间接度量方式进行工作，分为两类：一类为考察文献和档案记录；另一类为物理痕迹度量。

考察文献可以说是调查研究的第一步，对于环境的了解和设计，乃至对环境评价都是有意义的。考察文献不影响人的行为，例如，研究一个设计过程，可以通过阅读文件包括设计任务书、信件、档案、设计计划，通过考查、检验工程图纸的办法来实现，还可以研究设计人员最早的意图及何时改变设计等。从这些文献资料的研究中，可以得到某些有关环境与行为心理方面的内容，但应注意文献内容的系统性及准确性。

物理痕迹调查即观察使用者在环境中的行为活动的物理痕迹，观察有关环境物质痕迹的耗损或积累，如博物馆展览台前瓷砖的损耗情况、门锁类型可能反映犯罪率的高低等。此法可以结合观察法和晤谈等进行。

**4. 语义差异法（SD 法）**

语义差异法（Semantic Differential Method）是美国心理学家奥斯古德发展的一种态度测量技术，于 20 世纪 50 年代后发展起来。在社会学、社会心理学和心理学研究中，语义差异量表被广泛用于文化的比较研究，个人及群体间差异的比较研究，以及人们对周围环境或事物的态度、看法的研究等。在城市空间感知的研究中，语义差异法可以发挥较大作用。

语义差异量表以形容词的正反意义为基础，标准的语义差异量表包含一系列形容词和它们的反义词，在每一个形容词和反义词之间有约5~11个区间。我们对观念、事物或人的感觉可以通过选择的两个相反形容词之间的区间，反映其要求人们记下对性质完全相反的词汇的反应强度。此法的目的是要受试者利用形容词意义去评定环境品质的内涵，见表5-1。语义分化技术可以用数值的形式评分，也就是把各个尺度集合为一个分数，以表明回答者总体的态度强度。

SD 量表基本形式（在感觉最符合的评价格内打"√"）  表 5-1

| 语义区间 | 很 | 较 | 有点 | 一般 | 有点 | 较 | 很 | 语义区间 |
|---|---|---|---|---|---|---|---|---|
| 封闭的 | | | | | | | | 开敞的 |
| 消极的 | | | | | | | | 积极的 |
| 紧张的 | | | | | | | | 松弛的 |
| 抑郁的 | | | | | | | | 快乐的 |
| 刺激的 | | | | | | | | 沉闷的 |
| 吸引的 | | | | | | | | 不吸引的 |
| 舒适的 | | | | | | | | 不舒适的 |
| 愉快的 | | | | | | | | 不愉快的 |
| 明亮的 | | | | | | | | 阴暗的 |
| 小的 | | | | | | | | 大的 |
| 好的 | | | | | | | | 坏的 |
| 有生气的 | | | | | | | | 无生气的 |
| 有动力的 | | | | | | | | 无动力的 |
| 有意义的 | | | | | | | | 无意义的 |
| 多彩的 | | | | | | | | 单调的 |

SD 法的使用步骤包括：①收集与研究对象相关的形容词组；形容词选择是 SD 法的基础环节，也是让被试者准确判断出对场所感受的保证，形容词组的数量一般为 20~30 对；②评定尺度；通常采用尺度量表，一般为奇数，5 段或 7 段使用较多；③评定测试；选择调研对象，确定被试人数，通常以问卷形式进行评定测试；④评定结果分析；对评定数据进行整理分析。SD 法通常会与相关性分析、因子分析、聚类分析、回归分析等数据统计分析方法结合运用，进行量化分析，以形成更丰富的结论（图 5-19）。

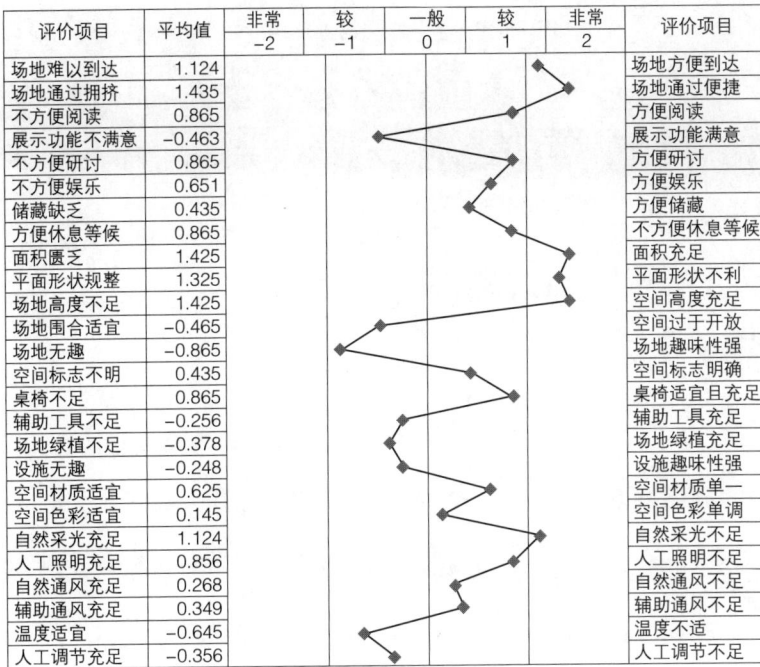

| 评价项目 | 平均值 | 非常 -2 | 较 -1 | 一般 0 | 较 1 | 非常 2 | 评价项目 |
|---|---|---|---|---|---|---|---|
| 场地难以到达 | 1.124 | | | | | | 场地方便到达 |
| 场地通过拥挤 | 1.435 | | | | | | 场地通过便捷 |
| 不方便阅读 | 0.865 | | | | | | 方便阅读 |
| 展示功能不满意 | −0.463 | | | | | | 展示功能满意 |
| 不方便研讨 | 0.865 | | | | | | 方便研讨 |
| 不方便娱乐 | 0.651 | | | | | | 方便娱乐 |
| 储藏缺乏 | 0.435 | | | | | | 方便储藏 |
| 方便休息等候 | 0.865 | | | | | | 不方便休息等候 |
| 面积匮乏 | 1.425 | | | | | | 面积充足 |
| 平面形状规整 | 1.325 | | | | | | 平面形状不利 |
| 场地高度不足 | 1.425 | | | | | | 空间高度充足 |
| 场地围合适宜 | −0.465 | | | | | | 空间过于开放 |
| 场地无趣 | −0.865 | | | | | | 场地趣味性强 |
| 空间标志不明 | 0.435 | | | | | | 空间标志明确 |
| 桌椅不足 | 0.865 | | | | | | 桌椅适宜且充足 |
| 辅助工具不足 | −0.256 | | | | | | 辅助工具充足 |
| 场地绿植不足 | −0.378 | | | | | | 场地绿植充足 |
| 设施无趣 | −0.248 | | | | | | 设施趣味性强 |
| 空间材质适宜 | 0.625 | | | | | | 空间材质单一 |
| 空间色彩适宜 | 0.145 | | | | | | 空间色彩单调 |
| 自然采光充足 | 1.124 | | | | | | 自然采光不足 |
| 人工照明充足 | 0.856 | | | | | | 人工照明不足 |
| 自然通风充足 | 0.268 | | | | | | 自然通风不足 |
| 辅助通风充足 | 0.349 | | | | | | 辅助通风不足 |
| 温度适宜 | −0.645 | | | | | | 温度不适 |
| 人工调节充足 | −0.356 | | | | | | 人工调节不足 |

（a）

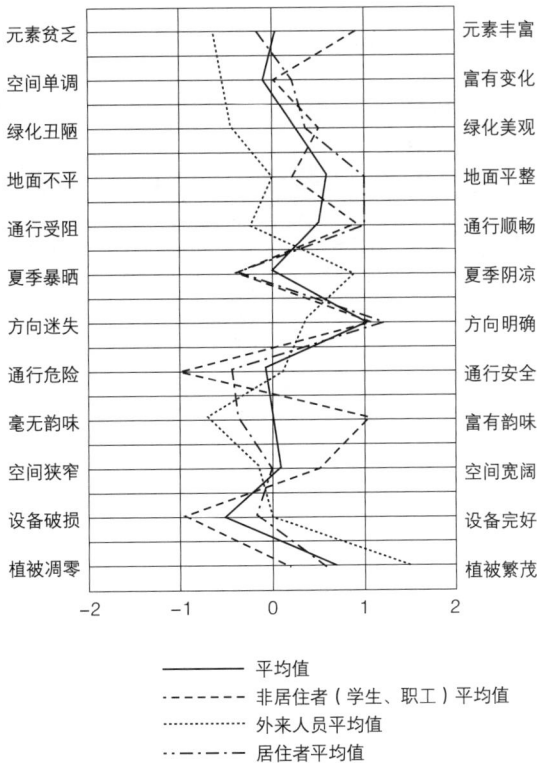

―――――　平均值

― ― ― ―　非居住者（学生、职工）平均值

‥‥‥‥‥　外来人员平均值

―·―·―·―　居住者平均值

（b）

图 5-19　SD 法评价统计折线图
（a）西安某中学校园调研;（b）西安某社区外部空间调研

# 第 **6** 章　外部公共空间行为模式

# 6.1 外部公共空间活动概述

## 6.1.1 基本概念

人们在城市中生活和工作，不可避免地要使用城市中的各种室外空间，例如广场、公园、绿地、街道等。随着社会物质文明与精神文明的提高，人们对建筑外部空间也有了更高的要求。

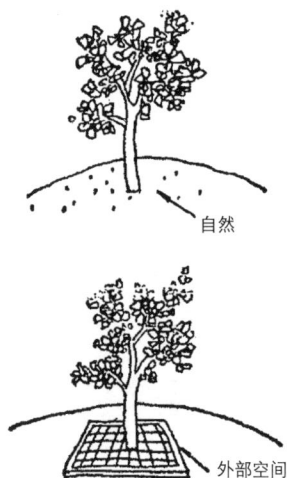

图 6-1 外部空间

### 1. 外部空间

空间可以理解为是由一个物体和感觉他的人之间产生的相互关系所形成的。外部空间是从自然当中限定自然开始的，由人创造的有目的的外部环境。与无限延展的自然环境不同，外部空间是从自然当中由"框框所"划定的空间，是比自然环境更有意义的空间（图 6-1）。

在日常生活中，人们会经常无意识地创造出外部空间。例如，撑开雨伞时的伞下空间，户外讲演时聚集的人群所围合的空间（图 6-2），野餐时田野上铺的毯子等（图 6-3）。当然，当这些行为结束时，由此所产生的空间也随之消失。

图 6-2 外部空间实例（一）（左图）
图 6-3 外部空间实例（二）（右图）

### 2. 积极空间与消极空间

建筑空间可大体分为从周围边框向内收敛的空间，和以中央为核心向外扩散的空间。外部空间建立起的从边界向内的秩序，在边界内创造出满足人的意图和功能的空间，这种空间往往被称为积极空间。相对的，自然是无限延伸的离心空间，可以认为它是消极空间（图 6-4）。

图 6-4 积极空间与消极空间的模式

自然空间是无限延伸的离心空间，相对地，外部空间是从边框向内建立起向心秩序的空间空间的积极性意味着空间可以满足人的意图，或者说有计划性。对空间而论，所谓计划性就是确定外围边框并向内侧去整顿秩序的观点。而空间的消极性，是指空间是自然发生的，是无计划性的。对空间而论，所谓无计划性就是从内侧向外增加扩散性。因此积极空间是收敛的，而消极空间是扩散的。

### 3. 活动

环境心理学对术语"活动"并无严格的定义。在心理学中，一般把动作（Action）视为身体一部分伴随意识的运动和运动的系列，强调"伴随意识"是为了与"无条件反射"相区别。狭义的、最简单的活动（Activity）指人体全部状态的变化，是可观察到的一系列动作的集合，如步行、跳舞、就座等。广义的活动指生物普遍而又广泛的运动形式，即有机体的运动。许多较复杂的活动实际上是由一系列较简单的活动组成的。

早年对活动狭义的研究以城市公共活动为主，对象为城市的街道、人行道、广场和小游园等对公众自由开放的开敞外部空间，有时也涉及小公园、居住区绿地和建筑物之间的空地，研究内容侧重于人际间的接触和交往。这些外部空间尺度相对较大，自然成分较多，大多露天开敞、自由流通，并且观察方便，其所有权一般属于公众。人们在这样的外部空间的各种活动，将是本章的研究重点。

## 6.1.2 活动的类型

扬·盖尔曾在其著作《交往与空间》中通过分析活动特性与发生过程，对外部空间活动种类进行了划分，即必要性活动、自发性活动、社会性活动。其中每一种活动类型对于物质环境的要求均有不同。

### 1. 必要性活动

必要性活动是在各种条件下都会发生的。它包括的活动有如上学、上班、购物、等人、候车、出差、递送邮件等。换句话说，就是那些人们在不同程度上都要参与的所有活动。一般来说，日常工作和生活事务属于这一类型。在各种活动之中，这一类型的活动大多与步行有关。

因为这些活动是必要的，它们的发生很少受到物质构成的影响，一年四季在各种条件下都可能进行，故相对来说与外部环境关系不大，参与者没有选择的余地。

### 2. 自发性活动

自发性活动只有在适宜的户外条件下才会发生。它只有在人们有参与的意愿，并且在时间、地点可能的情况下才会产生。这一类型的活动包括了散步、呼吸新鲜空气、驻足观望有趣的事情及坐下来晒太阳等。

这些活动只有在外部条件适宜、天气和场所具有吸引力时才会发生。对于物质规划而言，这种关系是非常重要的，因为大部分宜于户外的娱乐消遣活动恰恰属于这一范畴，这些活动特别有赖于外部的物质条件。

### 3. 社会性活动

社会性活动是指在公共空间中有赖于他人参与的各种活动，包括儿童游戏，互相打招呼、交谈，各类公共活动，以及最广泛的社会活动——被动式接触，即仅以视听来感受他人。

这些活动可以称之为"连锁性"活动，因为在绝大多数情况下，它们都是由另外两类活动发展而来的。人们在同一空间中徜徉、流连，就会自然引发各种社会性活动。这就意味着只要改善公共空间中必要性活动和自发性活动的条件，就会间接地促成社会性活动。

由于社会性活动发生的场合不同，其特点也不一样。在住宅区的街道、学校附近、工作单位周围一类的区域，总有一些人有共同的爱好或经历，因此公共空间中的社会性活动是相当综合性的，如打招呼、交谈、聊天乃至出于共同爱好的娱乐等。在市区街道和市中心，社会性活动一般来说是浅层次的，大多是被动式的接触——即作为旁观者来领略素不相识的芸芸众生。然而，即使这种有限的活动也是极有吸引力的。

### 4. 外部空间质量与活动的关系

人们在外部空间的活动会受到各种各样因素的影响，而物质环境就是其中一个主要因素。当外部空间的质量不理想时，就只能发生必要性活动。当外部空间具有高质量时，尽管必要性活动的发生频率基本不变，但由于物质条件更好，故必要性活动显然有延长时间的趋向。另一方面，由于场地和环境布局宜于人们驻足、小憩、饮食、玩耍等，故大量的各种自发性活动会随之发生，同时随着自发性活动的增加，社会性活动的频率也会增长。而在质量低劣的街道和城市空间，只有零星的极少数活动发生，社会性活动也会减少。如表6-1所示为外部空间质量与户外活动发生的相关模式。

## 6.1.3 研究现状

### 1. 欧美的早期研究

20世纪50年代，随着城市化和工业化进程的加快，欧美出现

外部空间质量与户外活动发生的相关模式　　　　表 6-1

| 户外活动 | 物质环境质量 | |
|---|---|---|
| | 差 | 好 |
| 必要性活动 | ● | ● |
| 自发性活动 | · | ⬤ |
| 社会性活动 | · | ● |

了严重的城市问题。例如城市中心区环境质量的恶化，使不少市民迁往郊区，大城市蜕变成为建筑群加高速干道和汽车的工业生产流水线，街道上鲜有行人，大城市的街道和广场失去了以往热闹和富有生气的公共活动。

这些现象引起了社会各界和多学科的关注。学者们纷纷批评这种"功利的、物质的、功能主义的"城市空间，认为其缺乏考虑心理及社会因素。其中，著名学者雅各布斯（J.Jacobs，1961）为此写了《美国大城市的死与生》（*The Death and Life of Great American Cities*）一书。她与其他人一起，对建筑中的现代主义运动及其在城市中的表现质疑。雅各布斯认为，第二次世界大战后 20世纪 50 年代和 60 年代进行的大规模的城市更新，使城市面貌变得更为理性、洁净和卫生，但同时也铲除了原有城市环境中的丰富和魅力。雅各布斯描述的街道公共空间中的生活对城市居民具有重要的影响。它使每个人都有可能与大量的人社交接触，感到相处友好和安全，并为他人所认同，从而形成一种社会网络；同时，它还有助于形成相互间的社会支持，加深牢固的睦邻或朋友关系。

巴克的生态心理学也从根本上加深了人们对于行为场景和活动模式的认识。研究者运用直接观察、隐蔽观察、行为地图、访谈、问卷及摄影和摄像等方法对广场、公园、街道和步行街进行了大量研究。其强调城市的外部空间必须易于进入，富有生气和令人舒适；绿地应供人休闲而不是单纯的摆设；广场应仍然是"城市的客厅"而不是摆设或陪衬；街道应容纳多种活动而不是单纯的通道或停车场。

与此同时，欧美出版了很多相关的专著，例如《大众行为与公园设计》《交往与空间》《建筑模式语言》和《城市意象》等。

### 2. 日本的早期研究

与注重社会生活的欧美不同，日本由于人口较多，城市和建筑密度较大，地震及相关环境灾害较多，因此其研究人员更注重人群在外部空间中的流动、疏散和避灾等活动模式。1982 年，日本学者渡边仁史在《环境心理》一书中系统总结了日本的有关研究。他把人在空间中的行为特点进行了归纳，如表 6-2 所示。

人在空间中的行为特点 表 6-2

| 研究内容 | 行为特点 |
|---|---|
| 空间的秩序 | 行为在时间上的规律性和一定的倾向性 |
| 空间中人流的流动 | 人从某一点运动到另一点时两个地点之间的位置移动，包括：<br>（1）避难、上学、上班等以两点间的位置移动为目的之流动；<br>（2）为完成其他行为目的，如购物、游园和参观等所进行的随意移动；<br>（3）散步、郊游等以移动过程本身为目的的流动；<br>（4）流动的停滞状态 |
| 空间中人的分布 | 人在空间中的定位 |
| 空间的对应状态 | 人活动时的心理和精神状态 |

用来表示空间中人流流动的主要指标有：步行者流量、步行速度、实际平均步行距离、人们认为适宜的步行距离及步行轨迹等。对于群体的活动模式，以及步行速度与人群密度关系的研究，学者木村幸一郎（1937）认为，人群步行速度与密度之间，具有类似于流体速度与黏滞系数之间的关系。

20 世纪 70 年代中期，日本著名建筑师芦原义信在《外部空间设计》一书中结合日本的实例，详尽地论述了空间尺度及城市外部空间设计的原则。

### 3. 研究发展

近年来关于外部空间活动的研究重点发生了转移，开始注重外部空间的文化表征（Representations of Culture）方面的研究。重视建筑环境的文化表征，起始于住居形式。例如美国学者拉普卜特在《建成环境的意义》一书中，将文化人类学引入建筑学研究之中。他认为，可以通过非言语的模型和方法进行充分研究，重点强调建成环境中的非言语的行为及各组成元素所表达的暗喻。

还有观点（Moore，1986；S.M.Low，1997）认为，城市外部空间反映了文化秩序，但不是通过空间布置和意义之间的一一对应（One to One）关系，而是通过复杂的"文化形成"（Culture-making）过程实现这种反映。这种空间—文化对应关系，以其自身的逻辑表达了不同群体之间的权力尊卑关系。显然，这一观点更注重特定时空中各种文化表征所体现的综合文化现象及其含义，而不是拘泥或沉醉于建筑或城市符号的一对一的考证或释义。

还有学者如纽约城市大学的人类学家洛（S.M.Low，1995，1997）长期从事城市文化与历史保护地段的研究，主要关心城市外部公共空间，尤其是大型空间的设计、保护和评估问题。

此外，关心特定群体，如儿童、老人、残疾人等，在外部公共空间中的活动，也是一个值得注意的研究动向。

## 6.2　5W 调研方法

分析外部空间中的活动通常采用 5W 法，即 When，Who，Where，Why，What，也就是观察什么时间、什么人、什么地方、为了什么目的、在从事什么活动。其研究的目的并不在于单纯进行描述，而是要探索不同活动的时空特点及其规律，并据此提出改进外部空间设计的建议。

### 6.2.1　时间要素（When）

时间要素，即分析从活动开始到结束的时间持续过程。一般需要每天固定时间和时段，并持续若干天进行观察。如果观察的时间和时段每天不固定，就会得出不可靠的结果。观察一天中的所有活动变化，工作量会相应较大。一周之中，平时与周六、周日可能会有质的不同。一年之中，各个季节差别往往很大，故观察需在有代表性的季节里进行。时间要素也与天气变化密切相关，刮风下雨、下霜起雾都会对活动产生不同的影响。时间要素方面还可进行同时性和历时性比较。历时性比较可以持续多年，也可以隔几年回访。

经验说明任何观察如果少于一年的话，就有失去一些关键性信息的危险。虽然很少有研究能收集到全年的数据，但必须想方设法去弥补有关季节性差别的更详细的资料。在所选择的季节内，也要在不同的时间取样，以提供一个有代表性的行为全貌。

一般观察会采用时间段的办法，以利于观察者能休息片刻。观察者可以五分钟或十分钟为一个时间段。时间段的划分应当事先试验一下，以判断是否会失去一定数量有意义的数据。经常由一组人做强度很大的连续观察，由另一组人记录时间段里的行为，两者进行比较后便能得出结论。

以下是对某高校内一广场所作的调研。如图 6-5 所示是对某一天中各时间段广场上的人数记录，如图 6-6 所示是选取了周内与周末，分别对两天各个时段的广场上通行人数进行了统计。

### 6.2.2　活动人群（Who）

首先应了解从事活动的个人和群体的背景资料，如性别、职业、年龄、出行方式等，必要时还应通过问卷了解其他社会文化背

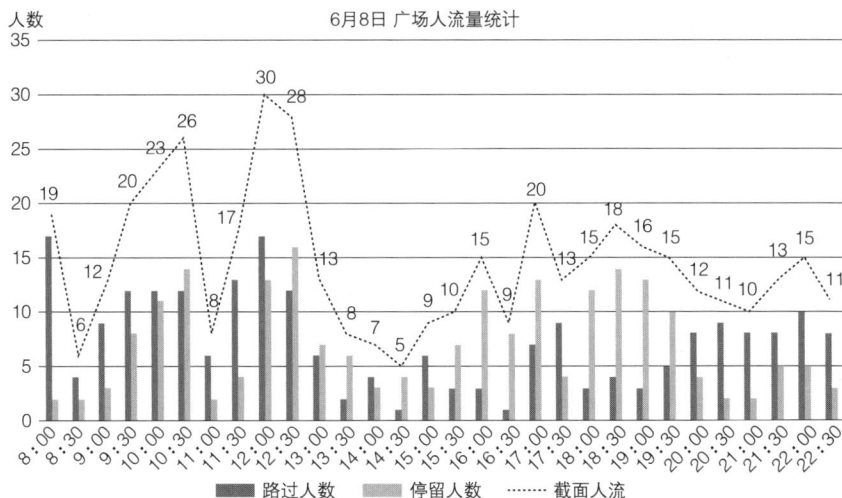

图 6-5　一天内不同时间广场上停留人数统计

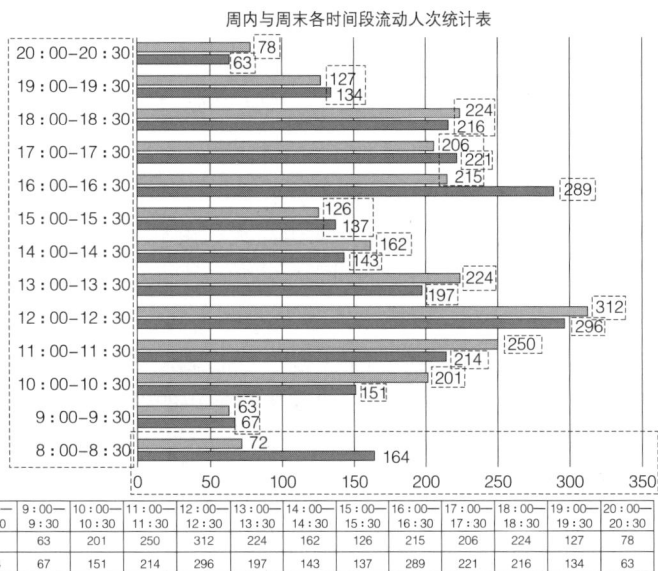

图 6-6　周内与周末各时间段广场人数统计

周内与周末各时间段流动人次统计表

| | 8:00—8:30 | 9:00—9:30 | 10:00—10:30 | 11:00—11:30 | 12:00—12:30 | 13:00—13:30 | 14:00—14:30 | 15:00—15:30 | 16:00—16:30 | 17:00—17:30 | 18:00—18:30 | 19:00—19:30 | 20:00—20:30 |
|---|---|---|---|---|---|---|---|---|---|---|---|---|---|
| 流动人次统计（周末） | 72 | 63 | 201 | 250 | 312 | 224 | 162 | 126 | 215 | 206 | 224 | 127 | 78 |
| 流动人次统计（周内） | 164 | 67 | 151 | 214 | 296 | 197 | 143 | 137 | 289 | 221 | 216 | 134 | 63 |

景，但不应涉及个人隐私。活动人群以特定的个人作为分析的基本单元，比较容易入手。

群体可界定为出于同一行为目的，或具有同一行为倾向而聚集在一起的一群人。所谓追星族、老年族、飞车族都可看成特定的群体，某一族又可根据其特点进行细分。例如老年族还可再分为老年钓鱼族、老年打拳族等，无非是进一步缩小范围，改变部分限定条件而已。同时，群体还可按照人数分成如表6-3所示的几类。如表6-4所示为对某调研广场的老年人、中青年、大学生、儿童等不同人群在不同时间段的行为记录统计。

群体类型分类 表 6-3

| 类型 | 人数范围 | 活动特点 | 活动举例 |
|---|---|---|---|
| 特小群 | 2~3人 | 活动范围一般较小，动作相对较少，目的易于辨别 | 如恋爱、谈话、下棋等，一般在游园中特小群占多数 |
| 小群 | 3~7人 | 活动范围较大，动作相对较多，相互间视听联系较强，目的易于观察或询问 | 如聚餐、祭祀、出游、访友、运动、小组活动等 |
| 中群 | 7~8人以上，至数十人不等 | 活动范围更大，动作和视听联系更多。在自由活动中，一般大于7~8人的群体很难齐心，而且活动目的易于发生变化，人数上也呈现不稳定倾向，易于分解为更小的、7人以下的小群体 | 如聚会、联欢、旅游、运动、团体活动等 |
| 大群 | 数十人至百余人不等 | 多见于有组织活动，无组织的大群活动往往形成"群集行为" | 如上课、做操、参观、行军、祷告等 |
| 特大群 | 百余人以上 | 多见于有组织或有一定程度组织性的活动。由于人数较多，动机各异，一旦发生自然或人为突变事件，易形成挤压、逃跑、冲击、打、砸等无组织行为，会对人身和社会造成很大危害 | 如候车、看球、联欢、游园、朝觐等 |

广场人群活动记录（11 月 27 日，周六，晴天） 表 6-4

| 时间 | 使用者概况 | 不同人群活动内容 | | | | 停留人数 |
|---|---|---|---|---|---|---|
| | | 老年人 | 中青年 | 大学生 | 儿童 | |
| 7：00— 8：00 | 7点以中老年锻炼者居多，7点半有大量校外进校人员通过，8点有较多周六一早上课的学生 | 主要是去锻炼穿越，在广场看海报 | 穿越，外出经过，打球，购物经过 | 穿越，少量停留看海报 | 穿越 | 9 |
| 8：00— 10：00 | 8点学生较多，8点后人流减少，8点半后人流量增大，多为穿越 | 穿越，看海报 | 穿越，看海报，交谈，打电话 | 穿越，看海报，交谈，等人 | 玩耍 | 29 |
| 10：00— 11：00 | 主要是学生穿越，有年轻父母和老年人带小孩玩 | 看小孩 | 带小孩来玩 | 有1~2人稍作停留 | 下沉广场玩耍，7~10人 | 20~25 |
| 11：00— 12：00 | 主要是学生穿越，并逐渐增多，有小孩玩耍 | 晾晒衣物 | 带小孩来玩 | 有少量人作短暂停留，打电话 | 在下沉广场玩耍，4人 | 10~15 |
| 12：00— 13：00 | 12：00—12：15穿越人数达到最多，有学生看报，有年轻父母带小孩玩 | — | 少量穿越 | 有少量人作短暂停留，打电话 | 在草地和水池边玩雪 | 15~20 |
| 13：00— 14：00 | 主要是学生情侣，有年轻父母带小孩玩，还有学生相聚在这里，接近14：00穿越广场学生人数渐增 | | 带小孩来玩 | 休憩（情侣），其他人在聊天 | （同上） | 30~35 |
| 14：00— 15：00 | 主要是学生，有些年轻女性和老年人，有小孩在玩耍，还有学生拍照 | 休息，看报 | 聊天，晒太阳 | 看书，休憩 | （同上） | 40~45 |
| 15：00— 16：00 | 主要是学生，有年轻父母和老年人带小孩来，还有学生在这里拍照 | 带小孩来玩 | 带小孩出来玩 | 休憩（情侣），其他人在聊天 | 陆续走了 | 48~53 |
| 16：00— 17：00 | 主要是学生在此逗留闲聊，还有小孩在此玩耍和学生在这里拍照 | 稍作休息 | 少量穿越 | 休憩（情侣），其他人在聊天 | 在下沉广场玩耍，2人 | 15~20 |
| 17：00— 18：00 | 主要是学生就餐及穿越广场去上课，停留人减少 | — | 少量穿越 | 个别人逗留或等人 | — | 5~10 |
| 18：00— 19：00 | 天气变黑，主要是学生背包去上自习，极个别人在边角处停留 | — | 少量穿越 | 极少数在边角停留 | — | 1~5 |

### 6.2.3　活动场所（Where）

对活动场所应作全面了解，包括场所本身及其周围环境的社会及物质组成因素。例如，场所本身的面积大小、空间组成、总体形态，以及人工和自然组成因素；周围环境中的建筑、道路、交通、自然和社会因素；社会文化氛围等。应着重了解与活动密切相关的部分，如铺地、小品、绿化、照明、室外家具、各类设施等。但是，也不可忽视其他潜在的因素。例如，处在摩天楼阴影中的广场终年不见天日，即使增加雕塑，镶嵌彩玻也无法吸引游人；在南方多雨城市中，地势低洼处的广场大雨时往往成为泽国，形同虚设；炎夏高楼下的开敞空间多刮骑楼风，因而成为纳凉的好去处。

记录人群在某个特定场所的聚集密度图，即类似于人群集结的鸟瞰图，可以帮助设计师分析人们的停留方式、聚集模式、喜好逗留的地点，从而为更好地设计外部空间提供依据。例如图6-7所示表明人们喜欢停留在广场的边缘地带。

### 6.2.4　活动目的（Why）

目的出于动机，动机来自需要。但在现场研究中，难以用简单的观察了解动机，而问卷和口头提问有时又不易取得合作，或者得到的只是表面敷衍，因此，想了解内心的真实目的和动机，相对较为困难。同时，参与同一活动的人可能具有完全不同的目的。目的可以变换、转移或替代。目的有直接和间接之分，例如有人直接去街头绿地打拳，而有人只是散步路过绿地顺便坐坐。也可能有一系列目的：散步、做操、喝早茶、聊天、购物。这些复杂的动机和目的是环境与行为相互作用的产物，一般较难完全了解清楚，只能适可而止。

图6-7　人群分布密度图

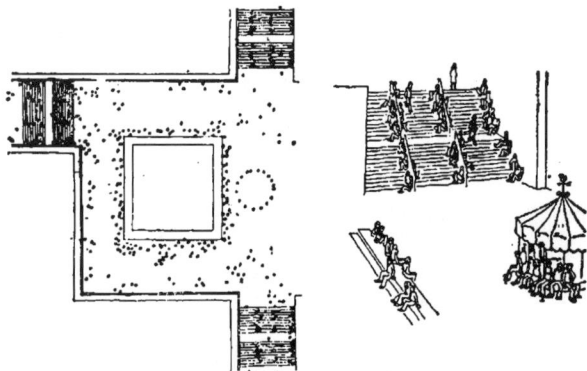

人群密度草图或许会显示出某些罕见的模式

### 6.2.5　活动研究（What）

活动本身具有不同的类型、方式、内容、进程和结果，与上述的活动人群、活动场所、活动目的三项密切相关，又有所区别。应结合活动群体，具体分析群体人数、组织状态、聚集方式、活动强度、参与程度、设施使用情况、活动进程和结果。

活动的聚集方式和参与程度反映了多种多样的"众生相"。有目的的聚集成簇成堆，多见于儿童、少年和老年人，或其他目的十分明确的活动。随意和自发的聚集多见于围观，多数出于好奇。活动依参与程度可分为以下五种类型，如表 6-5 所示。

参与程度的活动类型分类　表 6-5

| 参与程度类型 | 活动举例 |
| --- | --- |
| 主动表演 | 做广告、卖货、演出等 |
| 主动参与 | 加入别人组织的街头集会 |
| 被动参与 | 随人流和人群不知不觉卷入其中 |
| 主动旁观 | 坐在台阶上从较远处观看 |
| 被动旁观 | 路过活动人群无意中一瞥，或不得不看上一眼 |

## 6.2.6　5W 法的综合运用

活动研究的核心是要把上述五个方面综合起来，了解特定群体在特定时空中的活动规律或固有模式。也就是根据"什么人—什么时间—什么地点—为什么—什么活动"的线索和信息，研究人们在场所中的行为模式。

综合性研究的对象可以是单一的活动，也可以是若干活动的集合，还可以是持续时间较长的事件。后者工作量当然相应增大，但也可能获得更多的有关人的行为的宝贵信息。总之，分析外部空间中的活动，其根本目的在于了解人的需要和使用特点，以便改进城市外部空间的规划和设计。如图 6-8、图 6-9 所示，通过综合运用 5W 方法，掌握调研地点人们活动的基本信息与规律特征。

研究外部空间活动时，不仅要从环境心理角度考察存在哪些行为场景，更要从设计角度考察物质环境及其组成元素是否适合人的

图 6-8　西安某社区适老空间调研

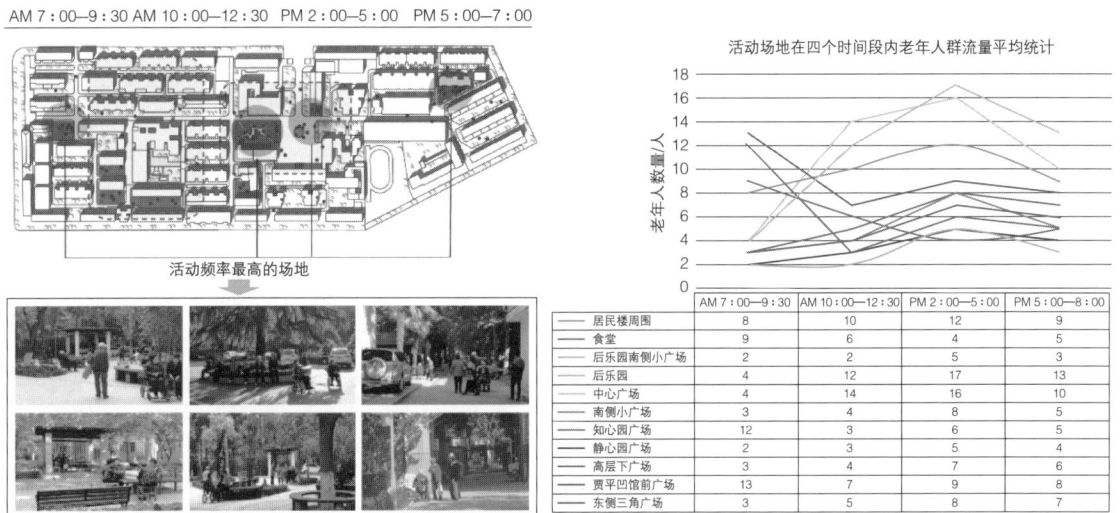

AM 7:00—9:30　AM 10:00—12:30　PM 2:00—5:00　PM 5:00—7:00

活动频率最高的场地

活动场地在四个时间段内老年人群流量平均统计

| | AM 7:00—9:30 | AM 10:00—12:30 | PM 2:00—5:00 | PM 5:00—8:00 |
| --- | --- | --- | --- | --- |
| 居民楼周围 | 8 | 10 | 12 | 9 |
| 食堂 | 9 | 6 | 4 | 5 |
| 后乐园南侧小广场 | 2 | 2 | 5 | 3 |
| 后乐园 | 4 | 12 | 17 | 13 |
| 中心广场 | 4 | 14 | 16 | 10 |
| 南侧小广场 | 3 | 4 | 8 | 5 |
| 知心园广场 | 12 | 3 | 6 | 5 |
| 静心园广场 | 2 | 3 | 5 | 4 |
| 高层下广场 | 3 | 4 | 7 | 6 |
| 贾平凹馆前广场 | 13 | 7 | 9 | 8 |
| 东侧三角广场 | 3 | 5 | 8 | 7 |

119

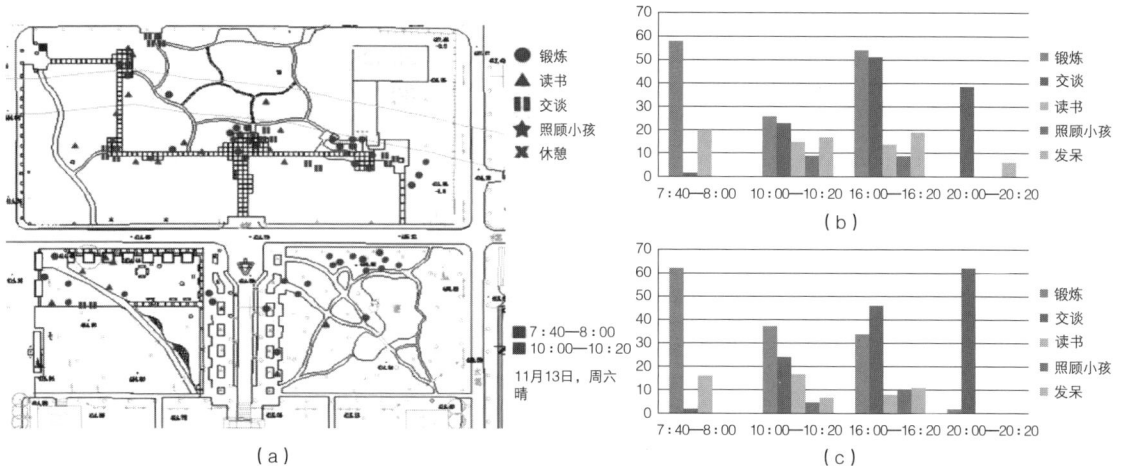

图6-9 西安某大学校园绿地调研
(a)活动内容及人群分布;(b)周内不同时段活动人群数量统计;(c)周末不同时段活动人群数量统计

特定活动,了解哪些被正常使用,哪些被使用者自行改造使用,哪些被使用者兼作他用,哪些为使用者带来了不便甚至损害,从而为改进设计提供基于行为的参考资料。

## 6.3 外部公共空间的行为模式

行为一般理解为带有目的性的活动的连续集合。它是人的生物、社会和文化属性(单独或综合)与特定的物质和社会环境长期、持续和稳定地交互作用的结果。本章所涉及的"行为范围",是指与空间有密切关系的行为。与特定群体和特定时空相联系的活动模式或倾向,经过社会和文化的认同,久而久之变成习性之后,已习惯成为自然,几乎下意识地体现在行为之中。

行为模式是可观察到的现象,是人在空间活动中带有一致性的活动模式或倾向,是部分人的生物、社会或文化属性与环境长期相互作用的结果,可能因时代、群体和文化的改变而完全改变,甚至消失。当然,每个人都有自己的行为特征,在这里我们所要研究的是作为群体的共性所体现出来的人们在外部空间中的行为模式,即行为的倾向性。

### 6.3.1 动作性的行为模式

此类行为模式具有明显地动作倾向,几乎是不假思索作出的行为反应。研究者多将其归因于先天直觉、生态知觉或者后天习得的行为反应。

#### 1. 抄近路
在目标明确或有目的移动时,只要不存在障碍,人总是倾向

于选择最短路径行进，即大致形成直线向目标前进。例如记录广场
上人们的步行路线和观察雪后路面上的痕迹，都可以清晰地看到人
们总是选择直线形的近路（图 6-10、图 6-11）。只有在伴有其他
目的，如散步、闲逛、观景时，才会信步任其所至。对于草地上的
这类穿行捷径，有两种解决办法：一是设置障碍（围栏、土山、矮
墙、绿篱、假山和标志等），使抄近路者迂回绕行，从而阻碍或减
少这种不希望发生的行为；二是在设计和营建中尽量满足人的这一
习性，并借以创造更为丰富和复杂的建成环境。

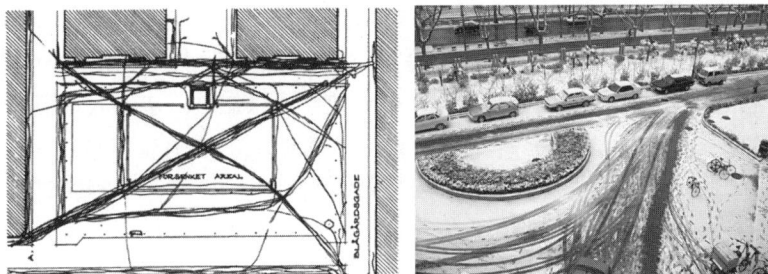

图 6-10　哥本哈根一广场上的
人行步行路线记录（左图）
图 6-11　雪后路面上的行人痕
迹（右图）

　　在实际使用中，设计人员喜欢采用的直角形道路并不都为步
行者所接受。国外许多外部空间设计也经常采用三角形作为道路规
划设计的母题。西安交通大学的某连接教学区和学生宿舍区的长方
形广场，其道路就采用对角线划分，符合人们走捷径的行为特点
（图 6-12）。条件允许时，应基于行为对穿行过于频繁的捷径进行
改建，对人的这一行为习性予以肯定（正强化）或否定（负强化）。
否则，捷径将越来越乱，污损和破坏活动也随之增加。

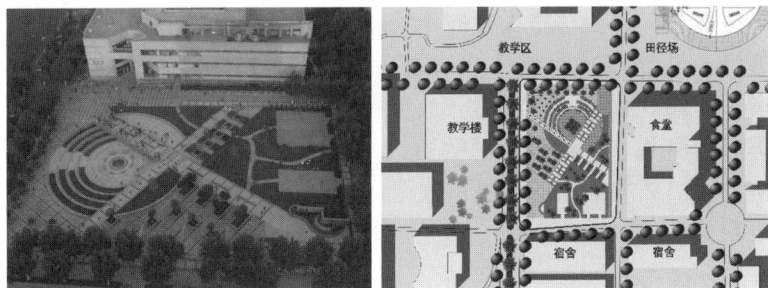

图 6-12　广场上斜向设置的道路

### 2. 依靠性

　　人们在使用外部空间时，并不是均匀散布于外部空间之中，而
且也不一定停留在设计者认为最适合停留的地方。观察表明，人总
是偏爱停留在柱子、树木、旗杆、墙壁、门廊、雕塑、花坛等的周
围和附近（图 6-13）。用环境心理学的术语来说，这些依靠物具有
对人的吸引半径。

图 6-13　人们喜欢逗留在能有所依靠的地方

研究者认为，人们想要使自己置身于视野良好、不为人注视或不受人流干扰的地方，在没有座椅的情况下，柱子就可能成为可供依靠的依靠物。在室内空间（如餐厅中）也可观察到类似的情况，即首批顾客倾向于占据周边视野良好、较少受到人流干扰并有所依靠的座位。

很多学者认为，人的这种行为特点即"人在空间中占有位置的方式"很可能与人的生态知觉有关，也许来自巢居穴处时代对安全的需要。当原始人在户外寻找地方就座时，一般很少会坐在四周暴露的开敞空间之中，通常会寻找一棵树、一块石头或一个土坡作为依靠；或者寻找地面上的一个凹穴；或者寻找部分封闭的自然洞穴。

学者阿普尔顿（Appleton，1975）提出过类似的理论假设：人偏爱既具有庇护性又具有开敞视野的地方，这是生物演化的必然结果。因为这类场所提供了可进行观察、可选择作出反应、如有必要可进行防卫的有利位置，而且还提供了一个防卫空间，使人免受伤害。从空间角度考察，"依靠性"表明，人偏爱有所凭靠地从一个小空间去观察更大的空间。这样的小空间既具有一定的私密性，又可观察到外部空间中更富有公共性的活动（图 6-14）。

一般后背是人们最容易受到攻击与难以防卫的，故实墙的角落、凹入的小空间都是可以提供安全感的场所。人在有依靠的环境中会感到舒适隐蔽，有安全感。如果人在占有空间位置时找不到这一类边界较为明确的小空间，那么一般就会寻找柱子、树木等依靠物，使之与个人空间相结合，形成一个自身占有和控制的领域，从而能有所凭靠地从这一较小空间去观察周围更大的环境，恰如"抢占了有利地形"。在实际的自然和建筑环境中，这类有所凭靠、同时又能看到更大空间的小空间深受人们的喜爱。例如，公园中设于隐蔽处的座椅远比设于路边毫无依靠的座椅更受欢迎。

图 6-14　人偏爱有所依靠的空间

### 3. 边界效应

如果我们留心审视自然界，一定会注意到一个有趣的现象——边界域效应。例如，寒、暖流交汇处，往往产生降雨及复杂的气候；水与岸、森林与草地的交汇处，总是草木最繁盛，昆虫最多；等等。在这些相邻接的区域里，性质对立或有所差异的因素汇聚在一起，共同作用产生

图 6-15　人们愿意停留在区域的边界

更为复杂的环境条件，而适应复杂环境的物质待遇也必定更为丰富多样。同样，在人们的行为当中也存在类似现象。人们在外部空间逗留时，总喜欢停留在区域或场所的边界，尤其是开敞空间的边缘（图 6-15）。

　　心理学家德克·德·琼治（Derk de Jonge）最早提出了"边界效应"的理论。人类有聚集的本性，人的活动也具有向心性，但向心性的活动总是从边界开始发生。海德格尔认为："边界不是某种东西的停止，而是如同希腊人的认识，边界使某种东西在此开始出现。"舒尔茨认为边界是空间中体现场所气氛的核心区域。在广场空间中，边界由各种竖向界面组成，如廊架、景墙、台阶、商业界面、花坛边缘等。这些区域是人们最喜爱停留的地方。较大的公共空间中，人愿意在半公共、半私密的空间中逗留，这样既可以对于公共生活形成积极的参与感，观看人群的各色活动；同时又处于一个具有一定私密性的、被保护的空间之中，具有安全感。如果边上的空间能吸引住人，留得住人，适合于小群体的活动，并且空间的大小与人群密度合适，那么这种空间就具备生气感。

　　边界效应实际是"依靠性"的延伸。边界区域之所以受到青睐，显然是因为处于空间的边缘为观察空间提供了最佳的条件。边界空间是两种不同性质的空间在相互邻接时，产生相互作用的一个特定区域。活动往往生长于向心的边界。在场所设计中，边界空间不仅是过渡性空间，更是活动的激发点，是外部空间设计的焦点所在。边界区域作为逗留的场所在实际上和心理上都有许多显而易见的优点。

　　克里斯托弗·亚历山大（Christopher Alexander）在他的《建筑模式语言》一书中，通过常年的观察，发现广场中人们的活动总是沿边界开始的，并总结了有关公共空间中边界效应和边界区域的经验："如果边界不复存在，那么空间就绝不会富有生气。"这一点，在扬·盖尔对意大利的某广场的观察中也得到了证实（图 6-16）。

### 4. 靠右（左）侧通行

　　当人们对某一区域不大熟悉时，总会先沿边界依靠符号或其他标志前进。为解决城市交通，道路上的车辆和人流都是靠一侧通

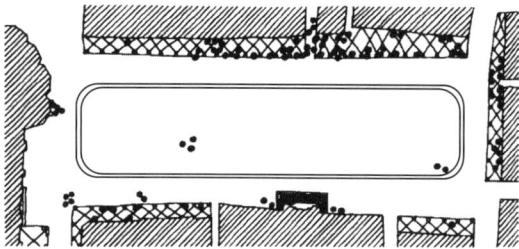

图 6-16　意大利某城市广场人群分布记录（黑点表示人群的停留点）

行。当然，不同国家有不同的规定。在中国，靠右侧通行沿用已久，而在日本和英国，却靠左侧通行。明确这一习性并尽量减少车流和人流的交叉，对于外部空间的安全疏散设计具有重要意义。在中国大部分地区，靠右侧通行这一约定俗成的规定使得大多数人养成以右行为主的行为习性。

**5. 逆时针转向**

追踪人在公园、游园场所和博览会中的流线轨迹，会发现大多数人的转弯方向具有一定的倾向性。日本学者户川喜久二（1963）考察过电影院、美术馆参观人流动线（图 6-17），渡边仁史（1971）研究过游园时游客的转弯方向，都证实观众或游人具有沿"逆时针方向"转弯的倾向。其中后一项研究中，逆时针转向的游人高达 74%。

这一行为特点对室内环境中人流流线分析具有重要的影响，但国内迄今尚无研究例证发表。例如，当下楼梯时构成左向回转的方式（即逆时针转向）时，更具有安全感和方便性，同时比右向回转的楼梯下楼速度要快得多（图 6-18）。

这一行为特点可以说明两个实质性的问题：一是符号、标志、前导物（或人）和空间限定等物质手段对转弯倾向的影响；二是把物质手段排除在外后，是否存在纯粹的"转弯倾向"（逆时针或顺时针）偏爱。也就是说，需要在理论上区别两种转弯倾向：一是处在特定情境之中，受到社会及物质因素影响所产生的转弯倾向；二是无情境的，或者适用于各种情的、先天具有的转弯倾向（如果存在的话）。为了回答这些问题，还需进行大量的实验室和现场研究。在实际应用时，可对类似的现场进行观察研究，以便作为设计参考。

图 6-17　美术馆参观人流动线记录（左图）

图 6-18　楼梯逆时针转向更安全方便（右图）

## 6.3.2　体验性的行为模式

体验性的行为模式涉及感觉与知觉、认知与情感、社会交往与

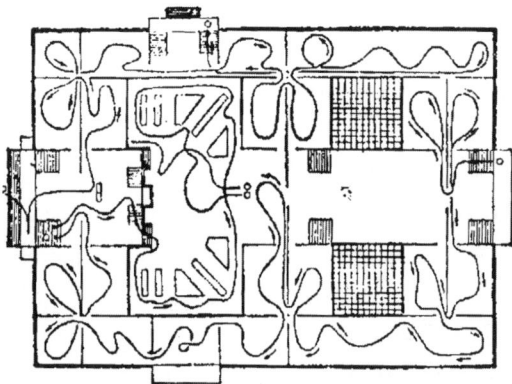

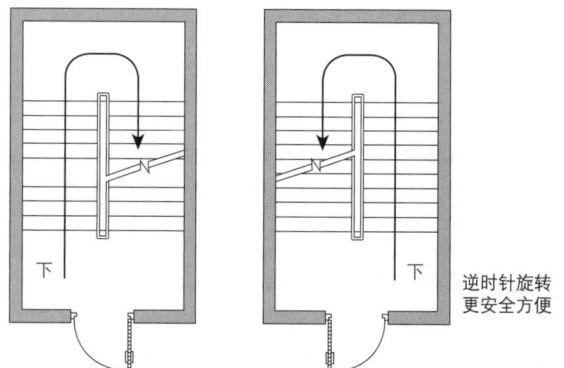

逆时针旋转更安全方便

社会认同及其他心理状态。这些习性虽然最后也表现为某种活动模式或倾向，但一般通过简单的观察只能了解其表面现象。

### 1. 人看人

在日常生活中我们会发现这样有趣的现象，当我们在观察别人时，有相当部分的被观察者也在回看我们。其实，人们的很多闲暇时间都会自觉或不自觉地用在看人或被人看这方面（图 6-19）。阿尔伯特·拉特利奇在《大众行为与公园设计》一书中，称之为"眼球的健美操"。欧洲有句谚语"人往人处走"，就说明了人们喜欢观察别人并为人所观察的特性。

"人看人"在一定程度上反映了人对于信息交流、社会交往和社会认同的需要。亚历山大等（1977）对此分析道，"每一种亚文化都需要公共生活中心，在其中，人们可以看人也为人所看"，其主要目的在于"希望共享相互接触带来的、有价值的益处"，而"观察行为的本身就是对行为的鼓励"。通过看人，了解到流行款式、社会时尚和大众潮流，满足人对于信息交流和了解他人的需求；通过为人所看，则希望自身为他人和社会所认同；也正是通过视线的相互接触，加深了相互间的表面了解，为寻求进一步交往提供了机会，从而加强了共享的体验。

既然看与被看是普遍存在的，因而在相关的设计中就应满足人们的这一行为需求（图 6-20）。20 世纪 70 年代末，美国设计师波特曼在设计旅馆中庭共享空间时，首次提到了共享空间中"人看人"的需要。在外部空间的设计中，应在人们渴望观看的地方留有较大限度的观看场所及休息设施（图 6-21）。

### 2. 围观

围观是广泛存在的一种行为习性，尤其在城市的闹市区更为多见。围观的人往往都抱着"看热闹"和"好奇"的心理状态。这类看热闹现象遍及四海，既反映了围观者对于相互进行信息交流和公共交往的需要，也反映了人们对于复杂和丰富刺激，尤其是新奇

图 6-19　看人与被看（左图）
图 6-20　人看人是普遍存在的（右图）

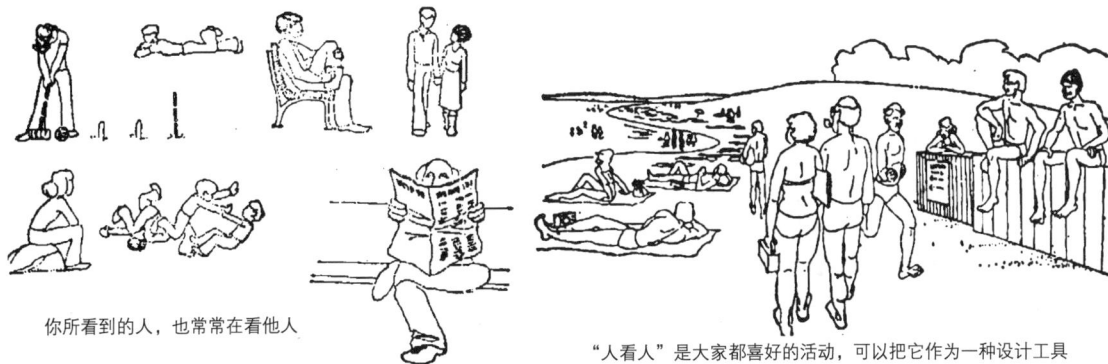

你所看到的人，也常常在看他人

"人看人"是大家都喜好的活动，可以把它作为一种设计工具

图 6-21 外部空间应满足人看人的需求

应考虑如何组织整个活动区，从而促进一个场地到另一个场地的人与人之间的相互观看

刺激的偏爱。正是出于上述需要和偏爱，人们在相对自由的外部空间中易于引发各种广泛和特殊的探索行为，对任何差异显著的信息（或提示）都表现出十分好奇的倾向。

在外部空间中，围观之所以特别吸引行人，还在于这类行为具有"退出"和"加入"的充分自由，多半不带有强制性。不同种类的围观可呈现无组织—有组织的梯度。无组织的随意和自由地围观，其对象常出人意料，一切反常的事物（如动物、特殊广告、危险物品等）、动作（如长时间抬头观望固定目标、蹲地低头寻找等）和活动（如下棋、施工、争吵、高空作业、意外事故等）都可能导致人群自发扎堆（图 6-22）。优秀的运动技巧练习带有自我炫耀性质，实际是在鼓励围观。大多数外部空间中发生的以表演、推销为主的围观行为具有不同程度的组织性，至少表演者在有目的地引人围观（图 6-23）。组织性更高的围观多见于有组织的宣传和演出活动。

外部公共空间既是人生的舞台，又是人生的课堂。这些场景，对人尤其是对儿童的学习和参与社会活动具有重要的影响。人们尤其是儿童能从围观这种无意识识记中习得（通过广义学习得到）大量社会和生活知识。这种街头聚集和围观所产生的轰动和传播效应，在客观上推动了这一广义的学习过程。

应当注意到，不少围观毕竟增加了交通拥挤，前推后拥还可能发生各种意外。因此，在外部空间设计中应合理和妥善地满足这一行为需求。

图 6-22 无组织围观（左图）
图 6-23 有组织围观（右图）

### 6.3.3　影响行为模式的因素

以上论述了带有一定普遍性的行为模式，但在现实中，不同情境、群体和文化中的行为模式存在明显的差异。造成行为模式差异的因素主要包括：情境差异、群体差异和文化差异。

**1. 情境差异**

（1）识途性

在不同情境中，即使同一种行为习性也可能表现各异，"归巢性"或称"识途性"是其中的典型例子。一般，动物在受到危险时，会立即折回，具有沿原来出入路线返回的行为习性。日本的环境心理学家认为，人类也具有同样的习性，并称这种本能为"归巢本能"或"识途性"，同时还把这一习性泛化，认为"当不明确目的地所在地点时，人们一般摸索着到达目的地，而返回时，又追寻来路返回，这是人们的经验"。但是，这一"以动物受到危险时"的本能为依据的习性，很可能被人的社会化过程和学习行为所修改，并随不同情境而发生质的变化。比如，现代人尤其是年轻人，在商业街、商场、博览会、主题公园、一般公园等情境中，为了寻求更为丰富和复杂的信息，往往更偏爱"不走回头路"。即使不明确要去的目的地，仍不大可能沿原路返回，因为现代人控制环境的手段更多，能力更强，同时现代物质社会环境又提供了更多的定向和定位的辅助手段。因此，"识途性"这一行为习性更多地表现在灾变事件等特殊情境之中。

（2）躲避性

特殊情境中往往具有特殊的行为习性，在这一方面日本学者作了很多研究。当发生灾害等异常现象时，人们会感觉到危险，会不顾一切地从该地向远离的方向逃逸，这就是人的躲避性或躲避本能。

（3）向光性

日本学者冈田光正（1985）提出，在火灾时人们具有向光性和从众性等特殊的行为习性。由于火灾黑烟弥漫，眼前什么也看不清楚，或眼前处于黑暗状态，故此时人们具有向着有亮光的方向移动的倾向性，这就是人的向光性或向光本能。

（4）从众性

在非常状态时，人们往往会追随带头的人，追随多数人流的倾向，这是人的从众性或从众本能。

**2. 群体差异**

（1）年龄因素

同一行为习性在不同年龄群体中存在明显差异。例如，"看人也为人所看"在中青年群体中表现最为典型；老年人则更多地主动"看人""看街"或看一切可看的事物，并不重视和顾忌"为人所看"；学前儿童往往更主动地"为人所看"，甚至在客人或家长面前主动表现自己。人们可能普遍认同"抄近路"现象，但实际上这一习性对中青年群体才具有典型意义。老年人往往只走自己走熟了的近路，不熟悉的路再近也不会贸然去走，且离家越远或路程越长，越不敢去走。学龄儿童是否偏爱"抄近路"，要视情境而定。观察表明，游戏或放学时儿童多半偏爱迂回的、具有丰富和复杂刺激的行进路线，边走、边玩、边说、边闹、边探索甚至边捣乱。

另一方面，不同群体常常具有自己独特的行为习性。尚未完成社会化过程的儿童尤其是学前儿童，往往更多地运用敏锐的多种感觉及生态知觉，表现出好摸、好动、好探索及偏爱小空间等独特习性。老年人为了弥补信息不足，偏爱扎堆、看街和神聊，以充实生活。中学生和大学生群体出行时，具有独特的小团体行为。

（2）性别因素

同一年龄群体中的男性和女性，由于性别因素也会造成行为上的差异。一般认为，男性更容易在公共空间中自由活动，而女性往往受到社会价值和观念的影响，更容易在相对封闭、安静的环境中活动。据国外学者研究表明，男性往往喜欢占据环境的最前端，而女性往往喜欢占据背后安静的自然环境。

### 3. 文化差异

美国西北大学教授、人类学家霍尔（E. T. Hall）在其专著《隐藏的维度》（*The Hidden Dimension*）和《无声的语言》（*The Silent Language*）中指出，文化上的差异会导致人们行为上的差异，尤其是在不同的种族之间体现得更为明显。因此，在探讨人们的行为模式差异时，应考虑到其文化背景的差异。

## 6.3.4　空间异用

在美国建筑界，人们把改变历史建筑原有功能的设计和规划称为"适应性再利用"（Adapted Use）。罗玲玲借用历史建筑的"适应性再利用"，将使用者不按设计师原意图使用空间的现象概括为"空间异用"。异用是空间中的一种特殊、非预设的但又大量存在的空间利用形式。空间异用现象的出现，往往反映出空间中原设计提供的行为支持与现有实际行为需求之间的不一致。大量异用行为的产生甚至会导致原有场地功能的异化，加剧空间资源的浪费。

简单来说，空间异用就是使用者"错位"设计师的意图，或者顺应自我需要，与空间环境发生"调和"甚至是"搏斗"的过程，从而使特定空间环境与自己达到"和谐"状态。在该过程中，空间环境便是使用者行为的承担者，也反映出人的心理。

在日常生活中，空间异用几乎是一种普遍现象，例如，花台当作座椅、草地当作床铺、雕塑当作靠背、花池当作垃圾桶、树干当作晒衣架等。环境的"提供"一旦符合生态知觉，现场又别无选择，就有被兼作他用的可能性。由于使用者较多异用行为的发生，使得部分空间环境严重破坏，从而在管理和维护上带来很多困扰，甚至是安全隐患，使得使用者的使用质量每况愈下（图 6-24）。

因此，设计人员应从中得到启示：设计必须要以人为本，全面地考虑到人的行为习惯。应鼓励合理的他用，提倡一物机动多用，防止不合理甚至有害的他用，并通过环境的巧妙设置来引导人们的行为。

例如，儿童喜欢利用墙面来游戏，设计师不妨专门设置一面可供游戏的墙面来引导并满足儿童的这一行为（图 6-25），从而减少这一行为对建筑物的破坏。广场或商场内，如果休息座位短缺，人们会利用场地内的台阶或楼梯作为休息座椅，基于这一现象，设计师可以将台阶、休闲座椅及景观三者相结合（图 6-26），既可以满足空间内休憩和停留的需要，又使其成为空间节点。公园里，老年人聚众下棋成为常态，因此设计师可以将户外桌子设计成棋盘，为老年人下棋聊天提供便利（图 6-27）。

空间的异用行为是人与环境互动过程的一种表现形式，反映了人们对于环境的自我改造意识，以及人们对于环境更好的功能性和舒适性的追求。空间的异用行为可以创造出新的环境价值，这一点对于设计者而言具有重要的意义和价值。

（a）　　　　　（b）

图 6-24　空间异用带来的困扰
（a）在公共空间的座椅上睡觉；
（b）楼道变成晾衣区

图 6-25　涂鸦墙（左图）
图 6-26　可休憩的台阶（中图）
图 6-27　棋盘户外桌椅（右图）

# 第**7**章 使用后评价

## 7.1 使用后评价概述

建筑设计作品往往带有设计师强烈的主观色彩和个人喜好，却很少关心使用者的需求和爱好。但是使用者的满意度才是一个设计成败的关键，因为建筑或外环境绝不是个人的纪念碑。对建成环境的使用后评价是建筑健康创新和科学发展的一个重要环节。国外对使用者的调查，以及检验使用者对建成空间环境的满意程度，已经普遍采用较为科学的使用后评价方法。国内相关研究起步较晚，也需要结合国情建立适用的使用后评价体系，采用前沿的方法与技术科学评估使用者感受并反馈到建筑设计中去。

### 7.1.1 使用后评价概念

使用后评价（Post-Occupancy Evaluation，以下简称 POE）是指通过一定的程序对建成空间环境的性能进行测量，以检验建成空间环境的实际使用效果是否达到预期的设想，其需要考察的内容包括功能、物理性能、生理性能、环境效益、社会效益及使用者的心理感受等。使用后评价的评价结果可反馈给业主、使用者、设计人员和有关部门，或者作为基础资料，供今后同类建筑或场所设计使用。这些资料包括：经有关部门认可作为设计指南；作为修改设计规范的佐证；供业主、使用者和设计者参考等。建成空间环境的优、缺点都将作为评价的内容，而这一工作能够通过提高建筑质量和投资效益使业主或建筑的使用者受益。使用后评价是建筑整个生命周期中的重要一环，规划—建筑策划—设计—施工—投入使用—使用后评价—优化，这是一个完整的设计过程，首尾相连，循环往复。

### 7.1.2 使用后评价研究历程

使用后评价（以下简称 POE）研究已经历了 50 多年的发展历程，大致可分为三个阶段。

#### 1. 理论探索初期（20 世纪 60—70 年代）

20 世纪 60 年代初期，西方兴起人类行为与建筑设计关系的研究，主要包括基于人类行为的建筑研究、建筑策划、使用后评价等。但这一时期主要开展用后评价理论和方法研究，且应用项目也多限于大学生宿舍、住宅、大学附属医院、养老院等功能单一的建筑类型。

#### 2. 蓬勃发展期（20 世纪 70—90 年代）

这一时期 POE 理论研究和实践应用都快速增加。建筑学科在

大量 POE 理论研究的推动下不断发展，POE 应用项目也从功能较
单一的建筑类型延伸到功能复杂的城市建筑和大尺度城市空间，如
办公楼、医院、图书馆、学校、公园景观和政府的建筑设施等。

### 3. 理论成熟期（20 世纪 90 年代以后）

在这一时期，受系统论、信息论、计算机等科学技术发展的影
响，POE 从定性描述转向定向测量研究，开始利用信息化技术进行
空间分析，如 GIS 的数据处理、Ecotect 计算机模拟技术等。信息
科学技术的支撑使得 POE 研究可挖掘的信息量更大，同时，POE
研究对象也扩展到了广场、绿地、道路、地下空间等各种城市公共
场所。

总之，POE 研究历经半个世纪的发展，已经从狭义的建筑和环
境评价走向广义的综合性评价。目前，随着科学技术的更新和社会
形态的变革，POE 也在寻求与新理念、新技术的结合，呈现交叉化、
专业化、市场化、规范化的特征。

## 7.1.3　使用后评价研究目的及性质

使用后评价的主要目的包括：判断建成环境是否真正地满足了
使用者的需求；通过评估发现并纠正设计时未预见到的问题；提供
有关建筑绩效的正式文件，证明所评估的建筑是否符合评估标准和
使用者的要求；向有关人员和部门反馈评估结果；发布、交流和传
播评估信息，作为更新和完善现行设计标准、规范和指南的基础资
料和依据。因此，持续的使用后评估，对于满足使用者的需求，降
低建造和维护成本，提高建筑和环境质量具有重要意义。

使用后评价有以下几个重要的性质。第一，使用后评价强调民
主性。使用后评价必须使用严谨而清晰的研究方法，并采用广泛收
集信息的方式（如访谈和问卷）和抽样调查法以充分体现使用者对
建成环境的满意程度。第二，使用后评价强调客观性。使用后评价
指标体系、权重、评价标准必须合理，唯有如此，评价工作才有说
服力。第三，使用后评价强调应用性。使用后评价多以分析和解决
问题为导向，故具有很强的应用性。

## 7.1.4　使用后评价的过程及考察因素

使用后评价过程可分为三个阶段：计划阶段，包括现场踏勘、
可行性研究、制订资源（人力、财力、物力和时间）计划和研究计
划；执行阶段，包括数据的收集、监督、控制和分析；应用阶段，
包括完成调研报告、提出建议、评价研究结果等。评价时，应首先

决定评价什么问题，是调研个别因素还是进行综合性评价；其次，决定所采用的方法，是采用一种还是多种方法；最后，决定抽样样本。抽样样本应具有代表性，可参照有关抽样调查文献，决定样本的数量和组成。例如，调查 1000 名学生的学校，其中男生 600 人、女生 400 人，则 50 人的抽样样本应当由 30 名男生、20 名女生组成。

使用后评价主要考察技术、功能和行为三方面的因素。

### 1. 技术因素

技术因素包括结构、安全防火、房屋卫生工程、供暖、通风、空调、电气、外墙、屋顶、室内装修（内墙、顶棚和楼地面）、建筑声环境、采光、照明和其他新兴技术因素（节能、生态、智能建筑设计等）。

### 2. 功能因素

功能因素包括功能分区和空间布局、工作流程和联系、人流和物流流线、人的因素（即人体测量和工效学研究）、贮存空间、建筑的机动性和改建、特定建筑类型内部的专门化倾向等。

### 3. 行为因素

行为因素包括建筑物的使用、接近程度、领域性、私密性、社会交往、对建筑环境的知觉和体验、室内空间定向和寻址、建筑的意象、意义和象征等。

这样分类，主要是为了照顾建筑学中传统的"功能"概念。因此，上述功能和行为因素实际上都从属于建筑的"适用"范畴。审美因素未予单独列项，评价时可根据具体情况归入功能因素或行为因素。

技术因素一般采用仪器测定，功能和行为因素则采用直接和隐蔽的观察、行为地图、认知地图、访谈、问卷、摄影、录像等方法。

不同类型建筑评估重点不同，使用后评价方法也有所不同。例如，办公空间侧重使用者的健康、舒适及建筑能耗表现，故问卷调查和物理指标测量尤为重要；教育建筑关注学习效率及学生的活动和行为模式，故实地调研与观察必不可少；医疗建筑看重使用者的空间体验，故诸如空间流线、布局、可达性等评价指标至关重要，同时医疗建筑还需要严格的室内环境品质，尤其是病房声环境和空气质量均需要专用仪器测量；居住建筑多关注能耗和使用者舒适度，故能耗分析和使用者问卷调查比较重要。

## 7.1.5　使用后评价的检验

检验使用后评价是否客观主要看其信度和效度。

信度（Reliability）表示对于同样的对象，运用同样的观测方法得出同样的观测数据的可能性。常用的信度指标有三类：稳定性（Stability）、等值性（Equivalence）和内部一致性（Internal Consistency）。由同一个受测者应用同一个测试工具（如问卷）作出反应（如回答），如果能出现前后一致的结果，则称这种测试方式具有稳定性。信度的等值性是考虑不同观测者（实地研究）对同一测试项目（问卷法中的问题和量表）带来的测试差异。信度的内部一致性关注于不同测试项目所带来测试结果的差异。信度在问卷法观测数据中经常使用到。

效度（Validity）概念最早由坎布尔和斯坦利于 1963 年提出，用来考查经验证过的研究假设，判断其表述的变量间关系的可信程度。社会科学研究常采用内部效度（Internal Validity）的术语来研究问题。

信度和效度的关系如图 7-1 所示。在图 7-1 中，图（a）表示信度高效度低，图（b）表示无信度低效度，图（c）表示效度、信度均高。可见，信度表示度量结果的重复性，数据与平均值的差异程度；而效度则判读度量结果是否真正是研究者所预期的结果，指数据理想值的差异程度。

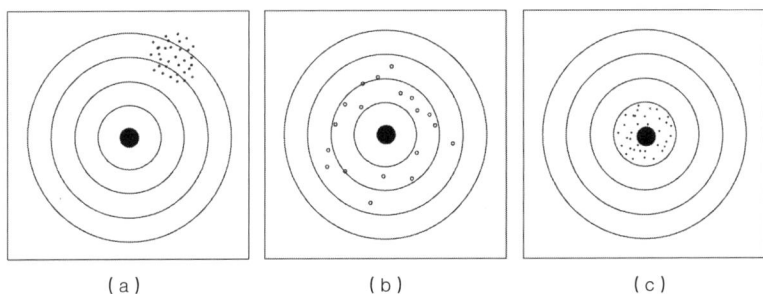

（a）　　　　　　　　　（b）　　　　　　　　　（c）

图 7-1　效度和信度关系
（a）信度高效度低；（b）无信度低效度；（c）效度信度均高

## 7.2　使用后评价的类型、操作程序及方法

使用后评价灵活度非常大，无论评价时间、评价深入程度还是具体评价内容上，都可能随评价对象及评价目的的不同而不同。在本书中，根据评价的目的及评价深度划分为三种使用后评价类型：陈述式使用后评价、调查式使用后评价、诊断式使用后评价。

### 7.2.1　使用后评价的类型

使用后评价按照评价目的及评价深度可分为以下三类。

### 1. 陈述式使用后评价

陈述式使用后评价常用来鉴别建筑的主要问题，指出建筑绩效方面的主要成败之处。其评价时间通常较短，从两三个小时到一两天不等，且所采用的绩效标准部分来自评估者的经验。陈述式使用后评价的评估者应富有评价经验，并熟悉所评估的建筑类型。

### 2. 调查式使用后评价

调查式使用后评价通常在陈述式评价完成后，对所发现问题作进一步的调查，测定设施的实际绩效或了解使用者的反应。调查式使用后评价比陈述式评估更复杂，花费时间和人力更多（一般需要 160~240 小时·人），调查的问题更多更详细，所采用的绩效标准也更为客观和明确，故结论也更可靠。

### 3. 诊断式使用后评价

诊断式使用后评价指高投入、有深度和综合性的调研，采用与正式科学研究类似的方法，涉及所评价建筑各方面的绩效。其费时几个月到一年，甚至更长。诊断式使用后评价的评价结果和建议不仅适合所评价的建筑，而且适合该建筑类型，其对于评估同一类型建筑的建筑绩效，充实设计知识，改进设计标准和指南，都具有重要的价值。

## 7.2.2 使用后评价的操作程序

使用后评价的操作程序一般可分为计划、实施、应用三个阶段，且三类使用后评价方式在每个阶段都有各自不同的步骤（表 7-1）。

使用后评价的程序模式      表 7-1

| 评价类型 | 操作程序 | | |
|---|---|---|---|
| | 计划阶段 | 实施阶段 | 应用阶段 |
| 陈述式使用后评价 | 勘测与可行性研究 | 现场数据收集程序 | 汇报发现的情况 |
| 调查式使用后评价 | 资源计划 | 监控与管理数据的收集过程 | 建议采取的行动 |
| 诊断式使用后评价 | 研究计划 | 数据分析 | 检查结果 |

虽然这三种使用后评价方式在操作程序上一致，但每种评价方式在评价时间、数据收集方法、评价目标、评价准则等方面存在差异。根据国内学者（韩静、胡绍学，2005）的研究，整理如表 7-2 所示。

| 评价类型 | 比较项目 | | | |
|---|---|---|---|---|
| | 评价时间 | 数据收集方法 | 评价目标 | 评价准则 |
| 陈述式使用后评价 | 数小时至数天 | 文件和档案<br>通过式评价<br>问卷调查<br>选择式访谈 | 针对评价对象性能<br>提出建议 | 经验表述 |
| 调查式使用后评价 | 数天至数月 | 问卷调查<br>选择式访谈<br>观察 | 对技术发展水平文<br>献的评价；对近年<br>来类似技术发展水<br>平的建筑的比较 | 客观而精确<br>的表述 |
| 诊断式使用后评价 | 数月至一年，<br>甚至更长 | 问卷调查<br>访谈<br>观察<br>实物测量 | 不仅针对评价对<br>象，更是为评价这<br>种建筑类型的现<br>有水平；对建筑实<br>体、环境与行为间<br>的关系的评价 | 客观而精确<br>的表述 |

使用后评价类型的比较　　　　　表 7-2

## 7.2.3　使用后评价的研究方法

本书重点介绍使用后评价在实施阶段所采用的研究方法，实施阶段的工作主要包括数据收集及数据分析。

**1. 数据收集方法**

从社会学研究的角度来讲（风笑天著《社会学研究方法》，2023），往往采用调查和实地研究的途径来获得使用后评价所需要的数据。

1）问卷调查

问卷调查是指一种采用自填式问卷或结构式访问的方法，系统地、直接地从一个取自某种社会群体的样本那里收集资料，并通过对资料的统计分析来认识社会现象及其规律的社会研究方式。

问卷调查研究的核心工作是问卷的设计与发放。问卷是用来收集资料的主要工具，它在形式上是一份精心设计的问题表格，其用途是测量调查对象的行为、态度和社会特征，主要包含指导语、问题、答案等。

问卷设计的步骤如下。

（1）探索性工作

这一步主要是确定问卷的基本结构，以便对各种问题的提法和可能的回答有一个初步的认识。常见的探索性工作方式是设计者围绕所调查问题展开专家访谈、深入调研及个别访问，确保问卷的全面性、客观性、科学性和准确性。

（2）设计预问卷

经过探索性工作后，就可以动手设计预问卷。通常根据研究假设和所需资料内容设计整个问卷的各个部分及前后顺序的框图，细化每部分的问题并安排好这些问题的顺序。

（3）试用

预问卷设计好后，不能直接将它用于正式调查，必须进行试用和修改。常用的试用方法有客观检验法与主观评价法。客观检验法是指将问卷初稿打印若干份，采取非随机抽样的方法选取小样本，用预问卷进行调查，经过检查分析回收率、有效回收率、填写错误、填答不完全等内容，发现问题和缺陷，并进行修改。主观评价法是指将设计好的预问卷送给该领域专家、研究人员及典型的被调查者，请他们直接阅读和分析问卷初稿，并根据他们的经验和认识进行评论，指出不妥之处。

（4）定稿并发放

根据上述方法找出预问卷中存在的问题，对其进行认真分析和修改，最后才能定稿并用于正式调查中。问卷发放的方法有自填问卷法和结构访问法（图7-2）。

2）线上数据调查

线上数据调查致力于通过对使用者的长期调查来发现建筑在投入使用多年以后发生的持续性变化。线上数据调查相比于传统问卷调查的最大优势是数据质量更高及覆盖面更广泛。

通过爬取社交媒体讨论数据，可以收集到大量用户对建筑的使用感受、评价及改进建议。此外，用于使用后评价的线上数据类型广泛，已覆盖到城市空间形态数据（如道路交通网络、建筑轮廓、街景图像）、使用者感知数据和行为数据（如点击流、停留时间、访问路径）、社会经济数据（如业态多样性、房价）等。这些数据的收集与调查有助于发现用户在使用建筑或服务过程中可能遇到的问题，以及他们对不同功能和区域的偏好程度，从而为使用后评价提供参考。

3）实地研究

实地研究的基本特征是，研究者作为真实的社会成员和行为者参与到被研究对象的实际社会生活中。通过尽可能全面地直接的观察和访谈，收集具体、详细的定性资料，同时依靠研究者的主观感受和体验来理解其所得到的各种印象、感觉及其他资料，并在归纳、概括的基础上，建立起对这些现象的理论解释。实地研究的过程主要有：选择研究背景，获准进入，取得信任和建立友善关系，收集资料，整理和分析资料，报告研究结果。

实地研究收集资料的主要方法有观察法和无结构访谈法。观察法是指带着明确的目的，用自己的感官和辅助工具去直接

图7-2 调查资料的收集方法

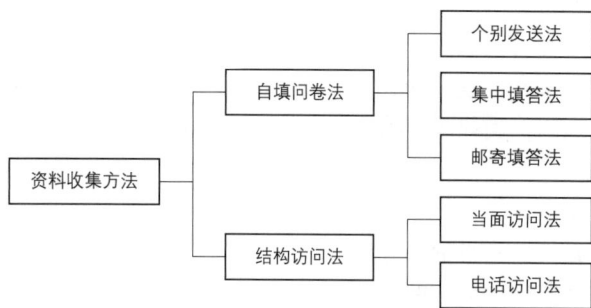

资料收集方法
- 自填问卷法
  - 个别发送法
  - 集中填答法
  - 邮寄填答法
- 结构访问法
  - 当面访问法
  - 电话访问法

地、有针对性地了解正在发生发展和变化着的现象。观察法和日常生活中的观察有所不同，要求观察者的活动具有系统性、计划性和目的性，而且要求观察者对所观察到的事实作出实质性和规律性的解释。观察法中的观察并非只是狭义地用眼睛去看，而是指广义地了解，包括看、听、问、想，甚至还有体验、感受、理解等。无结构访谈法又称深度访谈或自由访谈，其并不依据事先设计的问卷和固定的程序，而是指有一个访谈的主题或范围，由访谈者和被访者围绕着这个主题或范围进行比较自由的交谈，其主要作用在于获得深入丰富的定性资料。

此外，实地研究中可在建筑物内部布置传感器监测设备，从而实时监测温度、湿度、光照、能耗等，实现对室内环境质量数据的全时获取。这些数据的收集可以用于评估建筑性能绩效，利于发现建筑使用中的问题和提出改进建议。

### 2. 数据分析方法

收集到的原始数据往往不能直接用于指导行动，而是需要经过筛选、统计、分析，以获得能够反映研究对象本质的数据。因此，在使用后评价中，还需要应用相关的系统评价方法来处理分析数据，从而得到有用的评价结论以指导设计。

1）统计方法

对于调查研究所获得的大量原始数据，首先需要进行数据清洗，去除重复、无效和错误的数据。数据清洗是指发现并纠正数据文件中可识别的错误的一道程序，其目的是删除重复信息、纠正错误，并提供数据一致性，从而确保数据质量，使后续的数据分析更加准确。对数据进行处理后，即可采用统计方法予以数据分析。使用后评价中常用的统计方法有描述性统计分析、相关分析、多元统计分析等方法。

（1）描述性统计分析

描述性统计分析是对数据的结构和整体情况进行描述，主要包括三方面内容：数频分析、统计描述分析及平均数分析。可以通过相关数学统计软件获得样本数据的平均值、标准差、最大值、最小值等基本量。

（2）相关分析

相关分析是研究变量之间不确定关系的统计方法。近年来，相关分析方法被广泛应用于生物学、社会学、心理学、教育学等各个领域。

（3）多元统计分析

多元统计分析包括聚类分析、主成分分析、因子分析等，这些方法能够处理多个变量之间的关系，揭示数据的深层结构。例如，因子分析法利用了各变量间存在相关关系，因此有可能用较少的综合指标分别代表存在于各变量中的各类信息，而综合指标之间彼此不相关，即各指标代表的信息不重叠。

2）系统评价方法

建成环境的影响因素很多，例如空间尺度、物理性能、使用者心理感受、使用者行为特征、功能布局等，这些因素相互影响、相互作用，因此必须从系统的角度来研究彼此的复杂关系。系统评价的主体方法有层次分析法及模糊综合评价法。

（1）层次分析法（Analytic Hierarchy Process，AHP）

层次分析法（以下简称 AHP）是美国匹兹堡大学 T. L. Satty 教授于 20 世纪 70 年代提出的一种定性与定量相结合的决策方法。AHP 把复杂问题分解成各个组成因素，又将这些因素按支配关系分组形成递阶层次结构；然后通过两两比较的方式确定层次中诸因素的相对重要性；最后综合有关人员的判断，确定备选方案中相对重要性的总排序。整个过程体现了人们分解—判断—综合的思维特征（图 7-3）。

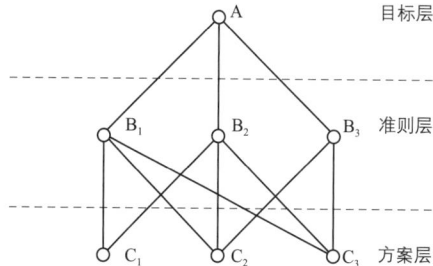

图 7-3　系统评价结构示意图

在运用层次分析法进行评价或决策时，大体依照四个步骤进行。首先，分析评价系统中各基本因素之间的关系，建立系统的递阶层次结构；其次，对同一层次各元素关于上一层次中某一准则的重要性进行两两比较，构造两两比较判断矩阵，并进行一致性检验；再次，由判断矩阵计算被比较要素对于该准则的相对权重；最后，计算各层要素对系统目的的合成总权重，并对各备选方案进行排序。

（2）模糊综合评价法（Fuzzy Comprehensive Evaluation，FCE）

模糊综合评价法是一种基于模糊数学的综合评价方法，其根据各因子的权重及各因子与预报对象的模糊矩阵，经模糊关系合成运算，通过采用一定的评价模型，综合各因子的作用，对预报对象作出判断。模糊综合评价法能较好地用于涉及多个模糊因素的对象的综合评估。在复杂系统中，需要考虑的因素往往很多，且因素还要分成若干层次，形成评价树状结构。模糊综合评价法对各层次的因素划分评价等级，各层次划分的评价等级数目应相同，上一层次与下一层次划分的评价等级要有单一的对应关系，以便进行数学处理运算，并确定各因子的隶属函数，求得各层次的模糊矩阵。评价顺序为：首先进行最低层次的模糊综合评价，其次由最低层次的评价结果构成上一层次的模糊矩阵，再进行上一层次的模糊综合，循此，自低而上逐层进行模糊综合评价，可得到系统总体的综合评价结果。

使用后评价的研究方法是多种多样的，在具体的研究中，应当根据评价类型的不同，合理选择数据收集和数据分析的具体方法，以获得良好的评价效果，并反馈于设计。

## 7.3　使用后评价（POE）在建成环境中的应用

本节举例说明如何对建成环境进行使用后评价，以及层次分析法与设计调查法的应用过程与步骤。

### 7.3.1　使用后评价的应用——以中学中庭空间为例

#### 1. 评价对象介绍

西安市 HTYZ 中学是一所完全中学，占地面积约 80 亩（约 53 333.33 m²），建筑面积 76 000 m²，学生规模 3000 人。校园设计以"合"与"和"的理念，采用集中式布局，创造出多层级、交互式的共享中庭空间。校园教学楼中庭空间是学生非正式学习的重要载体，其设计是否能满足学生个性化和多样性的课外活动需求至关重要。因此，对校园教学楼中庭空间进行有效的用后评价，以期不断优化教育建筑空间设计，满足师生的使用需求，提升校园环境质量。

#### 2. 实地研究及问卷调查

中庭空间位于学校门厅上方，连接四个学习组团，有顶层天井采光，中庭现状如图 7-4、表 7-3 所示。校方考虑到中庭连接美术教室和书法教室等教学空间，故将其作为学生艺术作品展示空间之用。

问卷发放人群为使用各学习组团的学生和老师，利用课间及放

图 7-4　中庭空间现状
（a）中庭空间；（b）中庭兼作为艺术作品展示之用

（a）

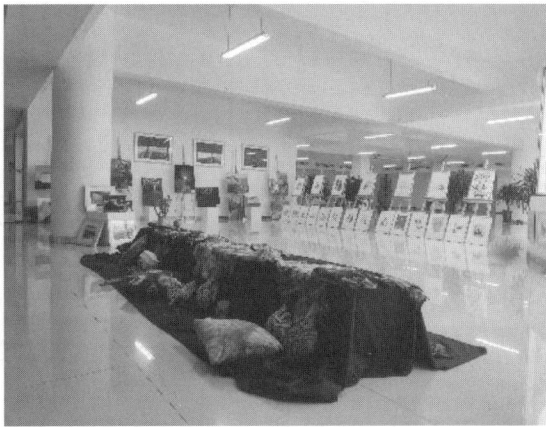

（b）

**中庭现状调查** **表 7-3**

| 中庭空间平面图 | 空间材质 | 空间设施 | 空间功能 |
|---|---|---|---|
| 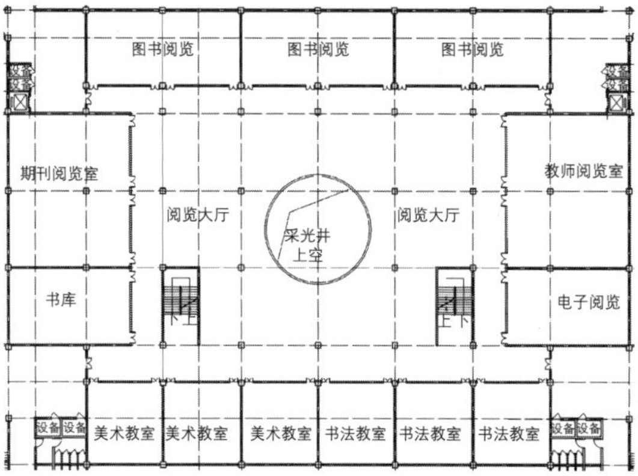 | 地面：瓷砖<br>墙面：白色石灰涂料 | ①画架展示<br>②墙面展示<br>③摆放展示 | ①交通联系<br>②展示功能 |

学时间实发问卷 86 份，现场回收 85 份，有效率 98%。

1）样本描述性分析统计（表 7-4）

在调查样本中，男女比率基本相同，中庭空间主要使用时段为课间，使用频率每周一次及 2~3 天一次的居多，使用人数多为 2~3 人或独自一人，使用者行为活动以课后等候和休息、少量的自发活动为主，活动时长 5~10 分钟居多，与课间休息时间相吻合。

2）语义差异量表分析

采用语义差异量表（Semantic Differential Scale）衡量师生对中庭空间满意程度与心理感受，具体通过一系列语义相反的词汇来测度。该量表包含 5 级的评分等级（非常不满意、较不满意、一般满意、较满意、非常满意），受访师生根据他们对所评价问题的感知在两端之间作出选择。

评价结果如表 7-5 所示。分析结果表明，一方面，师生对中庭

**样本描述性分析统计** **表 7-4**

| 性别构成 | 使用时段 | 使用频率 |
|---|---|---|
| 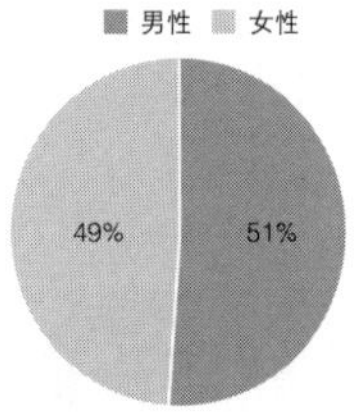 | 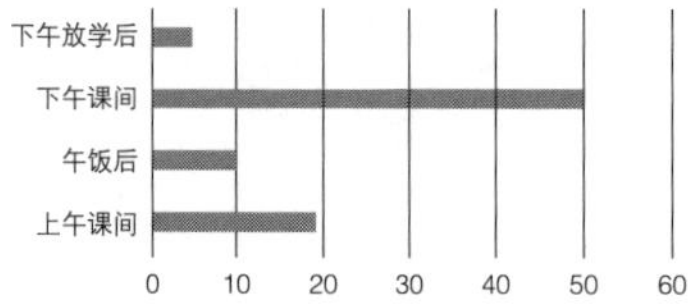 | 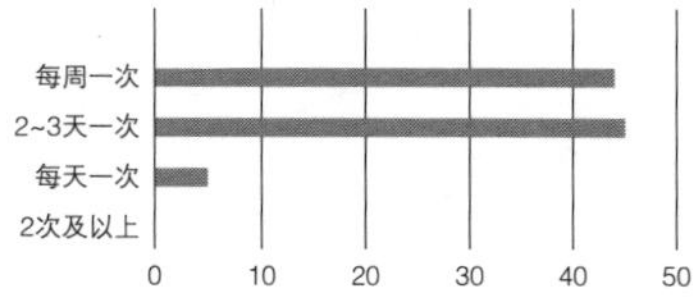 |
| **使用人数** | **使用行为** | **活动时长** |
| 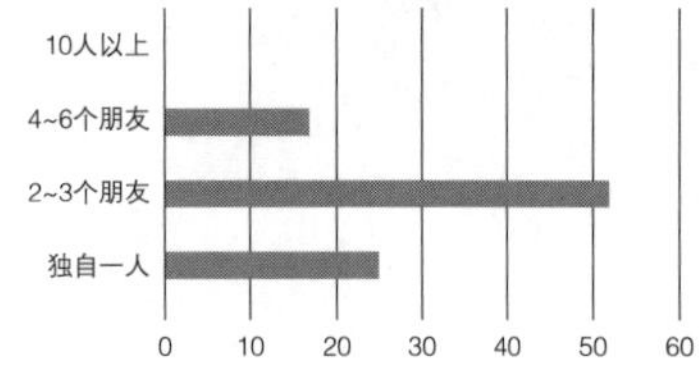 | 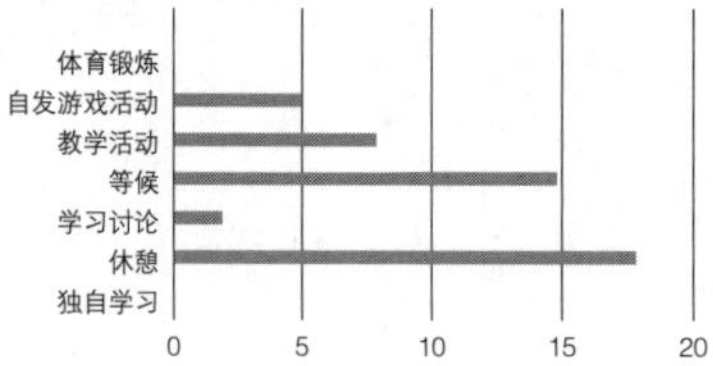 | 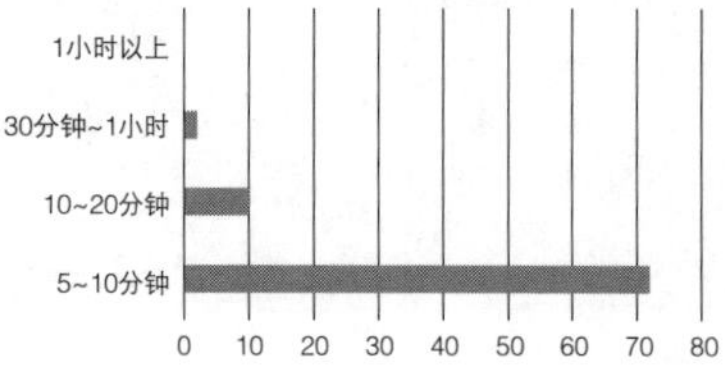 |

语义差异量表分析 表 7-5

| 评价项目 | 平均值 | 非常不满意 | 较不满意 | 一般满意 | 较满意 | 非常满意 | 评价项目 |
|---|---|---|---|---|---|---|---|
| | | -2 | -1 | 0 | 1 | 2 | |
| 场地难以到达 | 0.642 | | | | ◆ | | 场地方便到达 |
| 场地通过拥挤 | 1.245 | | | | ◆ | | 场地通过便捷 |
| 不方便阅读 | 0.242 | | | ◆ | | | 方便阅读 |
| 展示功能不满意 | 0.865 | | | | ◆ | | 展示功能满意 |
| 不方便研讨 | -0.413 | | | ◆ | | | 方便研讨 |
| 不方便娱乐 | -0.258 | | | ◆ | | | 方便娱乐 |
| 储藏缺乏 | 0.325 | | | ◆ | | | 方便储藏 |
| 方便休息等候 | 0.154 | | | ◆ | | | 不方便休息等候 |
| 面积狭小 | 1.248 | | | | ◆ | | 面积充足 |
| 平面形状规整 | 1.242 | | | | ◆ | | 平面形状不规整 |
| 场地高度不足 | 1.135 | | | | ◆ | | 空间高度充足 |
| 场地围合适宜 | -0.685 | | | ◆ | | | 空间过于开放 |
| 场地无趣 | 0.168 | | | ◆ | | | 场地趣味性强 |
| 空间标志不明 | 0.675 | | | | ◆ | | 空间标志明确 |
| 桌椅不足 | -0.185 | | | ◆ | | | 桌椅适宜且充足 |
| 辅助工具不足 | 0.376 | | | ◆ | | | 辅助工具充足 |
| 场地绿植不足 | 0.245 | | | ◆ | | | 场地绿植充足 |
| 设施无趣 | -0.459 | | | ◆ | | | 设施趣味性强 |
| 空间材质适宜 | 0.267 | | | ◆ | | | 空间材质单一 |
| 空间色彩适宜 | 0.243 | | | ◆ | | | 空间色彩单调 |
| 自然采光充足 | 0.852 | | | | ◆ | | 自然采光不足 |
| 人工照明充足 | 0.542 | | | | ◆ | | 人工照明不足 |
| 自然通风充足 | -0.542 | | | ◆ | | | 自然通风不足 |
| 辅助通风充足 | 0.642 | | | | ◆ | | 辅助通风不足 |
| 温度适宜 | 0.213 | | | ◆ | | | 温度不适 |
| 人工调节充足 | 0.142 | | | ◆ | | | 人工调节不足 |

空间通过性、空间面积、空间高度、空间形状等满意度高,因子分值均大于 1。另一方面,空间功能性及空间设施评价满意度得分较低。师生对中庭空间研讨、娱乐功能性满意度低;此外,在场地开放程度、场地设计方面满意度得分也较低。可见所调查的中庭空间功能性较弱,空间设施匮乏,导致空间活力低下。

3)访谈法分析

(1)访谈对象:美术老师访谈时间为课中(上午 9:40)。受访者表示学校围绕四层中庭布置了书法教室和美术教室,中庭空间定位为阅读空间,但缺少相应设施,导致场地空置使用率偏低。在美术教室外临时展示学生的手工作品、书法作品和美术作品等,并没有单独的展架。这些作品因为是学生日常的作品,展示度不是很高,一般课堂学生看过几次就会失去兴趣,他们也会定期更新一些新的作品。

(2)访谈对象:学生访谈时间为课间(下午 3:30)。访谈对象是一位八年级女学生,表示上课才会来中庭空间,因为这里没有什么吸引力。关于中庭展示的作品,认为可以看到同学们的作品固然很好,但是不更新的话就会失去新鲜感,不会作过多停留,下课就会回自己教室了。

4)分析小结

综合问卷调查、语义差异量表及访谈法分析结果,可见中庭空间优势在于空间平面规整、天井采光充足、便于组织师生交通,中庭空间劣势表现为:除了临近的书画作业展示,其余空间无明确功能,处于闲置状态;空间缺乏必要的设施,不利于师生开展课外活动;学习组团联系较弱,人群可达性较差,使用率低。

### 3. 评价对象的使用后评价量化分析

在专家访谈、问卷调查基础上,按照全面、不重叠及便于测量的原则确定中学校园中庭空间使用后评价体系(表 7-6)。该评价体系评价指标共计 26 项,其中反映空间功能的指标 8 项,物质空间环境指标 12 项,物理空间环境指标 6 项。

采用语义差别法和层次分析法(AHP)相结合的研究方法,综合进行指标权重打分。中学校园中庭空间使用后评价指标权重赋值结果如表 7-7 所示。

本研究 SD 语义问卷每个问题都对应指标体系中的一个指标。通过对 SD 语义问卷中的因子值进行赋值处理后,为使用者对校园中庭空间的具体指标打分值。采用语义差别法制订表 7-8,进行空间满意度的得分和评级。

中学校园中庭空间评价指标体系 　　　　　　　表 7-6

| 目标层 | 准则层 | 子准则层 | 指标层 | 指标解释 |
|---|---|---|---|---|
| A 中学校园中庭空间用后评价 | B₁ 空间功能 | C₁ 交通组织 | D₁可达性 | 到达场地的距离 |
| | | | D₂通过性 | 穿过场地的便捷性 |
| | | C₂ 文娱功能 | D₃阅读功能 | 场地是否适合进行阅读活动 |
| | | | D₄展示功能 | 场地展示活动的满意度 |
| | | | D₅研讨功能 | 场地进行研讨活动的满意度 |
| | | | D₆娱乐功能 | 场地进行娱乐活动的满意度 |
| | | C₃ 辅助功能 | D₇储藏功能 | 场地储藏数量和大小的满意度 |
| | | | D₈休息等候功能 | 场地进行休息等候的满意度 |
| | B₂ 物质空间环境 | C₄ 空间形制 | D₉平面面积 | 场地面积与开展相关活动的契合度 |
| | | | D₁₀场地形状 | 场地平面形状是否便捷开展相关活动 |
| | | | D₁₁空间尺度 | 空间长、宽、高与开展活动的契合度 |
| | | | D₁₂空间围合程度 | 空间围合带来的（开放/封闭）感受 |
| | | | D₁₃空间趣味性 | 空间变化带来的趣味性满意度 |
| | | C₅ 设施环境 | D₁₄标志丰富度 | 标志的（数量和可识别性）满意度 |
| | | | D₁₅桌椅组合数量 | 桌子数量与使用者行为的满足度 |
| | | | D₁₆辅助工具数量 | 辅助工具（书架、数目、教具）与使用者行为的满足度 |
| | | | D₁₇场地绿植数量 | 场地绿植数量满意度 |
| | | | D₁₈设施趣味性 | 环境设施带来的趣味性满意度 |
| | | C₆ 空间形象 | D₁₉空间材质 | 空间界面材质满意度 |
| | | | D₂₀空间色彩 | 空间界面色彩的满意度 |
| | B₃ 物理空间环境 | C₇ 采光 | D₂₁自然采光 | 在不使用人工照明情况下的空间亮度 |
| | | | D₂₂人工照明 | 人工照明的数量 |
| | | C₈ 通风 | D₂₃自然通风 | 自然通风的满意度 |
| | | | D₂₄机械辅助通风 | 有无机械通风及效果满意度 |
| | | C₉ 温度 | D₂₅自然温度 | 空间随室外温度变化程度 |
| | | | D₂₆人工调节温度 | 有无空调及调节温度效果满意度 |

中学校园中庭空间使用后评价指标权重     表 7-7

| 一级指标 | 权重 | 二级指标 | 权重 | 三级指标 | 权重 |
|---|---|---|---|---|---|
| $B_1$ | 0.421 0 | $C_1$ | 0.342 6 | $D_1$ | 0.462 7 |
| | | | | $D_2$ | 0.537 3 |
| | | $C_2$ | 0.444 9 | $D_3$ | 0.219 7 |
| | | | | $D_4$ | 0.432 8 |
| | | | | $D_5$ | 0.149 4 |
| | | | | $D_6$ | 0.198 1 |
| | | $C_3$ | 0.212 5 | $D_7$ | 0.478 8 |
| | | | | $D_8$ | 0.521 2 |
| $B_2$ | 0.452 8 | $C_4$ | 0.517 8 | $D_9$ | 0.363 6 |
| | | | | $D_{10}$ | 0.154 5 |
| | | | | $D_{11}$ | 0.249 9 |
| | | | | $D_{12}$ | 0.111 4 |
| | | | | $D_{13}$ | 0.120 6 |
| | | $C_5$ | 0.311 0 | $D_{14}$ | 0.349 4 |
| | | | | $D_{15}$ | 0.128 5 |
| | | | | $D_{16}$ | 0.184 6 |
| | | | | $D_{17}$ | 0.169 2 |
| | | | | $D_{18}$ | 0.168 3 |
| | | $C_6$ | 0.171 3 | $D_{19}$ | 0.478 8 |
| | | | | $D_{20}$ | 0.521 2 |
| $B_3$ | 0.126 2 | $C_7$ | 0.511 5 | $D_{21}$ | 0.607 0 |
| | | | | $D_{22}$ | 0.393 0 |
| | | $C_8$ | 0.301 2 | $D_{23}$ | 0.624 5 |
| | | | | $D_{24}$ | 0.375 5 |
| | | $C_9$ | 0.187 2 | $D_{25}$ | 0.594 4 |
| | | | | $D_{26}$ | 0.405 6 |

空间满意度评分标准     表 7-8

| 评价得分 | 对应评级 | 空间满意度评价 |
|---|---|---|
| $D > 90$ | 很好 | 使用者对此多义空间非常满意，无需改进 |
| $80 < D \leqslant 90$ | 较好 | 使用者对此多义空间基本满意，需进行少量改进 |
| $70 < D \leqslant 80$ | 一般 | 使用者对此多义空间感受一般，需进行一定改进 |
| $60 < D \leqslant 70$ | 较差 | 使用者对此多义空间感受较差，需进行大量改进 |
| $D \leqslant 60$ | 非常差 | 使用者对此多义空间十分不满意，需进行重新规划 |

综合使用典型多义空间 SD 值和各指标因子的权重，使用 EXCEL 软件进行统计计算，得出中庭空间使用后评价分值为 73.45 分。综合用后评价与满意度评分结果，发现中庭空间在空间功能、空间形制、设计环境等方面存在以下问题：

（1）空间功能性不足，仅有临近美术、书法教室一侧有展示功能，其他空间闲置；

（2）空间设施缺乏，不易发生活动；

（3）空间不易到达，与学习组团联系较弱；

（4）空间多义功能易受周边建筑功能影响。

### 4. 改进建议

针对问卷调查及访谈结果，并结合专家对中庭空间使用后评价要素的权重意见，对中学校园中庭空间的设计提出设计改进建议（表7-9）。

中庭空间改进建议　　　　　　　　表7-9

| 现状平面 | 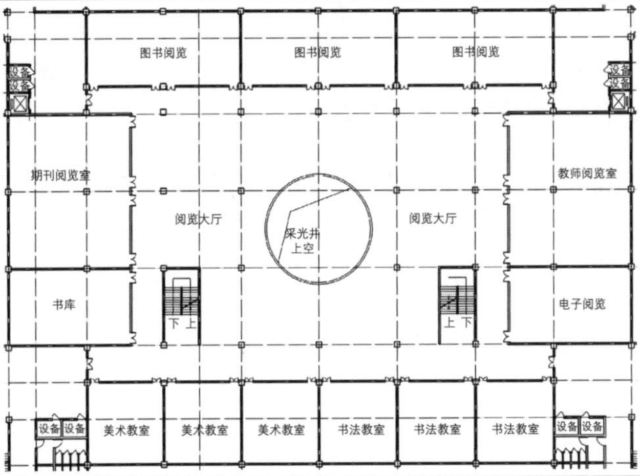 |
|---|---|
| 空间现状 | 仅南侧靠近书法及绘画教室的空间被用来作日常展示，北侧空间闲置 |

| 附近功能 | 书法教室、绘画教室、图书阅览室 | 空间活动 | 个人活动、小组活动及群体活动 |
|---|---|---|---|

| 空间问题 | ①空间尺度过大，闲置空间处于无序状态；<br>②空间功能及设施缺失，缺少吸引使用者进入空间的需求 |
|---|---|
| 空间改进建议 | ①结合书法绘画教室，设置校级书画展区，提高展示空间品质；<br>②重新划分中庭平面，增强使用者间的交流性和空间趣味性；<br>③依据可能发生的活动形式分隔空间；空间隔而不断，增强使用人群的交往性 |
| 空间改造平面 | 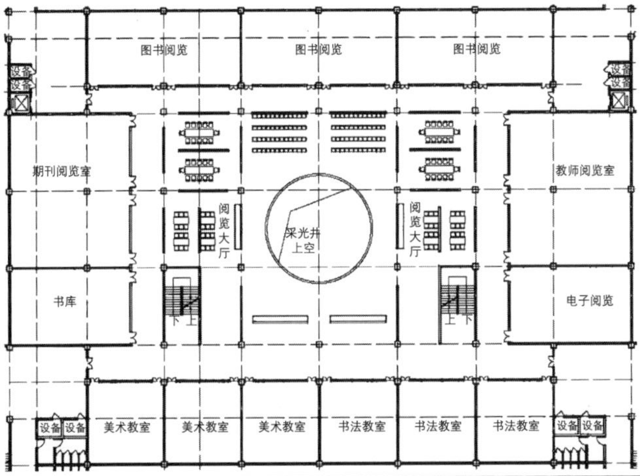 |

# 第 **8** 章　特定空间中的环境与行为

## 8.1 幼儿园：适儿化的空间环境与行为

### 8.1.1 幼儿身心行为发展特征

我国 2019 年颁布《托儿所、幼儿园建筑设计规范》JGJ 39—2016（2019 年版）："幼儿园是对 3 周岁~6 周岁的幼儿进行集中保育、教育的学前使用场所。"幼儿园教育作为我国基础教育的重要组成部分，是整个教育体系的起点。幼儿的身心发展与行为特征影响着空间尺度、空间构成、空间组织，并引发幼儿园空间模式的更新与迭代。

进入 21 世纪，幼儿教育呈现更多样化的教育需求，教育理念的变化、教育方式的改变、教学内容的拓展，都对幼儿身心发展产生一定的影响，探索适儿化的空间环境成为社会关注的焦点。教育部颁发的《幼儿园教育指导纲要（试行）》针对"儿童全面发展"理念将幼儿教育划分为健康、语言、社会、科学、艺术五个领域，各领域针对不同年龄段的幼儿生理、心理、行为发展特征，从不同角度全面促进了幼儿情感、态度、能力、知识、技能等方面的发展。《3~6 岁儿童学习与发展指南》针对五大领域提出 3~6 岁各年龄段儿童学习与发展目标的教育建议，其中生理发展包含身体发育、动作发展、感知觉发展三项内容；认知发展包含智力发展、语言发展、空间认知等；社会性发展包含情绪发展、自我概念、道德发展等（图 8-1）。适儿化的幼儿园空间环境就是对各项幼儿身心发展需求、行为内容、类型特征提供支持，再将这些差异化的空间环境进行合理组织所形成的空间整体。

### 8.1.2 幼儿园空间环境与幼儿全面发展的关系

#### 1. 幼儿园空间环境类型

幼儿园空间环境主要分为内部空间、外部空间及过渡性空间。

幼儿园内部空间主要包含教室空间、交通空间、专用教学空间、储藏空间等。幼儿园设计规范将教室空间概括为幼儿生活单元，其中包含活动室、寝室、卫生间、盥洗室、衣帽间共五个组成

图 8-1 幼儿生理、心理、行为全面发展内容

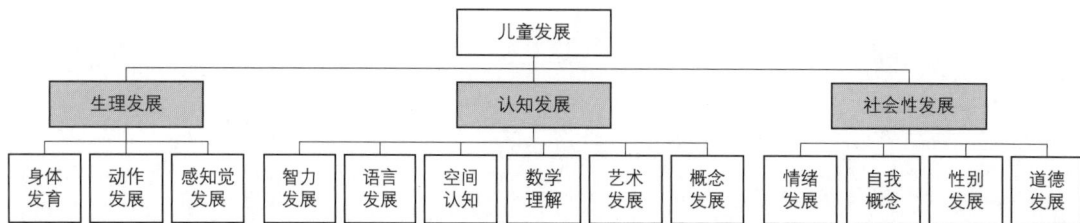

部分。此外，还包括室内自然空间，如门厅的绿植、活动角的自然空间、走廊阳台的绿化布置空间等。

幼儿园外部空间包含绿地空间、集体活动空间、种植空间、室外存储空间等构成内容。

幼儿园过渡性空间也称为灰空间、半室外空间，是内部空间向外部空间的延伸，主要包括半遮盖空间、雨篷、带采光的中庭等。过渡性空间作为连接内外空间的纽带，起着联系与缓冲的作用，支持幼儿多种生活和学习活动。

### 2. 幼儿园与幼儿全面发展的关系

幼儿园建筑主要服务于 3~6 岁的幼儿，这个时期幼儿生理、心理发育和行为都处于人类最初的发展阶段。幼儿园空间环境包括了不同的空间构成，针对幼儿身心发展规律与行为发展内容，各空间构成创设了支持性的空间环境。幼儿园空间与幼儿行为发展内容的对应关系如表 8-1、表 8-2 所示。

幼儿园内部空间与幼儿发展内容　　　　　表 8-1

| 发展层面 | 内部空间类型 | 空间构成内容 | 发展内容 |
| --- | --- | --- | --- |
| 生理发展 | 内部生活空间 | 餐饮、仓储 | 认知、感知觉、社会性、动作 |
| | 内外部活动空间 | 集体活动 | 社会性、道德、动作 |
| 认知发展 | 内部专用学习空间 | 班级内学习区 | 认知、感知觉 |
| | 外部自然空间 | 绿地、沙水体验区 | 认知、感知觉 |
| 社会性发展 | 内外部活动空间 | 小组活动空间 | 认知、情绪、道德 |
| | 内外部家庭与社区 | 家庭与社区交流空间 | 社会性 |

幼儿园外部空间与幼儿发展内容　　　　　表 8-2

| 发展层面 | 外部空间类型 | 空间构成内容 | 发展内容 |
| --- | --- | --- | --- |
| 生理发展 | 过渡性空间 | 架空、阳台、阳光厅、阳光廊 | 认知、感知觉、社会性、动作 |
| | 内外部活动空间 | 集体活动 | 社会性、道德、规则、动作 |
| | | 自由探索活动 | 认知、感知觉、社会性、动作 |
| 认知发展 | 外部自然空间 | 野生自然空间 | 认知、感知觉、情感、动作 |
| | | 人工绿地种植空间 | 认知、感知觉、情感 |
| 社会性发展 | 内外部交往空间 | 小组活动空间 | 社会性、动作 |
| | 内外部半私密空间 | 个体活动空间 | 自我认知 |

### 8.1.3 幼儿生理发展行为与空间尺度

幼儿的身体各部分组织、器官发育迅速，尤其是心脏的发育，机体新陈代谢旺盛，对外界环境要求较高。幼儿生理发展包括多项内容，反映在空间环境方面主要涉及身体的健康与发展、动作发展及感知觉发展三个主要内容。因此，幼儿园设计应以幼儿生理特点为依据，为幼儿提供安全、卫生、科学的物质环境，应保持室内光线充足、通风良好、空气新鲜、场地丰富、设施安全。

#### 1. 行为类型及具体内容

幼儿身体发育方面的行为内容体现在幼儿的生活行为，如穿衣、整理、换鞋、如厕、洗手等，实现方式主要通过生活习惯、自理活动、户外游戏、饮食安排、安全意识等要素来实现。这就对幼儿园的空间环境提出了安全可靠、使用便利、有序引导等要求。动作发展、感知觉发展的行为内容及实现方式如表 8-3 所示。

生理发展行为内容与实现方式 表 8-3

| 发展类型 | 发展内容 | 行为内容 | 实现方式 |
|---|---|---|---|
| 生理发展 | 身体发育 | 生活类行为（如厕、洗手、午休、穿衣、整理、换鞋） | 饮食结构、户外游戏、生活习惯、生活必需活动、安全意识 |
| | 动作发展 | 地面爬行、竖向攀爬、滑落、平衡、奔跑、跳跃、行走、大肌肉群的活动 | 运动、控制、大肌肉群动作、精细动作、游戏 |
| | 感知觉发展 | 触摸、凝视、聆听、品尝、感觉、与动作发展相关的动态与静态行为；与自然的互动，动植物的接触 | 音乐、运动、舞蹈、角色扮演、接触自然、感官刺激 |

#### 2. 空间尺度与参考标准

空间尺度是幼儿园建筑空间环境为儿童全面发展需求提供的基础性支持。我国幼儿园建筑设计标准提出幼儿阶段的儿童尺度主要为儿童身高、坐高等基本静态尺度资料。表 8-4 描述了 3~6 岁儿童的身高数据。根据我国现阶段主要情况，幼儿园包含 3~6 岁儿童，以儿童期初期的生理发展特征为主。以儿童的身体尺度作为幼儿园活动的最小尺寸标准，在幼儿园空间环境设计中作为基本参考指导设计实践，指导范围包括班级教室尺寸、家具尺寸、疏散走道宽度、楼梯踏步高度、卫生器具尺寸等多个方面。

3~6 岁儿童占 50% 男女身高数据 表 8-4

| 内容 | 性别 | 3岁50%/cm | 4岁50%/cm | 5岁50%/cm | 6岁50%/cm |
|---|---|---|---|---|---|
| 身高 | 男 | 96.8 | 104.1 | 111.3 | 117.7 |
| | 女 | 95.6 | 103.1 | 110.2 | 116.6 |

结合相关标准《日本建筑设计资料集成》、儿童身体尺度基本数据，以《托幼、中小学校建筑设计手册》中幼儿人体尺度与比例的数值进行估算：$H$ 代表身高，肩宽为 $0.22H$，立姿上举 $1.2H$，立姿水平伸臂 $0.4\sim0.5H$，可以得出我国幼儿园主要年龄段儿童的不同生活姿势动作尺度（表 8-5）。

我国幼儿身高及部分动作计算尺度　　　　表 8-5

| 部位/动作 | 性别 | 2.5岁 97%/cm | 3岁 97%/cm | 4岁 97%/cm | 5岁 97%/cm | 6岁 97%/cm | 4~6岁 95%平均值/cm |
|---|---|---|---|---|---|---|---|
| 身高 | 男 | 100.5 | 104.1 | 111.8 | 119.6 | 126.6 | 123.7 |
| | 女 | 99.3 | 102.9 | 110.6 | 118.4 | 125.4 | 122.5 |
| 肩宽 | 男 | 22.1 | 22.9 | 24.6 | 26.3 | 27.9 | 27.4 |
| | 女 | 21.8 | 22.6 | 24.3 | 26.0 | 27.6 | 27.3 |
| 立姿上举功能 | 男 | 120.6 | 124.9 | 134.2 | 143.5 | 151.9 | 148.4 |
| | 女 | 119.2 | 123.5 | 132.7 | 142.1 | 150.5 | 147 |
| 坐姿肘高 | 男 | 40.2 | 41.6 | 44.7 | 47.8 | 50.6 | 49.8 |
| | 女 | 39.7 | 41.2 | 44.2 | 47.4 | 50.2 | 49.7 |
| 立姿肘高 | 男 | 60.3 | 62.5 | 67.1 | 71.8 | 76.0 | 74.2 |
| | 女 | 59.6 | 61.7 | 66.3 | 71.0 | 75.2 | 73.5 |

《日本建筑设计资料集成：人体·空间篇》对幼儿日常生活所使用的姿势进行了动作尺度的相关研究，并通过水平方向和侧面垂直方向的投影尺寸进行表述。相关动作姿态包含立姿、坐姿、下蹲、地面坐姿、地面跪姿、卧姿、伸足而坐、平躺共八项活动的动作尺度（图 8-2）。

## 8.1.4　幼儿认知发展行为与活动空间

幼儿形象思维和抽象思维逐渐开始萌芽，主要表现在感知力、注意力及记忆力等方面的发展。随着年龄增长，幼儿对色彩、空间、方位、形状、时间的感知能力日渐丰富，记忆力、注意力、想象力与好奇心也不断增强。因此，随着幼儿年龄的增长，幼儿园的空间、环境、家具及设备等都应能为满足幼儿认知发展创造良好的条件，以培养幼儿的创造性，提高幼儿的智力水平。

幼儿认知发展活动包含多项内容，如智力发展、语言发展、艺术表达等方面。其中，涉及的行为类型也十分多样，包括绘画、记忆、识别、律动、手工、分类等，具体通过幼儿的语言交流、探索游戏、绘画创作、聆听音乐、数量对比等方式实现认知行为（表 8-6）。

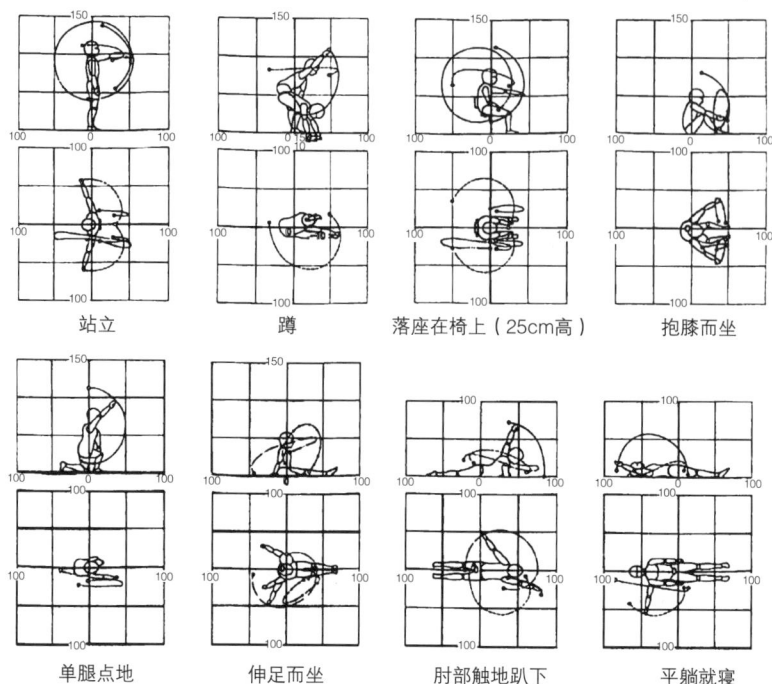

站立　　　　　　蹲　　　　落座在椅上（25cm高）　　抱膝而坐

单腿点地　　　　伸足而坐　　　　肘部触地趴下　　　　平躺就寝

图 8-2 《日本建筑设计资料集成：人体·空间篇》中对于幼儿生活姿势的动作尺度（一格：50 cm×50 cm）

认知发展行为具体内容与实现方式　　　　　　表 8-6

| 发展类型 | 认知类行为 | 活动内容 | 实现方式 |
|---|---|---|---|
| 认知发展 | 智力发展 | 聆听、模仿、书写、绘面、触摸、精细活动 | 早期阅读、观察、户外自然探索、社区活动 |
| | 语言发展 | 交流、复述、表达、观察、描绘 | 语言交流、手势动作、基本词汇、聆听、讲述 |
| | 空间认知 | 观察、比较、思考、识别、记忆、自然 | 形状、空间、度量，生活环境、园区环境、社区环境 |
| | 数学理解 | 分类、比较、识别、观察 | 早期数学、分类与对比、生活中数字与量的概念、游戏 |
| | 艺术发展 | 绘画、音乐、舞蹈、律动、手工制作 | 探索与游戏，多种媒体和材料的接触与使用，绘画、创作与表达、聆听音乐、体会自然 |

　　对应儿童认知发展的活动主要分为两大类：教师引导性活动和儿童自发性活动。教师引导性活动包括教师指导的课程、教师引导和参与的桌面活动，儿童自发性活动包括儿童自主探索行为、区域活动行为。支持以上行为活动的空间环境包括班级活动室、活动室内的区域空间、专用教室、户外种植区等。

**1. 教师引导性活动与空间**

　　教师引导性认知行为的具体活动形式为：儿童以教师开展的课程为中心，坐姿围绕桌面开展主要活动。无论是桌面坐姿还是环绕

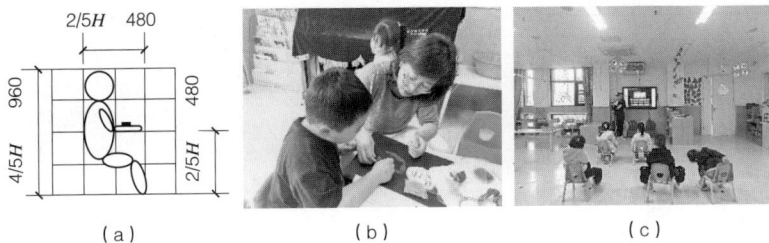

图 8-3 幼儿坐姿基本空间尺度及教师引导性认知活动（一格：240 mm）
（a）幼儿坐姿基本空间尺度；（b）由教师引导的桌面活动；（c）以教师为中心的学习活动

教师坐姿，儿童坐姿是引导性认知行为发生时的主要动作尺度，如图 8-3 所示。

各地方幼儿园标准在国家规范基础上，对专用教学空间在类型与数量上都进行了拓展，不仅包含各类专业性强的专用教室，也包括散落在生活单元内部的教学区（教育学称之为"区角教学"）和交通空间内的教学区。

幼儿园设计中最主要的是活动室的设计。活动室是幼儿日常进行各种室内活动的场所，其空间尺度、平面形式要能满足幼儿教学、游戏、活动等多种活动的需要。同时，活动室的室内布置和装修要适应幼儿生理、心理的需求，细节方面更要充分注意幼儿的安全。

根据《幼儿教育大纲规定》，幼儿园应设置语言、计算、常识、音乐、美术、体育等课程（图 8-4）。活动室平面以长方形最为普遍，其长宽比一般不大于 2：1；长：宽：高以 3：2：1 为宜，并且以长边作为采光面，以获得更好的日照、采光和通风。

图 8-4 幼儿园各类课程设置下活动室平面布局（尺寸单位：mm）

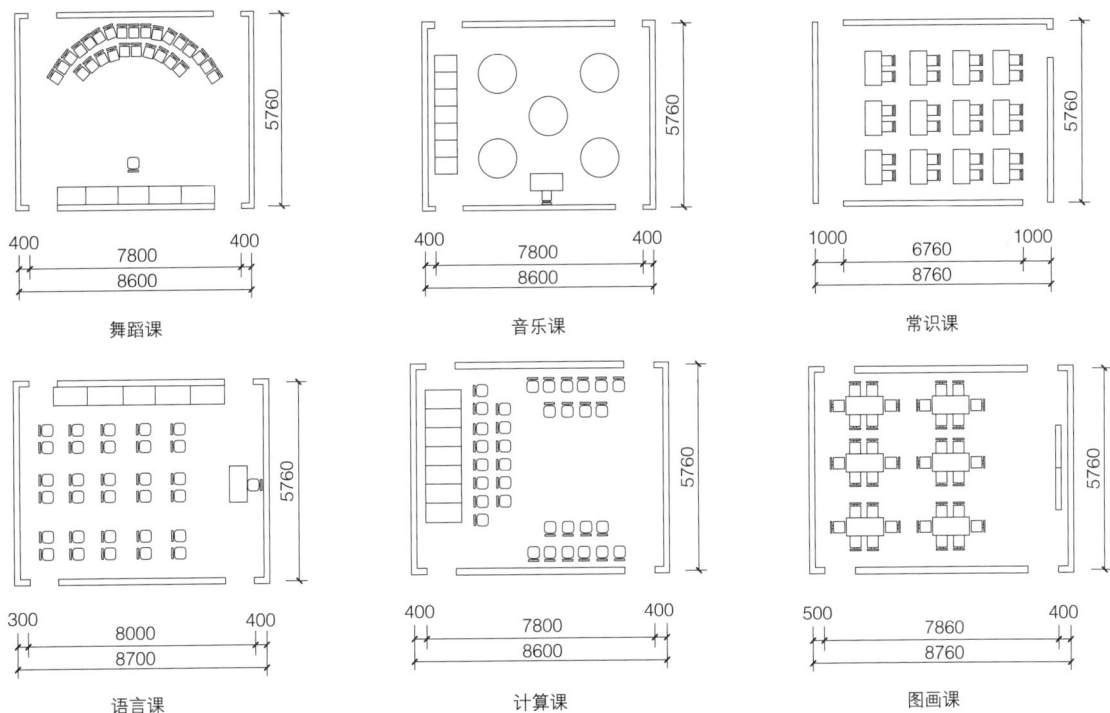

舞蹈课

音乐课

常识课

语言课

计算课

图画课

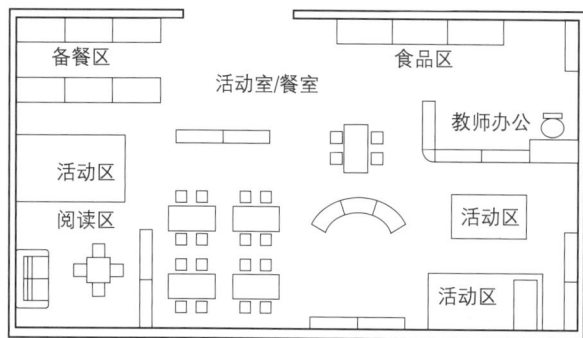

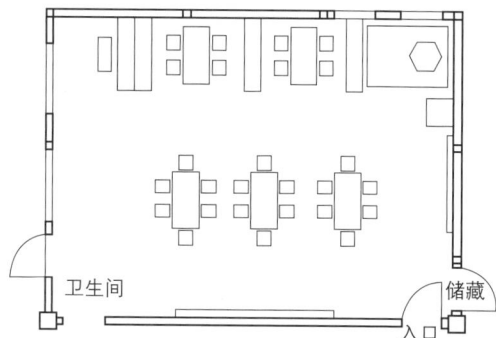

图 8-5　NJ01 幼儿园中的班级
内区域教学空间（左图）
图 8-6　XA01 幼儿园中的区域
教学空间（右图）

（1）班级内学习区：一般将班级内的空间分为 4 个主要活动区，包括数字与科学、日常生活、安静活动、创造性活动，室外空间则负责大肌肉群活动，如图 8-5 所示。我国幼儿园在保持区域活动的同时，还保留了相对开阔的集体活动区域，一方面是教学需要，另一方面是利用集体活动区设置午休床具，如图 8-6 所示。

（2）专用教学空间：专用教学空间是具有某种特定教学功能的空间，对教学提供更专业的支持，满足儿童在特定教学活动中所出现的特定行为。常见的专用教学空间如音体室、画室、科学发现室、美工室、陶艺室、烘焙厨房等。

### 2. 儿童自发性活动与空间

富于幻想是幼儿的一大特点，其中 3 岁以内的幼儿想象多以模仿为主，没有形成自由的想象；4~5 岁的幼儿想象力极其活跃，自创性大为发展。所以，幼儿园的空间、环境、家具及设备应能为满足幼儿发挥想象力创造良好的条件。

儿童自发性活动是指在原有教师指导的基础上增加儿童自主探索。这类活动在空间中的表现是：教学活动从以教师为主体，改为以空间环境为影响。其空间构成以满足儿童自主探索的行为需求为目的，以容纳多种尺度的小空间来满足儿童活动需求。满足儿童自发性活动的各类空间组织关系应有利于儿童的通达和选择，反映空间与需求、空间与生活、空间与行为之间的关系。适应儿童全面发展的幼儿园是对以个体差异性和多样性为范式转变的儿童发展科学的映射，更是对儿童教育需求的满足。

在儿童进行自发性认知活动时，除了传统的立姿和坐姿活动外，常见的动作是以地面为活动面的跪姿、蹲姿、坐姿，围绕地面开展的认知行为活动包括动态、静态的活动，如图 8-7 所示。儿童的攀爬行为可为其提供冒险和挑战的机会。在攀爬过程中，儿童通过手脚并用、攀爬、下蹲、翻滚，调动身体多种感觉器官。以小班幼儿为例，其攀爬行为类型与空间尺度可参考《建筑设计资料集》（第三版）绘制表达，如图 8-8 所示。

图 8-7　地面游戏活动和认知行为中的儿童动作

（a）幼儿静态地面游戏活动；（b）幼儿动态地面游戏活动；（c）幼儿站姿地面游戏活动

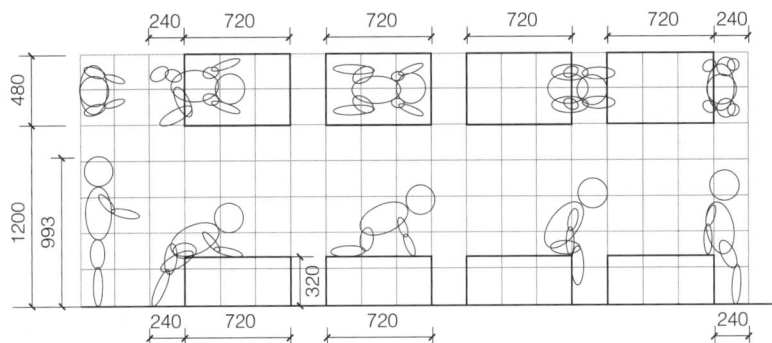

图 8-8　小班幼儿攀爬行为类型及空间尺度（一格：240 mm）

## 8.1.5　幼儿社会性发展行为与活动空间

儿童自我意识的培养在近年来幼儿教育中日益得到重视，表现在儿童自主游戏、自主选择、独立游戏等方面。这些自主游戏可发生在教室内部、专用活动空间及室外活动空间等场所。与教师参与和引导的游戏活动不同，这些自主活动更容易受到空间与环境的影响，其中一个重要的影响要素就是空间的尺度。在室外空间尺度充裕的情况下，儿童的大肌肉群活动更容易进行；在室内宽敞的空间中，身体得以舒展的地面游戏更容易出现。而在桌面和区域内，由于空间尺度受限，则儿童更倾向于进行静态的小肌肉群活动。幼儿园应能提供促进幼儿互相接触交往的场地与设备，从而使幼儿与人相处的能力在不知不觉中得以发展，并逐渐学会分享、轮流等待、忍让等社会生活的技巧。

在幼儿园日常活动中，促进儿童社会性发展的行为包括：①儿童的个体行为；②儿童之间的互动；③儿童与成人之间的互动。这些行为活动所需的空间类型分别为：个体活动空间、小组活动空间、集体活动空间。由于教学内容的不同，儿童活动时的动作、行为及对应的空间尺度均有所差异。

例如，大班在进行集体动态活动时，肢体拥有更大的活动范围，可前后左右跳跃，其行为尺度要大于立姿定点活动所需的空间尺度。儿童进行大肌肉群的活动均体现在集体活动中，而小组活动和个体活动则以小范围的静态活动和精细活动为主。因此，在开阔的空间中，教师更倾向于引导儿童完成大肌肉群的动态活动，如音体活动室、室外活动场。此处，儿童的活动存在视觉中心，具体内容可以是人、事物及自然，它不仅与教学内容和环境相关，还与儿童行为类型有关（表8-7）。

**认知发展行为具体内容与实现方式** 表8-7

| 发展类型 | 社会类行为 | 活动内容 | 实现方式 |
|---|---|---|---|
| 社会性发展 | 自我概念 | 建立积极的自我形象，扮演游戏、自主活动、自理能力、自我表达 | 个体独立活动、小组活动、集体活动、家庭与社区活动 |
| | 道德发展 | 培养社交技巧，建立信任关系，体会交往的快乐，培养爱的情感和信赖感 | 交流、聆听、记忆、执行、遵守 |
| | 情绪发展 | 了解自己的情感，理解和表达自我情绪，享受游戏与保持心情 | 静态活动、动态活动、独处、同龄、混龄、儿童与成人之间的互动与对话 |

个体活动是活动所占空间的基本尺度。通常，集体大肌肉群的活动尺度 > 定点活动 > 集体桌面活动。但自由活动时，儿童所占据的空间范围达到最大，儿童会分散于空间所限定内的各个角落，此时儿童获得最大空间占有率和最大活动范围。三种活动类型广泛存在于幼儿园室内外的空间环境中。不同的是，室外活动比室内活动空间范围更大。集体活动与小组活动通常在老师指导下同时进行，如儿童集体列队、拉圈、升旗、早操、课间操等活动。室外个体活动主要表现在户外自由活动中，在自由活动时间内，儿童会散布于外部空间的各个角落，同时也会形成各自的小组。室内外主要活动类型与行为特征如表8-8、表8-9所示。

**室内活动类型与行为特征** 表8-8

| 室内活动类型 | 活动方式分类 | 特征描述 |
|---|---|---|
| 集体活动 | 集体坐姿活动 | 以教师为视觉中心随机呼唤儿童上前，或走到孩子面前互动，以玩具为视觉中心的活动 |
| | 集体动态活动 | 教师组织移动式集体活动，利用空间整体尺度进行 |
| | 集体立姿定点 | 教师利用空间局部组织定点集体活动 |
| | 集体桌面活动 | 教师引导形成小组集群的集体桌面活动 |
| | 集体多中心活动 | 幼儿以多个视觉焦点为中心形成小组活动 |
| | 集体午休 | 以床具为基本单位的集体休息活动 |

续表

| 室内活动<br>类型 | 活动方式分类 | 特征描述 |
|---|---|---|
| 小组活动 | 小组桌面活动 | 有成人参与的桌面小组活动 |
| | 小组区域活动 | 在区域围合空间内席地而坐的活动 |
| | 小组自由活动 | 单人、双人、3人、6人等多种组合形式并存的小组活动 |
| 个体活动 | 个体桌面活动 | 桌面摆放彩笔、树叶等独立创作的幼儿个人桌面活动 |
| | 个体探索活动 | 幼儿以座椅或个体为中心自由组合进行的活动 |

**室外活动类型与行为特征**　　　　　　　　表 8-9

| 室外活动类型 | 活动方式分类 | 特征描述 |
|---|---|---|
| 集体活动/<br>小组活动 | 集体立姿活动 | 以教师为视觉中心的立姿活动，以年级为单位各班纵向列队，主要动作集中于上肢 |
| | 集体蹦跳活动 | 以教师为视觉中心的局部跳跃活动，以年级为单位开展全身性集体蹦跳活动 |
| | 集体拉圈活动 | 户外拉圈游戏，包括幼儿跪姿、卧姿、立姿多种形态；班级以教具尺度为核心开展游戏活动 |
| | 户外队列式活动 | 教师引领的列队户外活动，消防、逃生演练等 |
| 个体活动/<br>小组活动 | 户外自由活动 | 儿童散布各个角落自由活动，以固定器械为中心的活动 |

### 1. 个体活动与空间

儿童的社会性发展要求幼儿不仅要与同龄儿童建立联系，同时也包括不同年龄的儿童之间的互动，以及儿童与成人之间的互动。班际活动包含同年级班际和上下年级不同班之间，具体活动主要包括个体桌面活动和个体探索活动。通常情况下，个体幼儿活动包括以玩具为介质的互动或直接互动；幼儿与教师之间的互动包括幼儿与教师面对面互动及环抱互动。个体活动通常容纳不超过 3 名儿童共同活动，空间尺度更小。幼儿个体活动的主要类型及空间尺度如图 8-9、图 8-10 所示。

图 8-9　幼儿个体活动、幼儿之间及与成人之间的社会性活动
(a) 幼儿个体活动；(b) 幼儿之间的社会性活动；(c) 幼儿与成人的社会性活动

　　　　(a)　　　　　　　　　　　　(b)　　　　　　　　　　　　(c)

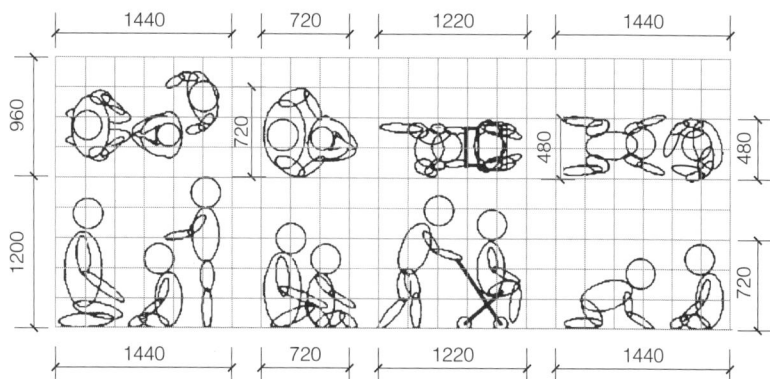

图 8-10　幼儿互动行为的空间
尺度（一格：240 mm）

### 2. 小组活动与空间

小组活动空间可以是一个大组或者小组，就我国而言，通常小组的最大规模与班级人数等同，而小的组则更多地由桌面所限定的空间来决定。我国幼儿园的常规桌面活动人数为 6 人。以桌面设施为单元组织的小组活动空间，对于促进社会互动，注重交流、协商和分享等都具有促进作用。在户外小组活动空间中应提供相应设施，如座位、遮阴，并适当设置绿化与硬地铺装。桌椅布置可以是灵活多变的。幼儿园小组活动是目前幼儿园日常活动和教学中的主要形式，包括桌面小组活动和区域活动空间的小组活动。通常，每班设"两教一保"，即 3 名成人教师陪伴儿童进行。区域活动常以 1 名或多名老师带领 6 名左右儿童进行教学活动为主，或 6 名儿童成立兴趣活动小组开展教学互动游戏（图 8-11）；其尺度半径约为 800 mm，空间面积约为 2.4 m²（图 8-12）。

### 3. 集体活动与空间

儿童集体活动的类型与方式是一个逐渐变化的过程。早期幼儿园集体活动以"课"为主要方式，常规的课程包括舞蹈、计算、常识、图画、音乐、语言，虽然课程内容不同，但从空间内

图 8-11　以教学演示与互动为
主的区域内小组活动

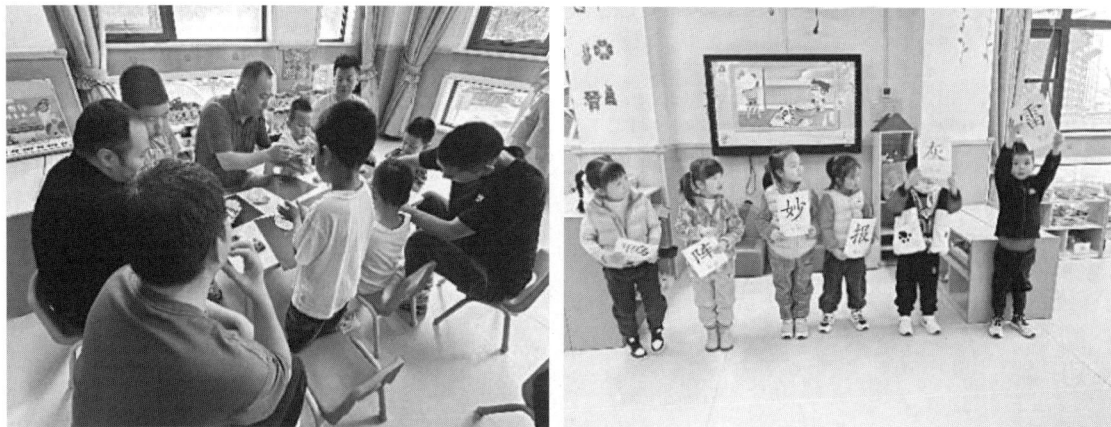

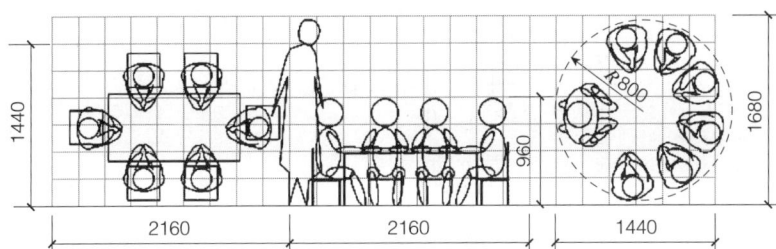

图 8-12  幼儿园小组活动行为
空间尺度（一格：240 mm）

的桌椅布置来看，可通过特定的教学活动反映出空间存在明确的方向性和中心性等特征。近年来，随着教育理念与教学模式的变化，这种中心性明确的活动内容依然存在，但这种中心性不仅仅局限于教师，还可以是墙面的电视、电子白板及表演与展示时的幼儿，即中心的内容得到了拓展。我国幼儿园目前采用以生活单元为基本单位组织集体活动。在集体活动中，根据活动方式的不同又可以细分为集体坐姿活动、集体动态活动、集体立姿定点活动、集体桌面活动、集体多中心活动、集体午休等，如图 8-13所示。

鼓励和引导儿童自发地进行学习和探索是促进儿童发展的重要内容，这种观念引发了教学方式的改变，进而影响了空间使用方式的改变——集体空间小组化和空间使用的非中心化，这种变化导致了生活单元内集体与小组空间的并置与复合使用。例如，作为幼儿园的主要活动单元——活动室的设置，根据功能复合使用的要求，通常可以分为教寝分离式和教寝合一式两种。

教寝分离的幼儿园活动室，在面对区角教学的具体使用情况时，活动室内部可根据室内家具摆放形式的不同，灵活调整小组教学和集体教学的需要。如图 8-14 所示，寝室和活动室分离设置；活动室采用以教师为中心，座位呈扇形布置的方式，可开展集体教学内容。如图 8-15 所示为教寝合一的活动室，其以小组式布置分为不同的区域，并配有储物空间，可兼为小组教学服务。

图 8-13  幼儿园室内外集体活动类型

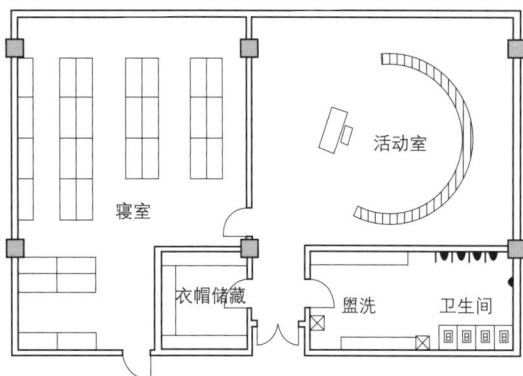

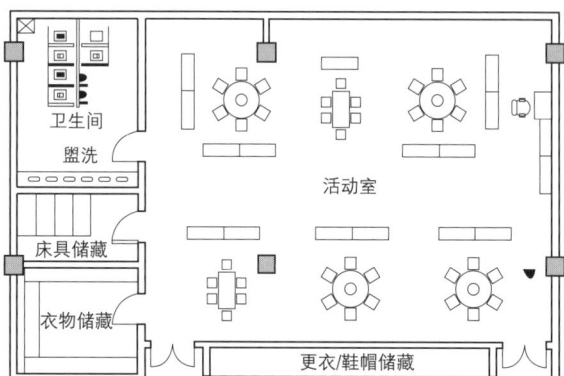

图 8-14　教寝分离式集体活动空间室内布局（左图）

图 8-15　教寝合一式活动室空间室内布局（右图）

对于集体活动，20 世纪的儿童集体活动更加倾向于全班在同一时段进行相同的活动，而如今的儿童集体活动在原有活动的基础上增加了同一时间进行不同的活动。因此，这种活动更确切的表述方式是集体共同进行的小组活动，其空间尺度可参考小组活动的空间尺度。通常，按照室内家具的摆放，每个小组桌椅最多容纳按 6 名幼儿计算所需要的面积大小。活动室是幼儿园建筑室内空间最核心的单元，其主要功能包括：教育教学空间，教师办公空间，衣帽、教具、床具等储藏空间，盥洗如厕空间等。其中，集体活动的开展因占据较大的建筑面积，故通常情况下与午休空间错时复合使用（图 8-16）；小组教学活动主要以固定桌面或特定区域的地面活动面为中心展开，主要以"区角教学"形式为主，包括桌面活动区、个体活动区、游戏角、自然角等，较为灵活设置（图 8-17）。

活动室除了可以按照扇形家具摆放展开集体教学之外，还可以利用交通空间，打通活动室之间的联系，形成有趣味性的小型练习跑道，以便在刮风下雨或恶劣天气情况下，幼儿们可以开展和室外

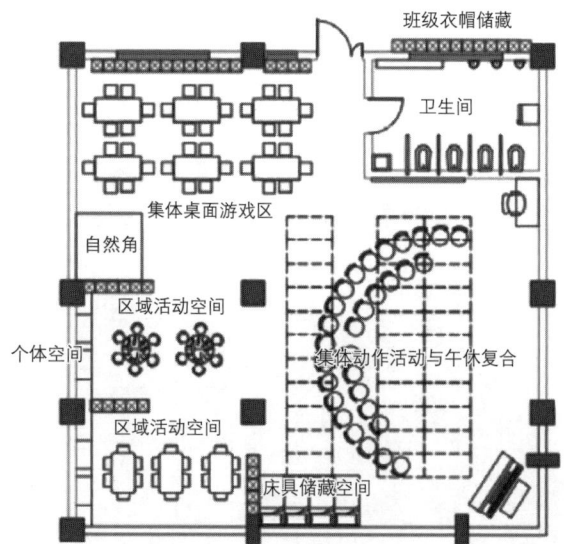

图 8-16　集体活动与午休空间复合功能泡泡图（左图）

图 8-17　集体活动与午休空间复合室内布局图（右图）

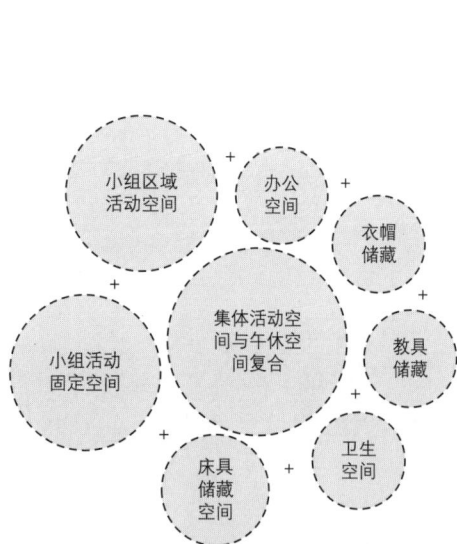

跑道类似的集体教学内容，如操课、列队、传递等较大范围的集体性肢体活动（图 8-18）。此外，室外操场和庭院成为集体性活动的主要阵地。集体活动空间的典型特征是开敞性，不论采取何种铺装材质，集体活动空间通常可以容纳 2 个班级以上儿童共同活动，有的可以支持全园幼儿集体进行活动。根据我国目前设计规范，集体活动空间是设置 30 m 直跑道的场所。很多幼儿园为了开展和大自然教学相关的内容，培养幼儿细心观察、动手劳作、耕耘体验、勤劳勇敢等生活能力和独立精神，会将原有的室外空间分区布置成立体式种植园、园艺景观创作区、农事耕作体验区等，既开展了内容丰富、意义深远的集体活动，也创造了环境优美、景观宜人的庭院空间（图 8-19）。

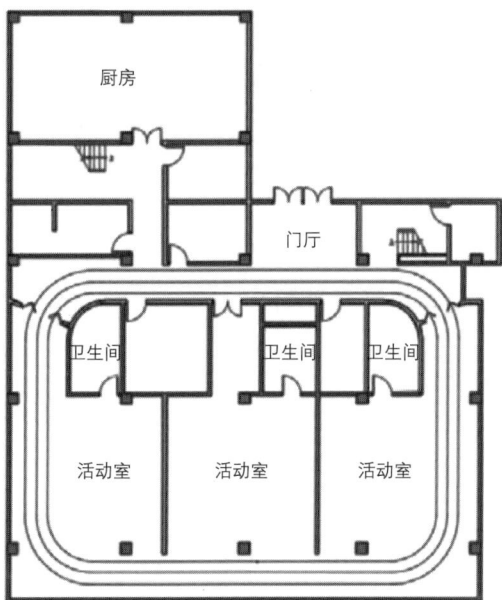

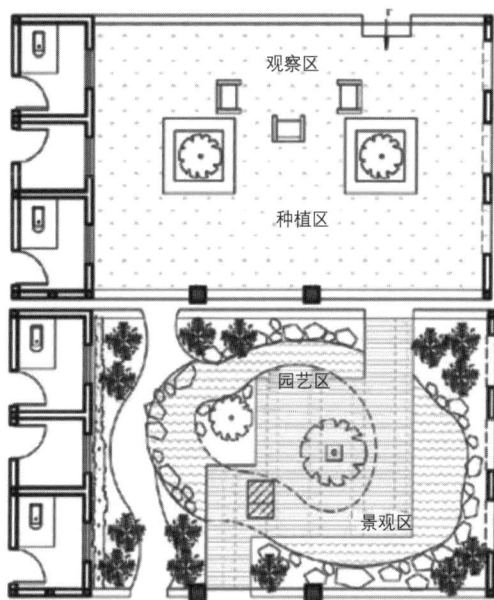

图 8-18 连通活动室交通空间的小型跑道（左图）
图 8-19 分区布置的室外庭院空间（右图）

## 8.2 养老设施：适老化的空间环境与行为

### 8.2.1 老年人身心行为发展特征

按照国际规定，60 周岁以上的人确定为老年；《中华人民共和国老年人权益保障法》第 2 条规定，老年人的年龄起点标准是 60 周岁，即凡年满 60 周岁的中华人民共和国公民都属于老年人。目前，国际通用的标准是将"老龄化"作为概念，以 65 岁以上人口占总人口比例的 7% 或 60 岁以上的人口占总人口比例的 10% 作为老龄化社会的标准。养老设施作为我国重要的社会福利机构，为年迈的老人提供全方位的照顾和关怀。老年人身心发展与行为特征影响着空间尺度、空间构成、空间组织，并引发养老设施空间模式的更新与迭代。

进入21世纪后，养老呈现出更加多元的需求，老年人养老理念的变化、生活方式的改变、养老内容的多样化，都对老年人发展产生了一定的影响，探索适老化的空间环境成为社会关注的焦点。老年人的心态变化特点包括：其一，心理安全感下降，其二，适应能力减弱；其三，出现失落感和自卑感；其四，出现孤独感和空虚感。老年人身心行为变化如图8-20所示。

健康视角下老年人的需求主要包含健康促进、健康管理、康复训练、医疗、护理五个部分。其中，医疗和护理已得到广泛关注，而健康促进、健康管理、康复训练在为老服务中尚未得到普遍认知与推广。对于自理老人，通过身体机能退化预防、慢性病预防、认知症预防及社会参与、代际交流等促进身心健康，尽可能延长老年人健康生活的时间；对于已患有慢性病的老人，通过锻炼、食疗、定期体检、适宜的药物控制等积极的健康管理，可以延缓病情的进展；对于脑卒中或骨折患者及身体机能退化的老人，若能得到及时医治和适宜的康复训练，有可能恢复或部分恢复自理生活的能力，从而提高生活质量，减少护理压力。

## 8.2.2 基于感官缺失的适老化空间环境

### 1.养老设施空间环境类型

养老设施空间环境主要分为内部空间、外部空间及过渡性空间。

养老设施内部空间主要包括生活服务用房、保健康复用房、娱乐用房和辅助用房等。其中，生活服务用房包括休息室、洗浴间（含理发室）、餐厅（含配餐间）等，保健康复用房包括医疗保健室、康复训练室、心理疏导室等，娱乐用房包括阅览室（含书画室）、网络室、多功能活动室等，辅助用房包括办公室、厨房、洗衣房、公共卫生间、交通等。此外，内部空间还包括室内自然空间。

养老设施外部空间主要包

图 8-20 老年人身心行为变化

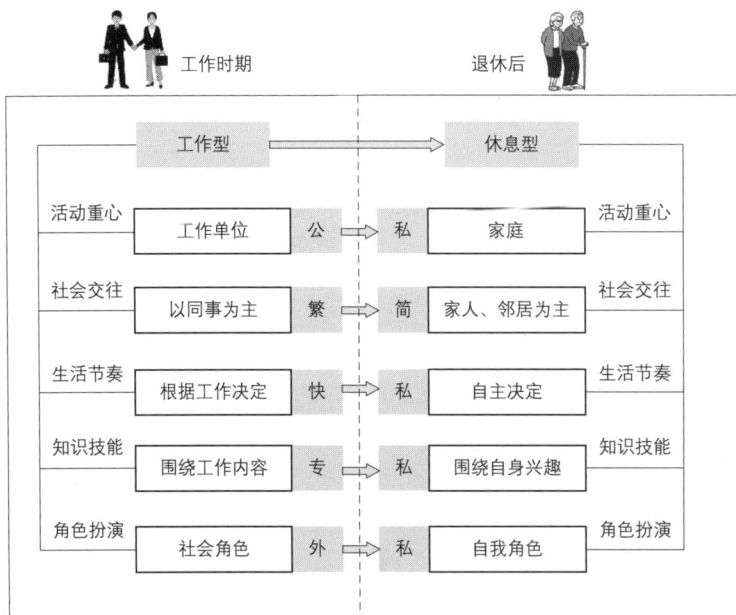

括绿地空间、活动空间、种植空间、室外存储空间等内容。

养老设施过渡性空间也称为灰空间、半室外空间，是内部空间向外部空间的延伸，主要包括半遮盖空间、雨棚、带采光的中庭等。过渡性空间作为连接内外空间的纽带，起着联系与缓冲的作用，支持老年人多种生活。

### 2. 养老设施与老年人照护的关系

养老设施主要服务 60 岁以上的介助老人，而这个时期的老年人都有各自的生活习惯、心理和行为。养老设施包括了不同的空间构成，针对老年人身心发展规律和行为衰退内容，各空间构成创设了支持性的空间环境。养老设施空间与老年人行为内容的对应关系如表 8-10、表 8-11 所示，养老设施应对措施如表 8-12 所示。

养老设施内部空间与老年人行为内容　　　　表 8-10

| 康复层面 | 内部空间类型 | 空间构成内容 | 康复行为内容 |
|---|---|---|---|
| 生理发展 | 内部生活空间 | 餐饮、居室、助浴、清洁、仓储 | 认知、感知觉、社会性、动作 |
| | 内外部活动空间 | 集体活动 | 社会性、道德、动作 |
| 认知发展 | 内部康复 | 康复区 | 认知、感知觉 |
| | 外部自然 | 种植区、绿地、水景体验区 | 认知、感知觉 |
| 社会性发展 | 内外部活动空间 | 小组活动空间 | 认知、情绪、道德 |
| | 内外部家庭与社区 | 家庭与社区交流空间 | 社会性 |

养老设施外部空间与老年人行为内容　　　　表 8-11

| 康复层面 | 外部空间类型 | 空间构成内容 | 康复行为内容 |
|---|---|---|---|
| 生理发展 | 过渡性空间 | 架空、阳台、阳光厅、阳光廊 | 认知、感知觉、社会性、动作 |
| | 内外部活动空间 | 集体活动 | 社会性、道德、动作 |
| | | 自由探索活动 | 认知、感知觉、社会性、动作 |
| 认知发展 | 外部自然空间 | 野生自然空间 | 认知、感知觉、情感、动作 |
| | | 人工绿地种植空间 | 认知、感知觉、情感 |
| 社会性发展 | 内外部交往空间 | 小组活动空间 | 社会性、动作 |
| | 内外部半私密空间 | 个体活动空间 | 自我认知与实现 |

养老设施应对措施　　　　表 8-12

| 分类 | 参考年龄 | 身体机能 | 对应措施 |
|---|---|---|---|
| 健康活跃期 | 60~64 | 健康状况良好 | 常规的做法，注意安全性 |

续表

| 分类 | 参考年龄 | 身体机能 | 对应措施 |
|------|---------|---------|---------|
| 自理期 | 65~74 | 适应能力减弱，动作迟缓 | 增加防滑措施，必要部位设置辅助扶手、坡道 |
| 行动缓慢期 | 75~84 | 水平移动尚好，垂直移动困难 | 生活设施同层设置，重点考虑防护措施 |
| 照顾护理期 | ≥85 | 移动迟缓，借助工具行动 | 考虑轮椅、病床尺度，中段考虑基本生活空间内相应设施 |

### 8.2.3 基于生理退化的适老化空间环境

进入老年阶段后，生理衰老使得老年人身体发生退行性变化，故而对室内外环境的适应出现不同程度的减退。女性在60岁以上、男性在65岁以上，一般就发生了衰老现象，并随着年龄的增长，生理机能的退化逐渐加剧。老年人的生理退化过程可分为三个阶段。第一阶段，人体各结构成分的比例发生改变。老年人身体内水分变少、脂肪变多、细胞总量变少，各功能器官重量变轻，因此器官功能下降，会出现行动变缓、反应变慢、适应能力变差及免疫力降低等状况。第二阶段，身体新陈代谢变缓。老年人肝、肾等器官功能降低，使得患有糖尿病、高血压、高血脂、动脉粥样硬化等慢性病的可能性增大，同时便秘和尿频也困扰了很多老年人。这一阶段的老年人骨质疏松，稍不注意滑倒或者碰撞就容易发生骨折。第三阶段，身体适应性变低。这一阶段的老年人进行简单的活动后，就会感觉胸闷、气短，并且短时间休息也不能缓解症状。同时，其适应冷热变化的能力也变弱，天气稍有变化，没有及时添衣减衣，就会引起疾病发作。老年人的身体各部分组织、器官逐渐退化，尤其是各类脏器的退化，使新陈代谢缓慢、消化减缓，故对环境要求较高。老年人各类生理退化包括多项内容，反映在空间环境方面主要涉及身体健康与衰退、动作衰退、感知觉衰退三个主要内容。因此，养老设施设计应以老年人生理特点为依据，为老年人提供安全、卫生、科学的物质环境，应保持室内无障碍通行，同时保证室内光线充足、通风良好、空气新鲜、场地丰富、设施安全。

**1. 行为类型及具体内容**

老年人身体康复的行为内容体现在老年人的生活行为上，如穿衣、整理、换鞋、如厕、洗手等，实现方式主要通过生活习惯、自理活动、户外游戏、饮食安排、安全意识等要素来实现。这就对养老设施的空间环境提出了安全可靠、使用便利、有序引导等要求。动作康复、感知觉康复的行为内容及实现方式见表8-13。

生理康复行为具体内容与实现方式　　　表 8-13

| 康复层面 | 行为内容 | 实现方式 |
|---|---|---|
| 身体康复 | 生活类行为（吃饭、如厕、洗浴、洗漱、午休、清洁、洗衣、整理、换鞋） | 生活协助、饮食供应、康复活动、生活必需活动、安全感 |
| 动作康复 | 行走、移动、平衡、抓握 | 移动、控制、动作、游戏 |
| 感知觉康复 | 聆听、交谈、与动作发展相关的动态与静态行为，与自然的互动 | 音乐、棋牌、舞蹈、书法绘画、感官刺激 |

**2. 空间尺度及参考标准**

老年人体型相对于青年人略小，肢体伸展幅度下降，肌肉力量衰退。空间尺度是养老设施建筑空间环境为老年人养老需求提供的基础性支持。我国养老设施建筑设计标准提出的老年人尺度主要为老年人身高、坐高等基础静态尺度资料。如图 8-21 所示描述了老年人的身高数据，根据我国现阶段主要情况，养老设施主要针对 60 岁以上老年人。以老年人尺度作为养老设施活动的基础尺寸标准，并在养老设施空间环境设计中作为基本参考指导设计实践，其指导范围包括养老设施生活空间的尺寸、家具尺寸、入口坡道尺寸、疏散走道尺寸、楼梯踏步高度尺寸、电梯尺寸、卫生器具尺寸、扶手尺寸等多个方面。老年人身体机能下降对应尺寸如图 8-22 所示，老年人日常活动如图 8-23 所示。

对于轮椅老人，其在人体尺度上尤其是高度方面的变化十分明显，许多起居环境障碍由此产生。

## 8.2.4　基于康复行为的适老化空间环境

老年人在养老设施里的各类互动包含多项内容。例如保健康

图 8-21　中国老年人人体尺度

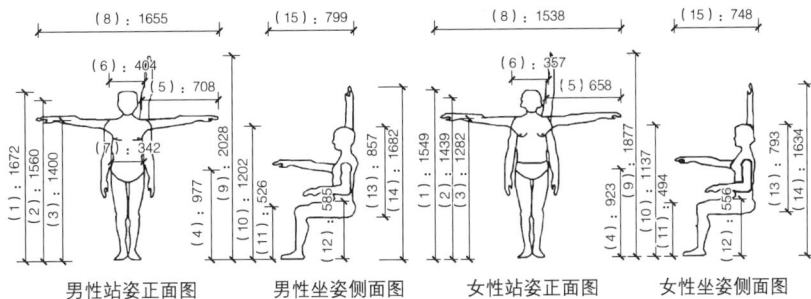

男性站姿正面图　男性坐姿侧面图　女性站姿正面图　女性坐姿侧面图

| 站姿 | （1）：身高 | （2）：正立时眼高 | （3）：肩峰点高 | （4）：胯骨高 | （5）：臂长 |
|---|---|---|---|---|---|
| | （6）：肩宽 | （7）：胯骨宽 | （8）：双臂平伸长 | （9）：立时举手高 | |
| 坐姿 | （10）：正坐时身高 | （11）：正坐时膝盖高 | （12）：正坐时大腿面高 | （13）：正坐时凳至头顶高 | （14）：正坐时举手高 |
| | （15）：正坐时前伸手臂长 | | | | |

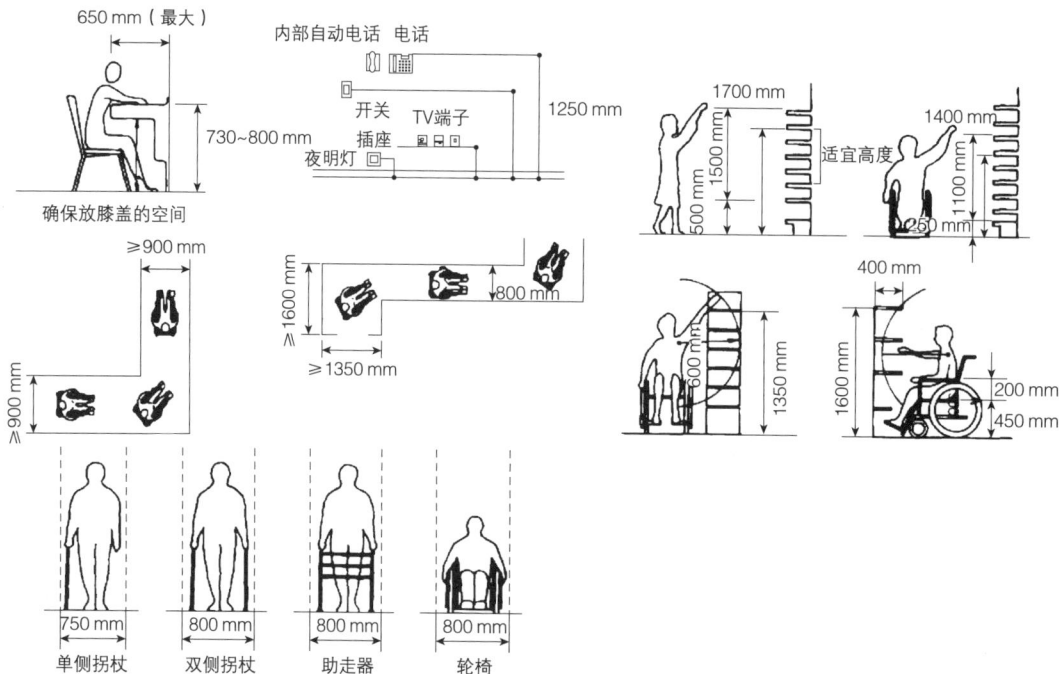

图 8-22　老年人身体机能下降对应尺寸

（资料来源：中日政府技术合作项目）

复，涉及的保健用房包括康复室、心理疏导室、保健室等，涉及的行为类型也十分多样，包括平衡训练、移动、辅助行动等，此外还涉及按摩床、理疗仪等设施。

随着年龄增长，老年人对色彩的感知能力日渐迟钝，记忆力、注意力也在不断降低，因此，养老设施的空间、环境、家具及设备等都应为老年人生活和活动创造良好的条件，以维持老年人的能力，提高他们的独立能力。

老年人的康复行为包含多项内容，如运动治疗、作业治疗、言语治疗、理疗、按摩、针灸等，其中涉及的行为类型也十分多样，包括下肢行走能力训练、手部或上肢训练、吞咽测试谈话、超短波

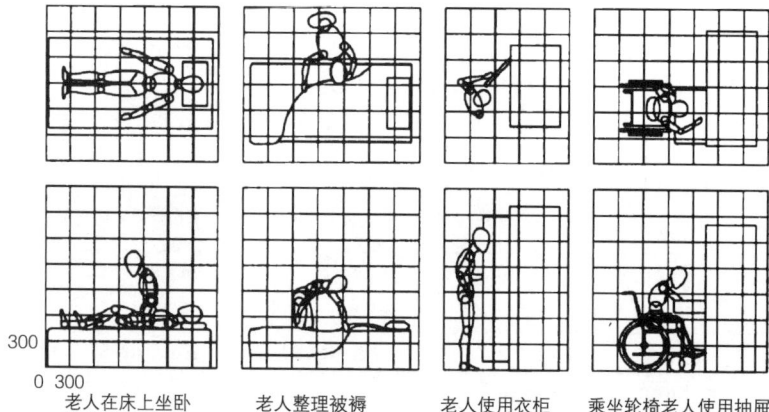

图 8-23　老年人日常活动

老人在床上坐卧　　老人整理被褥　　老人使用衣柜　　乘坐轮椅老人使用抽屉

治疗、电脑中频治疗、红外线治疗、手法按摩、推拿、针灸等，具体通过各类器械，如 PT 床、训练踏步、平行杠、OT 桌、套圈架、言语治疗仪器、高频理疗仪、低频理疗仪等器械实现康复行为，见表 8-14。

康复行为具体内容与实现方式　　　表 8-14

| 康复项目 | 外部空间类型 | 主要内容 | 器械 |
|---|---|---|---|
| 主要康复功能 | 运动治疗（PT） | 下肢行走能力训练 | PT床、训练踏步、平行杠等 |
| | 作业治疗（OT） | 手部或上肢训练 | OT桌、套圈架等 |
| | 言语治疗（ST） | 吞咽测试谈话 | 言语治疗仪器 |
| 辅助康复项目 | 理疗（低频中频治疗室、高频治疗室） | 超短波治疗（高频） | 高频理疗仪、低频理疗仪 |
| | | 电脑中频治疗、红外线治疗等 | |
| 中国传统治疗 | 按摩、针灸等 | 手法按摩、推拿、针灸 | — |

对应老年人康复的活动主要分为两大类，即专业引导性活动和老年人自发性活动。其中，专业引导性活动需要专业人员的指导和帮助，指康复员指导的课程和参与的活动；老年人自发性活动指老年人区域活动行为。支持以上行为活动的空间环境包括活动室、保健室、专用理疗室、户外种植区。

### 1. 康复引导性活动与空间

康复室一般设有康复踏车、训练踏步、按摩椅等设施，如图 8-24 所示。

康复员引导的康复行为具体活动形式为：老年人以康复器材开展的主要活动。因此，无论是器械还是床，站、坐姿是康复行为发生时的主要动作尺度。

各养老设施标准在国家规范的基础上，对保健康复空间在类型与数量上都进行了拓展，不仅包括各类专业性强的专业康复空间，也包括散落在居室单元内部的康复区和交通空间内的康复区。各养老设施的空间尺度、平面形式要能满足老年人和康复护理人员进行

图 8-24　老年人康复室

复健、活动等各类需要，同时室内布置与装修要适应老年人生理、心理需求，细节方面更要充分注意老年人的安全。

根据《老年人照料设施建筑设计标准》JGJ 450—2018，养老设施设置康复用房时，地面应平整，平面布局应适应不同康复器械的使用要求，建议以长边作为采光

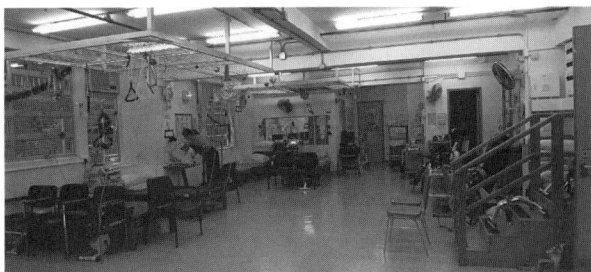

面，可以获得更好的日照、采光和通风。

康复训练室一般包含饮水机、休息室、作业治疗桌、训练床、训练阶梯、康复训练器械等（图8-25）。

### 2. 老年人自发性活动与空间

老年人自发活动在空间中的表现从以康复员为主体，改为以空间环境为影响。其空间构成以满足老年人自主活动的行为需求为目的，以容纳多种尺度的空间来满足老年人活动。满足老年人自发性活动的各类空间组织关系应有利于老年人的通达和选择，反映空间与需求、空间与生活、空间与行为之间的关系。适应老年人全面发展的养老设施是对以个体差异性和多样性为范式转变的老年人康复的映射，更是对养老需求的满足。

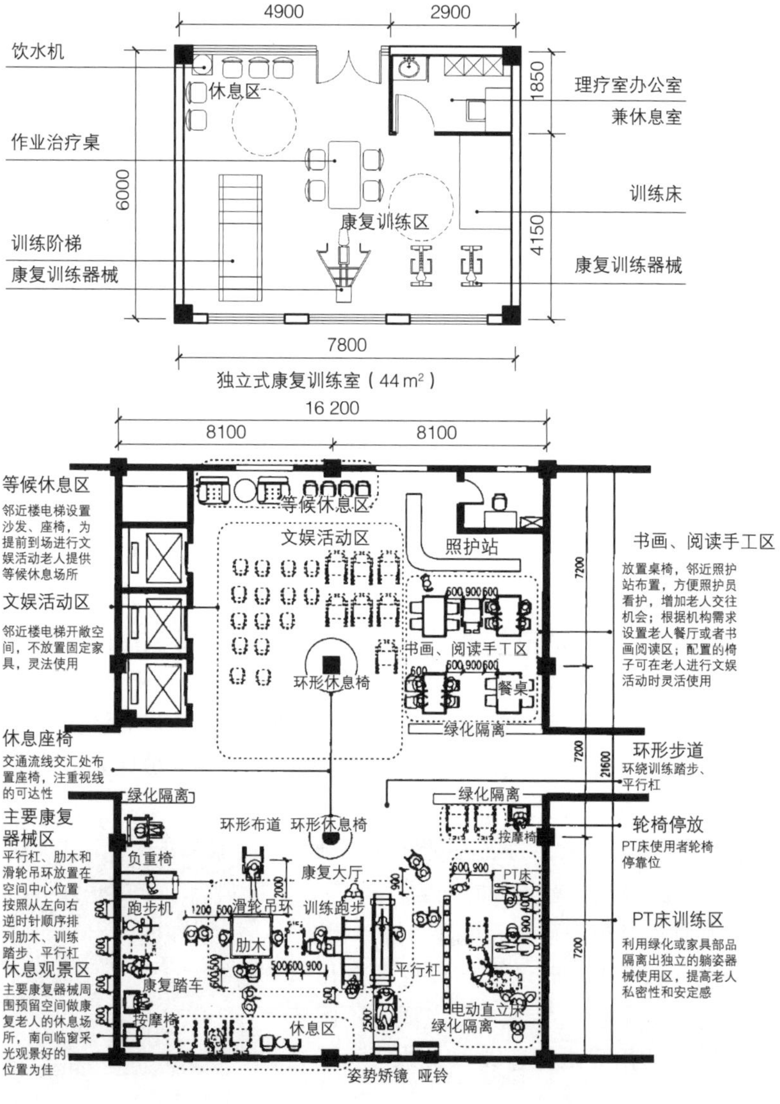

图 8-25　老年人康复室平面图

在老年人进行自发性康复活动时，除了传统的立姿和坐姿活动外，也有走姿、蹲姿，以及围绕地面、植物开展的行为活动，包括动态、静态的活动。

## 8.2.5　外部空间的适老性设计（基于特定人群的设计）

老年人各种思维都在缓慢退化，主要表现在感知力、注意力及记忆力退化。老年人的外出活动方式决定着他们所需要的娱乐活动场所比较简单且距离其较近，活动地方大多在家中、小区或村子里、附近的广场或公园。因此，许多老年人都希望在他们周围增加活动场所，并且增加一些适合老年人的休息设施。

散步等活动对场所要求较低，是老人最常见的娱乐方式，超过半数老人会在公路边游玩。散步有益于老人锻炼身体。由于老人行动能力下降，只能进行舒缓的锻炼方式，故散步这一既能消遣放松又能强身健体的活动就成为首选。

在居住区植物尺度的适老化设计上，要更多地参考人性化尺度。所谓人性化尺度，就是根据人的行为特点与心理特点制定的尺度。随着年龄的增长，在面对身体机能下降、对生活逐渐失去控制的时候，那些了解的物品、熟悉的位置、能带给其心理安慰的东西，以及不被打扰的空间，可以在时间的流逝中，恒久地唤起老年人对生活的掌控力。

如果在条件允许的情况下，步行道路两旁的植物布置可以做到 3 层布置，从而在水平深度与垂直高度上形成层次，以有效地激发老年人赏玩心理，且丰富的景观层次可促进老年人之间的互动。符合老年人活动行为的景观设计，应是可接触、可采摘、安全性的。老年人喜欢色彩缤纷的花草，在日常生活中也经常看到老年人逛花鸟鱼市。有的老人三五成群地在开花的树下拍照。这些行为都说明了老年人对植物的喜爱（图 8-26）。因此，在活动空间中的乔木、灌木，应当在不遮挡活动设施的情况下让老人可以轻易地碰触到。

老年人行为发生的基本过程如图 8-27 所示。老年人的活动领域，依据活动的形式与特征，可划分为个体活动领域、成组活动领域和集体活动领域三个相互独立、同时又相互补充的层面，它们共同形成了老年人活动领域的结构体系（图 8-28）。

### 1. 个体活动领域

老年人需要有一个自己的个体活动领域。它是一个安全的领域空间，在此空间内老年人不会受到外界的干扰，并具有一定的私密性、防卫性和明显的排他性。60 岁以后老年人听觉衰退，辨别度

图 8-26 老年人日常室外活动

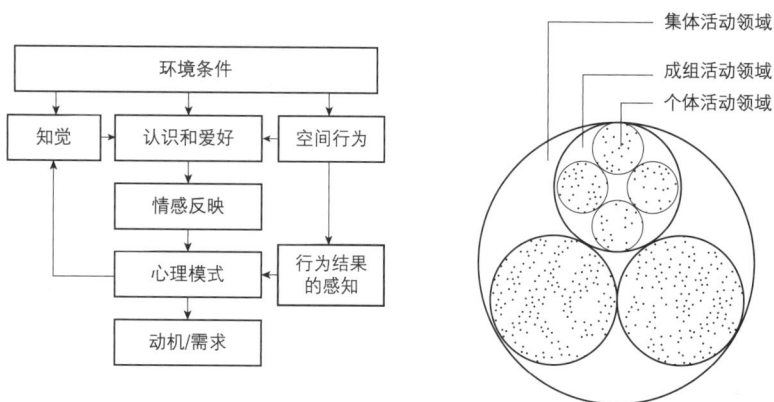

图 8-27 行为发生的基本过程
（左图）

图 8-28 老年人活动领域关系
图（右图）

降低。在一定背景噪声下语言听力障碍的加深，会加剧老人的孤寂感，降低其交往期望值，导致独尊性与自我型活动。老年人独自静坐与闭目深思是此类活动的显著表现。

### 2. 成组活动领域

当老年个体活动领域意识逐步降低及自身防卫空间缩小时，由多个个体共同参与的某种集体活动所构成的领域称为"成组活动领域"，而其共同拥有的领域空间则称为"成组活动领域空间"。老年个体活动领域具有暂时性、相对性和有条件性，并随着老年人活动形式、环境条件及身心特点的不同而变化。一旦老年个体参与成组领域性活动，则在此领域中个体活动领域意识便退居次要地位，而成组结构内部的半私密与个体间的内聚力明显增强，并对"陌生成员"在视觉、语言、姿势等方面产生明显的排他性。

值得重视的是，为了消除相互之间的视觉及听力障碍，老人们往往尽量缩小相互之间的距离，借助于观察口形来了解对方的意愿，并通过观看组员的表情和手势来弥补其视听之不足。这也是老年成员活动常常出现的"亲密无间"现象的缘由。老年人室外活动类型与行为特征如表 8-15 所示。

老年人室外活动类型与行为特征 表 8-15

| 室外活动类型 | 行为内容 | 实现方式 |
|---|---|---|
| 集体活动/<br>小组活动 | 集体跳操活动 | 以音响为中心的局部跳跃活动，以团队为单位开展全身性集体蹦跳活动 |
| | 集体弹唱活动 | 以主唱为视觉中心的立姿活动或坐姿活动，一般以圆圈与围合形式列队，主要动作集中于上肢和头部 |
| | 集体书画活动 | 户外书画活动，包括坐姿、立姿多种形态，以桌椅为核心开展书画活动 |
| 个体活动/<br>小组活动 | 户外自由活动 | 老年人散布各个角落自由活动，以座椅、植物种植、各类固定器械为中心的活动 |

### 3. 集体活动领域

集体活动领域是由多个老年成组活动领域或多种形式的成组活动领域所构成的复合式活动领域。其中，各个成组活动领域之间存在着一定的分离性，而活动内容相同的领域之间又有强烈的内聚力；同时，各个领域之间又有一定的自由度和选择性，从中可以感受到老人世界的多彩性。调查表明，老年集体活动领域多属于开放型交往空间，如公园、绿地、广场老年俱乐部或活动室、棋楼与茶馆等。该领域为老年群体提供了娱乐和交流信息的机会，缓解了老人们的孤寂感。

对于适老化设计而言，老人的日常爱好是不能忽略的考量点。对于老人社交与互动方面的爱好，由于很多老人喜欢社交和集体活动，故适老化设计就需要考虑社区设施的建设。比如，提供平坦的步行道、安全的长凳和草坪，方便老人进行户外活动和交流。同时，也要考虑无障碍设施的建设，确保老人能够方便地进出社区。对于老人身体锻炼方面的爱好，例如对于喜欢散步或锻炼的老人来说，适老化设计需要关注外部空间的安全性和便利性。比如，提供防滑的地面、明亮的照明及必要的扶手等设施，确保老人在锻炼过程中的安全。此外，还可以设计一些适合老人参与的集体游戏或活动，以便让老年人们能够享受快乐的晚年生活。

## 8.3 商业步行街：人性化的商业空间环境与行为

随着历史的变迁，商业从最初的萌芽，走过了漫长的发展过程。同时，承载着各种商业活动的商业空间也经历了不同阶段的发展，从街坊集市、传统百货商店、购物商场及超市、新兴步行街和商业综合体，发展到如今的情景体验式商业综合体阶段。

随着"体验经济"时代的到来，商业空间使用者在传统购物活动的基础上，增加了互动交流、沉浸参与等多方面、多元化的行为需求，人们的消费模式从"在空间中消费"转变为"对空间的消费"。因此，商业空间不再仅仅是人们消费的场所，同时也成为其消费的对象，成为当地的城市生活"打卡地"。对商业空间的打造，要充分了解消费者的行为心理，基于人性化，从空间设计和环境设计等方面提高步行街环境质量、提升空间活力，以满足当前消费习惯和观念转变下人们的迫切需求，激发使用者的消费热情与潜力。

商业步行街作为众多商业空间类型中的一种，深受大众的青睐。步行是人类最基本的空间易地方式，城市街道最初的服务对象主要是徒步行走的人。步行街，顾名思义是只允许步行通过的线性空间，其根本目的并不是单纯地为了让行人或顾客安全而又快速地通过，而是试图为其提供一个有利于公共接触的线性散步场所，让人们在安全（没有车辆威胁）的环境中体验富有公共性的城市生活和社会交往的乐趣，并以此加深其社会认同及他人对自身的认同。在步行街的两侧设置商业、餐饮及休闲娱乐设施，即为商业步行街。

商业步行街被称为"步行者的乐园"，它既是购物场所，又是休闲娱乐的场所。这类步行街应安全、易于到达和通过，同时设有供人逗留的空间和相应的设施。随着经济的发展，20世纪90年代以来人们开始意识到，我国的很多大型都市开始变得不适宜步行了。20世纪90年代后期，人们越来越怀念那曾经能够"漫步"的都市。以北京王府井步行街建设为标志，我国的商业步行街开始进入了快速发展的时期。商业步行街作为城市的名片，其规划与设计充分体现出一个城市的综合素质，所以越来越受到城市规划师和设计师的重视。

### 8.3.1　商业步行街活动的行为心理分析

现代商业步行街的发展，经历了"仅仅吸引顾客—对步行者的关怀—成为社会活动中心"三个发展阶段。在商业步行街轻松舒适的环境氛围中，人们能够享受到交往的乐趣。同时，随着地域认同性的加强，步行者的行为模式也更加丰富。

在商业步行街外部空间所发生的所有活动中，步行、观看、消费、休憩四种自发性活动占90%以上。因此，要从行为心理层面达到步行街的人性化设计，就必须对这几类主要活动的行为心理有一定了解。

#### 1. 步行活动的行为分析

步行作为空间位移最常见的方式之一，其质量的高低决定于步行环境的舒适程度。商业步行街需要提供一定的空间，满足人们不受阻碍、自由行走及无拥挤推搡的基本要求。步行空间在安排上应紧凑高效、变化丰富，既给人以丰富的行走体验，又有足够的回旋余地。在步行街的商业动线中，步行行为有两个特点：沿边走和蛇行线。

（1）沿边走：在逛街时，人们一般会沿着街道的同一侧，连续地逐一浏览店面。除非出现新的兴趣点，否则不会轻易改变前进的方向和路线。人们的这种行为习惯，就是俗语中常说的"走街串店"。这种串店的购物模式可以用"边界效应"来解释。研究表明，当步行线路位于开敞空间的边缘时，步行者可以同时欣赏到街道两侧的景致：近距离一侧给人以亲切、强烈和详尽的感觉，远距离一侧则可以对商业展示面一览无余。根据该特点，步行街的空间组织要更加关注对街道空间边缘的处理，在前进的主要方向上尽量不要设置花坛、盆栽等非必要障碍物，以免造成行动的不便。

（2）蛇行线：人的步行行为有一个常见的特点，即行进路径呈现一种曲线状的"短路"，这就是蛇形线。据研究统计，近 60% 的人在无目的前行时，其运动轨迹的模式为振幅狭小的蛇行线。这种现象的出现并非偶然，而是步行者在遵循运动力学自然法则的同时，一步一步地连续改变运动方向的结果。换句话说，人们在行走过程中，会根据周围环境的变化和自身的身体状态，不断调整自己的行进方向和步伐。所以，商业步行街的动线和空间设计要结合人的行为特点，根据商业的需求巧妙考虑。

### 2. 观看活动的行为分析

人们很少在银行、办公楼等公共设施前停留，但大量的人群会停留在百货商场、街店铺面、报刊亭、展示橱窗前，以及街头表演等活动中。

街道两侧的沿街建筑构成了街道的侧界面，它是人们视觉观赏的主要承载面。侧界面的空间形态极富变化性，建筑立面凸出的形态、凹进的阴角空间、外部轮廓线及建筑群的组合形式等，都是能够引起视觉变化的内容（图 8-29）。在侧界面所有的视觉对象中，

（a）

（b）

图 8-29 商业步行街中丰富的视觉界面（曲江创意谷，西安）（a）街道两侧商业；（b）建筑立面设计与倒影

尺度和体量的把握最为关键。

### 3. 消费活动的行为分析

购物消费是商业步行街的主要功能。人们在这里购买各种商品，如衣物鞋帽、化妆品、电子产品、家居用品等，进行各种消费活动，包括餐饮、娱乐、健身、观影等。人们的购物消费一般分为两种：计划充分、目的明确、场所相对固定的消费行为，可称为目的性消费；不带有明确目标或并不一定理性的消费行为，被称为随机性消费。影响消费者购买行为的因素主要是心理特征、商品刺激、效用激发和知觉。换而言之，以往的购物习惯和经验、购物场所内商品宣传的形式和强度、购物环境和商品信息对消费者的感官刺激程度等，都会影响消费者的购买思维和行为方式。

### 4. 休憩活动的行为分析

休憩是人们在步行街中进行的又一重要活动。现代商业步行街的长度普遍较长，商品展示过于丰富，使得人们处于连续地行走或购物状态。因此，在步行街中有意识地布置一些休息设施就显得非常必要（图 8-30）。这一点从目前某些商业步行街中座椅"人满为患"的现象中可以得到充分说明。为满足人们休憩时的舒适性，可以从以下几个方面进行考虑：

（1）提高休息设施的舒适程度；

（2）满足人们的某些特定需求，如被保护、保持私密性和提供屏障感等；

（3）休息场地与娱乐场地的相互兼顾；

（4）有良好的小气候环境，主要包括日照、通风和绿化景观条件等。

图 8-30　商业步行街中的休憩空间与行为（易俗社文化街区，西安）
（a）与商业结合；（b）建筑角部

(a)　　　　　　　　　　(b)

## 8.3.2　商业步行街的空间设计

商业步行街具有空间开放性、体验多样性和形式灵活性。不同于日常生活和工作中出现的亲切且近人的空间，步行街能让人们感受到夸张的空间尺度与超现实的互动交流，这使其具有了强烈的空间特质和吸引力。同时，步行街的商品可看可触，具有很强的直观性，所以在电子商务盛行的时代，实体经济无法也不可能被网上购物所取代。日常生活中，人们依然对具有创新设计感、新奇体验感的购物场所流连忘返。商业步行街的使用者是步行的消费者，因此其设计要充分考虑步行者的行为特点，做到"以人为本"，同时根据消费者行为需求，结合引导消费的目标进行相关的空间设计。

### 1. 适宜的长度

商业步行街并不是街道越长、规模越大越好。过于庞大的尺度和规模会给步行者一种距离感和不适感，而且对行人的体力也是一种很大的考验。简·雅各布斯在《美国大城市的死与生》中提出：街区的长短需要人性的尺度衡量，较短的街区有利于行人穿行和商业效率的提高。因此，适宜的步行街长度应根据人步行的适宜长度来确定。

在正常状况下，人的舒适步行距离为 400~800 m，最大不超过 1500 m，否则会感到疲惫。若持物行走，则每 200~350 m 需要停下休息一次。因此，商业步行街的适宜长度为 200~800 m。小于 200 m 的步行街，由于提供给消费者的体验距离过短、商业展示面长度不足，往往吸引力不强。据统计，日本步行街平均长度为 540 m，美国步行街平均长度为 670 m，欧洲为 820 m。当然，步行街的长度是否合理，是否能让人们感到舒适，也与步行街的基础设施、环境质量及空间感受等因素有很大关系。步行体验新颖有趣、两侧界面变化丰富的步行街，会让消费者乐在其中。反之，单调枯燥、界面平直的步行街，则带给人们距离过长的心理感受。

### 2. 适宜的宽度

人们在商业步行街中的行为模式一般包括购物、寻找、观赏、比较、挑选、休息、餐饮等内容。步行街在设计中需作出相应的设置，以促进并满足这些行为的开展和发生。适宜的街道宽度有利于加强消费者与店面及商品的接触，进一步触发消费行为。若街道过宽，则视距过远，不方便人们购物时的挑选比较，空间吸引力降低，亲切感不足，同时还会消耗人们过多的体力。若街道过窄，则空间在横向展开受限，舒适感降低，会使人感到压抑，不利于消费者的留驻。

步行街的宽度一般控制在 12~25 m 为宜。街道两侧的建筑物不能太高，一般不要超过 3 层。在步行街宽度较小时，两侧过高的建筑物会给行人带来空间不够开敞、压抑不适的心理感受。同时，从心理学角度来说，在空间中，人倾向于水平方向的移动。对于垂直方向的移动，在不必要的情况下，人们会尽量避免发生。

### 3. 空间形态

步行街是水平展开的线性空间，其空间形态往往受到两侧建筑物剖面形态的影响。如图 8-31 所示，步行街的空间形态可分为开敞型、半开敞型（图 8-32）和封闭型（室内步行街）。若步行街长度过长，则可选择若干节点，放大空间或将建筑适当后退，以便有节奏地创造出空间高潮。

### 4. 商业动线

所谓商业动线，可以简单理解为商业体中客流的运动轨迹。一般而言，好的商业动线都会具备以下三个条件。

（1）有效增强商铺的可见性

可见性在商业物业动线设计中是一个非常重要的内容。商铺的可见性强弱决定了这个商铺所在地段的租金价值。一个商铺被看见的机会越多，产生消费的可能性就越大。我们在设计中就是要提高整个商场内商铺的可见性。

（2）有效增强商铺的可达性

可达性和可见性是有联系的，其中可见性是可达性的基础，只有"可见"，才会有"可达"。因此，在可见的基础上，经过最少道路转换的路径可达性最高。

图 8-31　步行街的空间形态（左图）
图 8-32　两侧建筑挑檐形成的半开敞型空间（曲江创意谷，西安）（右图）

开敞型

半开敞型

封闭型

（3）有明显的记忆点

如果顾客在购物中心内无法确定自己的位置，就会迷失方向，从而需要花费更多的时间找到自己想去的商铺，同时很多商铺也减少了被光顾的机会。难以找到位置感的购物中心是不受顾客欢迎的。在设计中，通常的做法是提高动线系统的秩序感，形成记忆点，从而加强顾客的位置感。

### 5. 店铺平面布局与尺度

在商业的平面布局中，有句话叫"金角银边草肚皮"，意思是位于边角的店铺，其商业价值要高于中间的店铺。相较于单面临街的商铺，角店可见性更强、敏感度更高，极易吸引人们的注意（图 8-33）。很多成功的商业步行街设计，都通过灵活的动线规划、不规则的平面设计，有意识地布置更多的角店，从而在丰富建筑形体变化的同时，使更多店铺的商业价值得以提升。同时，人流聚集的空间，如出入口、广场、主力店周围、节点区等都是商业价值较高的区域。在此类区域更多地布置店铺，可促进商业步行街的价值提升。

商业步行街中的店面设计一般按单元考虑。商铺单元开间在 4~5 m 为宜，单元进深一般控制在 13~17 m 为宜，比例控制在 1 ：4 之内，较为理想的比例为 1 ：3（图 8-34）。比例大于 1 ：4 时，会给人以空间过于狭长、幽深和不安全的感受，影响进一步的消费。

## 8.3.3　商业步行街的环境设计

芦原义信在其著作《外部空间设计》一书中有如下表述："空间基本上是由一个物体与感觉它的人之间产生的相互关系所形成的。"近几年，相较于传统意义上的购物消费，人们更加注重商业步行街所能提供的社会交往功能及高品质的场所环境，并愿意为此买单。方便快捷的网购因无法提供此类服务，也常常采取增设线下体验店

图 8-33　边角部位的商铺（易俗社文化街区，西安）（左图）
图 8-34　店铺平面尺度（右图）

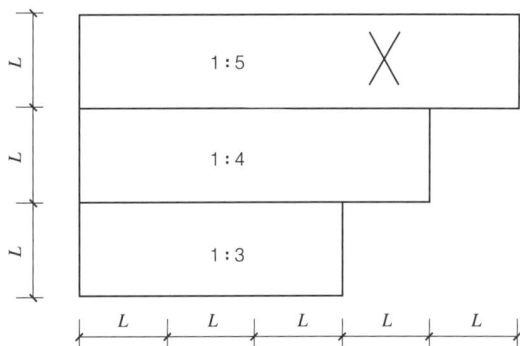

的做法来锚固消费者或吸引潜在顾客。因此，步行街应当以人为本，注重环境设计。尤其是细部设计，应以步行者的体验和感受为出发点，满足人们多重的需求。

### 1. 步行街环境要素

商业步行街的视觉界面由两侧建筑立面、地面和顶空组成，其环境要素分为自然景观、文化景观、动态景观和建筑景观四大类。步行过程中可见的绿化植物、街道家具、地面铺装、标志物（如雕塑、喷泉等）、商品展示、招牌广告、街道小品、照明设施、建筑立面、卫生设施等都包含于步行街的环境要素中（图 8-35）。这些环境要素和步行者感受之间的关系如表 8-16 所示。

街道环境要素与人的感受关系　　　　　　　　表 8-16

| 分类 | 内容 | 以关系为导向的设计原则 |
| --- | --- | --- |
| 自然景观 | 植物 | （1）商业步行街的植物有地栽、池栽、盆栽等方式，应结合空间氛围需求和环境条件综合考虑；<br>（2）树间距以4.5~7.6 m为宜，既能形成浓荫遮阳，又能在视觉和心理上起到分割作用 |
| 文化景观 | 街灯 | 应合理控制街灯亮度，避免产生眩光 |
| | 铺地 | 选择防滑、透水性好的铺地材料，保证行走安全与舒适 |
| | 街道家具 | （1）合理设置休息座椅、遮阳设施等，有利于行人的聚集和交往，营造社交环境；<br>（2）喷泉、雕塑等环境小品可吸引人的视线，既形成节点空间，也能突出街道的主题和文化氛围 |

图 8-35　商业步行街中的环境设计（曲江创意谷，西安）
（a）动态环境景观；（b）植物景观；
（c）街道家具

　　（a）　　　　　　　　　　　（b）　　　　　　　　　　　（c）

续表

| 分类 | 内容 | 以关系为导向的设计原则 |
|------|------|------------------------|
| 动态景观 | 人与物 | （1）景观设计应充分考虑人的视觉愉悦和心理享受需要；<br>（2）动态要素可以增加人的观感层次，如喷泉的流水声、彩旗飘动的线条、儿童的跑跳等，有利于营造良好的环境氛围 |
| | 丰富的要素 | 店铺的门窗、广告、店招、标识、路牌等，其丰富的形态和强烈的色彩都能吸引视线，引发行人靠近与探究的心理；要注意设计的整体性，避免杂乱 |
| | 光影变化 | （1）商业街中变化多彩的灯光、裸眼3D展示等光电技术产生的虚拟景观，能吸引行人驻足观赏；<br>（2）树木的光影变化可以增加街道氛围，增加行走的乐趣 |
| 建筑景观 | 多样性 | 形态、风格各异的建筑能为街道带来丰富的变化，为行人起到良好的标识作用 |
| | 整体性和互补性 | （1）步行街两旁的建筑高度不应有较大的差别，除非有其特别的象征意义或标志性；<br>（2）在追求风格和色彩多样性的同时，应保持整体协调；<br>（3）引人注目的建筑单体可作为标志物布置在节点或步行街转角处 |

## 2. 步行街环境色彩

色彩是最容易创造视觉效果和提升表现力的手段之一，能很好地控制环境与空间的气氛，表达不同的情感，并激发人们的购物欲望（表 8-17）。商业步行街在色彩处理上应控制好主要色调，合理搭配次要颜色，并考虑地区、气候和当地文化氛围的影响。商业步行街多以明亮、温暖的色调为整体基调，这样可以使人兴奋，诱发消费行为。目前落成的商业街项目中，也可见根据主题使用或者局部使用冷色调的，亦达到了良好的效果。

商业建筑中的色相应用　　　　　表 8-17

| 色相 | | 应用部位 | 情感认同 |
|------|------|----------|----------|
| 暖色 | 红 | 常用于室内外墙面，不适于大面积应用 | 温暖、热烈、亲近，形成进空间，具有迫近、扩张感 |
| | 橙 | 常用于局部装饰、细部色彩，有活跃气氛的作用 | |
| | 黄 | 常作为主色大面积用于室内外空间，多用浅黄色系 | |
| 冷色 | 蓝 | 常用于室内墙面、顶棚、有色玻璃，最适用于交通和餐饮空间，营造恬静气氛 | 清凉、安静、远离，形成退空间，具有深远、收缩感 |
| 中性色 | 绿 | 常用于室内墙面、有色玻璃，或用于细部色彩 | 平和、稳定、爽快，平静而自然，能很好地融入环境 |
| | 紫 | 常用于室内墙面、顶棚，或用于细部色彩 | |
| | 白 | 常用于当代商业建筑的各个部位，突出商品原色 | |
| | 灰 | 常用于室外和铺地，或超市的墙面 | |
| | 黑 | 在高档商业建筑中使用，或无吊顶的超市顶棚 | |

### 3. 步行街环境的人性化设计策略

商业步行街在规划设计的过程中，应充分考虑顾客的心理，同时还要兼顾不同情况下顾客的需要，例如老人、儿童和残疾人等，以体现人文关怀的设计理念。规划设计时，可以通过很多细小的设计来体现这种对人的关怀，如无障碍通道、增设盲道、设立饮水机等。步行街环境的人性化设计策略主要包括以下几个方面。

1）满足使用者安全感的设计策略

在人的步行活动中，地面的安全性是首要考虑因素。用于行走的地面可采用多种材料来铺装，但基本原则都是相同的，即确保人们在其上行走的安全。任何不安全因素或潜在的危险都会给人们造成心理不适，从而影响行走质量。

日常生活中，可见某些步行街在设计中的材料选择上发生的一些错误。例如为了追求美观性，将大理石作为室外地面的铺装材料。因为大理石过于光滑，使得人们在上面行走时不得不处处小心、相互搀扶。又如，不少步行街选用了透水性较差的地面材料，使得下雨时地面上的积水难以消退，既影响美观，又给人的行走带来潜在的危险。此外，行走区域的微弱高差，如若处理不当，也将是人行走过程中的隐患。在地面材质、场地特征变化不明显的情况下，微弱高差处理易给人心理上的突然性，故设计时应有意识地强化处理。变换地面铺装材料，从色彩上进行区分，加设坐凳、广告牌等都是可行的方法（图 8-36）。

图 8-36 扶梯延伸处的室外踏步设置灯带进行提示（老城根 G PARK，西安）

2）满足使用者舒适性的设计策略

商业步行街外部空间的舒适性主要体现在物理环境的舒适感，例如对日照、风、噪声等环境要素的合理利用和处理，以及基础设施使用的舒适性。营造良好的日照环境，可以通过控制沿街建筑的高度及灵活组织外部空间的途径来实现。将需要良好日照的场地布设于开放性区域，如供儿童嬉戏的娱乐场地、满足人们社会交往需求的小空间等。炎热的夏季，则可以通过调整可移动装置或设施的摆放方式来形成阴影区域，为消费者提供阴凉的步行和休息空间。休息设施的设置应基于对人体力学、休息习惯等因素的分析，步行街中的休息设施只有在尺度、材质、色彩、位置选择和布置方式等方面仔细考虑，才能让步行者舒适地使用（图 8-37）。

图 8-37　利用半开敞空间形成的休息场所（龙湖时代天街，重庆）

3）满足使用者社会交往的设计策略

社会交往活动的产生依赖于以下几个物质因素：明确的领域划分、适当的交往空间尺度、多样化的活动设施、适宜停留的空间。

（1）明确的领域划分：在社交活动中，人们通过领域来保持自身的安全感。商业步行街的环境营造中，应有明确的领域划分，如购物区、餐饮区、休闲区等，以方便使用者根据自己的需求进行选择和交往。

（2）适当的交往空间尺度：商业步行街的空间尺度应适中，既不能过大导致人们感觉空旷，也不能过小导致人们感觉拥挤。适当的空间尺度可以让人们在交往中感到舒适（图 8-38）。

（3）多样化的活动设施：商业步行街应提供多样化的活动设施，如休息座椅、儿童游乐设施、艺术装置等，这样可以吸引不同需求的使用者，增加他们的交往机会（图 8-39）。

图 8-38　步行区域、休息区域的尺度（易俗社文化街区，西安）

图 8-39　广场旱喷区形成的交往空间（老城根 G PARK，西安）

（4）适宜停留的空间：商业步行街应有适宜人们停留的空间，例如有遮阳设施的休息区、有景观的观赏区或有参与感的场所等，从而让人们愿意在此停留，增加他们的交往时长（图 8-40）。

4）满足使用者归属感的设计策略

该设计策略首先包括人性化的街道界面形象与尺度处理。

（1）通过对建筑细部加以推敲，达到弱化体量的目的。可将建筑巨大体量做分段、分面处理，以缩小尺度感，尤其近地面层立面的细部处理宜采用相对较小的尺度。

（2）通过柔和亲切的色调、材质软化、植物种植等途径美化建筑，弱化钢筋混凝土的生硬感。

图8-40 具有参与感的场所（龙湖时代天街，重庆）

（3）人性化的外部空间尺度处理。要把握好近地空间的创作，考虑建筑物与地面间的尺度转换，用优美的环境吸引人们的注意力。

其次，步行街的环境应体现地域文脉的特色，以增强人们的归属感。

5）满足特殊群体使用需求的设计策略

特殊群体使用者主要包括残疾人、老年人和儿童，在环境设计上要充分考虑他们的行为特点。具体应做到以下几点：

（1）创造安全的出行环境。在道路关键节点设置必要的防护设施，高度控制在适宜范围以防止使用者意外坠落，同时合理控制护栏缝隙尺寸。在人流密集区域设置清晰的安全警示标识并搭配图示，方便老年人和视力障碍者识别。

（2）交通空间应顺畅无障碍。在道路设计中要考虑导盲系统，入口和地面有高差处都应提供轮椅进出的无障碍坡道。

（3）选择适当的地面材料。地面材料选择不当也会给使用者造成不利的影响：太粗糙、不平整的地面使人感觉不适，易造成行动和轮椅推动的困难；过于光滑的地面又会带来危险。乘轮椅者喜欢在光滑硬挺的路面上行驶。因此，设计时应全面细致地考虑，特别要选择好适当的地面材料。

# 第 **9** 章　优秀作业评析

结合理论教学，设置环境调研作业，让学生在真实情境中学习资料收集、调研计划制订、数据收集分析、判断决策，从现实问题出发提高学生的理论应用能力。通过"理论学习→在地调研→发现'空间—行为'矛盾→分析问题→解决问题"这一路径，将环境行为学课程教学内容与建筑课程设计相结合，提升学生运用环境行为学的相关原理解决现实环境问题的能力，同时提升其设计实践水平。

通过外部公共空间环境、校园认知地图及校园建筑这三类空间的调研作业，学生们以"环境—行为—人"为主线，以实际问题研究为导向，通过5W法、SD法、观察法、问卷法、访谈法、案例研究法等，在真实的校园环境与建筑空间中，应用环境行为学理论解决使用现状中的矛盾和问题，建立起人与空间环境的和谐关系。

# 9.1 外部公共空间环境调研

## 9.1.1 校园外部路段步行空间使用调研报告

本次调研作业概览如图9-1所示，作业电子版扫码浏览。

作业电子版
扫码浏览

### 1. 调研目的与内容

该小组选题为"学校南门东侧建设路街道步行空间调研"。通过对该路段步行空间的使用调研和分析，了解其使用现状与存在问题，明确使用者的主观需求，具有针对性地提出改进策略，并加以合理设计，以提高场地优势并改善使用者感受。从课程训练的目标出发，该调研课题有利于提高学生的观察分析能力，同时培养学生的实践能力。

### 2. 研究方法

调研以大学南门东侧建设路段步行空间为研究对象，对场地进行客观分析、实地调研与问卷调查。调研采用5W法、SD法、观察法和问卷法等，内容涵盖步行路段的卫生、安全、秩序、光线、气味、空间开敞度和空间氛围等，重点研究步行空间的使用现状及待提升、解决的问题；同时通过数据与实地调研分析其原因，更加直观地了解人们的需求，从而更合理、准确地提出街道步行空间的设计优化策略和建议，以提高人们的舒适度，发挥空间的利用优势，为城市街道公共空间品质设计、改善步行空间环境质量及发挥道路特色提供一定的借鉴作用。

### 3. 研究特点

研究小组选择18：00至凌晨夜市经营时段进行调研。在此期间，道路使用状况最为繁忙，能为研究提供更真实准确的数据。学

图 9-1 作业概览

生们着眼于实际问题，如夜市布局、摊位设置、人流导向等，通过校园外围环境中的道路、摊位、绿化等尺度与人们行走、避让、交流、消费、就餐等行为之间的关系，更好地理解和掌握环境行为学的理论和方法，提升对细节的观察力。路段使用状况，如街道人流量、周边交通状况、整体环境卫生等，为学生们提供了研究素材和数据，有助于研究与对比的深入进行。

选题关注夜市对周边居民生活和社交的影响，以现状问题为导向提出夜市空间优化建议，包括空间规划、设施改善、文化创意活动等方面，从而为夜市的可持续发展和提升提供指导。其中汽车拥堵、环境喧闹、卫生情况等，均可通过设计改造来解决。

### 4. 调研总结

在空间尺度研究部分，对街道中的人行道、停车位、树池、摊位等尺度进行细致测量和详细记录（图 9-2），这些都是非常重要的环境因素，对人的行为会产生直接影响。使用软件对场地物理条件进行判断和分析（图 9-3），并分时段和天气情况对人群活动行为进行记录，具有科学性和可参考性。在问卷中，问题涵盖受访者的个人信息（年龄、职业、性别）、行为习惯，以及需要改进的问题等（图 9-4）。这些重要信息，可以帮助该课题更好地理解人与街道环境之间的相互作用，以及如何改善环境以满足人的需求。

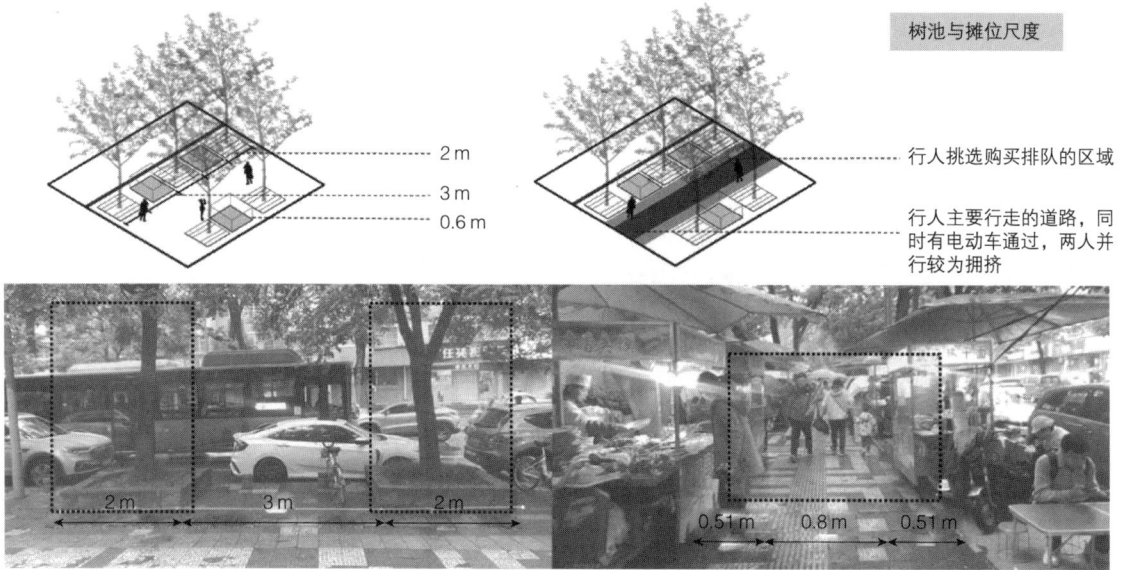

图 9-2　空间尺度研究

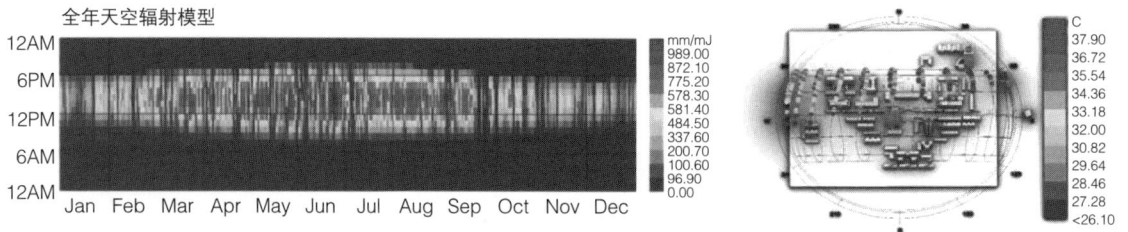

图 9-3　路段物理条件分析

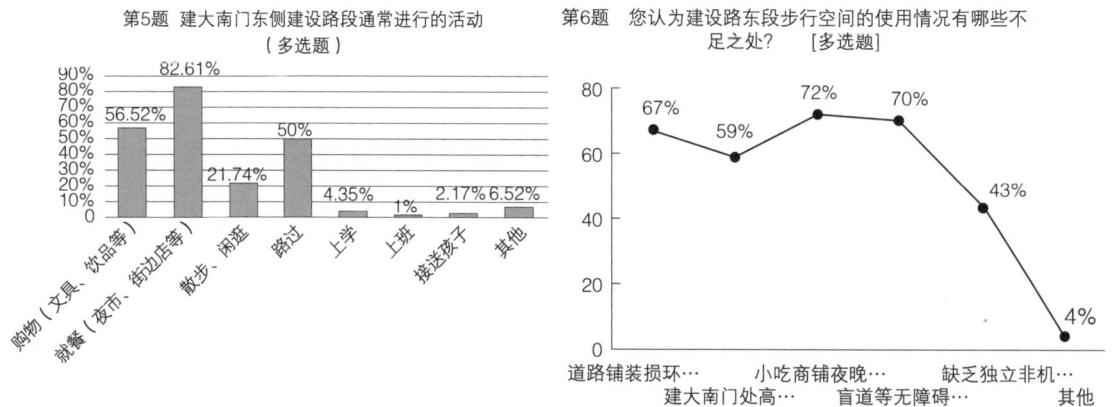

图 9-4　使用者行为习惯调查

## 9.1.2　校园绿地空间使用调查研究

本次调研作业概览如图 9-5 所示，作业电子版扫码浏览。

作业电子版
扫码浏览

### 1. 调研目的与内容

绿地是校园基础设施建设中的重要组成部分，是师生休憩、交流的重要场所，为校园生活提供了必要的空间。其不仅是校园整体面貌和环境特色的重要体现，更是提高校园环境生态功能、环境品质和营造景观的关键因素。本次研究选定两块场地作为调研对象，分别为"大学逸夫楼南侧绿地"和"校史馆西南侧花园绿地"。从场地认知、现状问题、人群与行为等方面对两块场地进行对比分析。

### 2. 研究方法

该小组采用 5W 法、SD 法、观察法、问卷法、访谈法、案例研究、认知地图法和文献研究等（图 9-6、图 9-7），揭示使用者对绿地现状的真实感受，确保研究的全面性和准确性。基于这些数据及相关案例分析，研究者提出了增加植物种类、优化设施布局，以及改善照明条件等优化设计策略，旨在提升绿地的功能性和吸引力，从而为师生创造更加宜人的环境。

图 9-5　作业概览

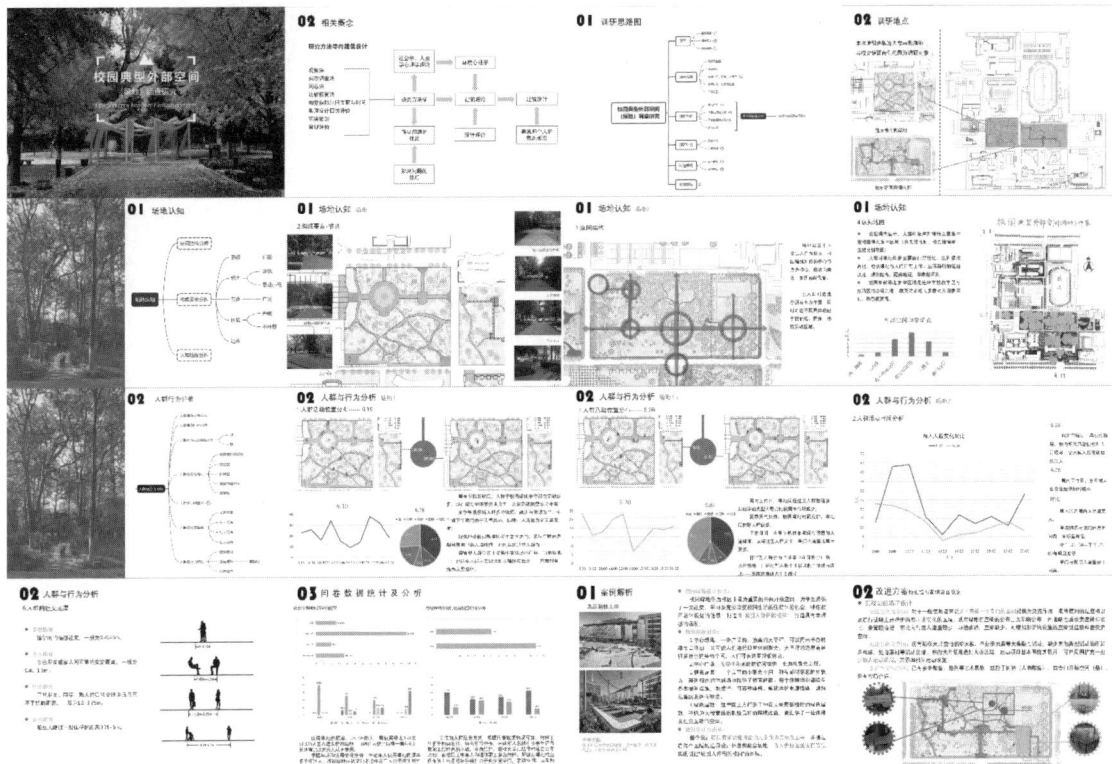

您认为校园绿地设施可进行的改进措施有哪些？

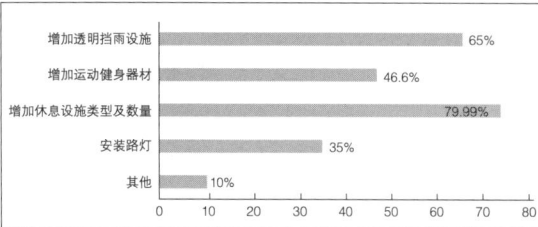

您认为校园绿地有哪些改进措施能满足您的活动需求？

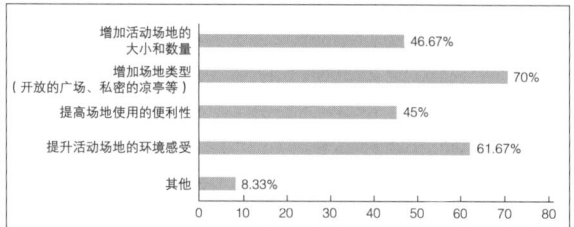

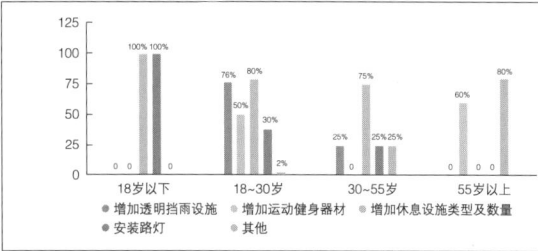

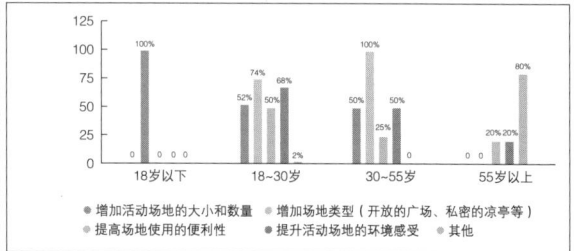

图9-6　调查问卷示例（上图）
图9-7　采访教职工（下图）

该组学生通过场地认知调研，对这两处绿地的空间结构、构成要素、植物配置、基础设施分布和使用者行为等方面进行了深入观察和对比，并绘制认知地图。对比调查发现，逸夫楼南侧绿地由于其空间结构、道路和绿化的设计，整体氛围较为幽静。在该场地，人们多为单独活动或仅仅路过。校史馆西南侧花园绿地则因其道路尺度较为开敞，可达性更强，且呈现出开放的氛围，故吸引了更多人的留驻，并进一步展开社交活动。然而，两处绿地的设计均存在设施陈旧单一、照明不足、停车管理不当等问题，这些问题对绿地的使用效果都产生了不同程度的影响（图9-8）。

课题对两处调研对象的人群行为加以研究与分析，收集了问卷，总结采访内容，最终探讨了其设计合理性与使用情况，并提出了针对性的优化建议。例如，逸夫楼南侧绿地因位置靠近学校西门，可在入口位置设置雕刻校风校训的石板方阵，展现学校特色。同时，创造围合和开敞相结合的交流空间，满足各类人群的不同需求（图9-9）。校史馆前绿地，目前功能和设施较为完善，使用率高，所以应增设照明设计以利于行走，提高可视度和安全性（图9-10）。

### 3. 研究特点

研究人群行为时，从活动位置、时间、类型、行为特点、空

序言 | 调研方案 | 调研分析 | 调研结论 | 改造策略 | 总结感悟

● 景观方面

景观丰富性有待提高，比如增加植物种类，统一植物种类规划，使景观色彩更加丰富。

缺少有创意的、彰显学校风采的建筑小品。

● 硬件设施方面

夜晚的灯光设计是重点。

丰富座椅设计，可以结合西建大的学校特色进行设计。

整体布局需要进行统一规划。

适当考虑直饮水、卫生间等设施与绿地的位置关系。

● 空间异用

部分绿地的主要出入口前节点空间被车辆挡住，影响视线的贯通，使部分地方被人为踩出了道路。

● 可达性

校史馆西南侧花园东向封闭。

图 9-8 两处绿地的现状问题总结

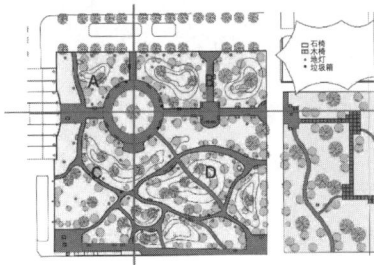

保持东西方向轴线不变，强化南北方向轴线。

● 塑造A、B、C、D四个不同空间：

（1）A地块：北面为逸夫楼，保持现有开放的属性，增强逸夫楼的可达性。

（2）B地块：文化地块，设置校风校训石板方阵。

（3）C地块：地块内拥有大量绿化，设置异形座椅环绕树木，创造幽静的氛围。

（4）D地块：继续延续C地块的风格特点。因为D地块靠近图书馆，所以增设南北向的道路，增加图书馆的可达性。

图 9-9 逸夫楼南侧绿地改造思路

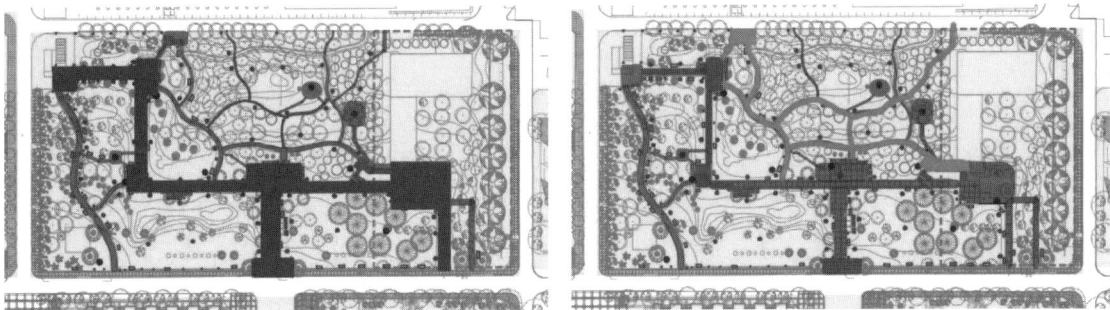

以利于行走，提高可视度、安全性为目的进行照明设计

以营造氛围，与自然绿地相结合为目的进行照明设计

图 9-10 校史馆西南侧花园照明设施布局优化

间需求、社交距离和行为惯性等方面进行观察、拍照和记录。在此过程中，学生了解到不同人群社交行为的特点和规律，从细节中发现问题。例如，人在空间中的停驻分为随机停留和有目的停留两种。其中，目的性强的停留一般会选择在安静私密的角落中进行（图 9-11），这正是课堂中所讲的"个人空间"在现实外部空间环境中的真实体现。又如，观察发现师生在校园绿地空间中行走，经常"走捷径""抄近道"。通过进一步分析，可知这种行为习惯是师

图 9-11　人群的行为惯性观察

生对校园环境的认知和理解的结果。他们通过长期的观察和学习，了解了环境的布局和结构，从而找到了更快捷的路径（图 9-12）。人群行为研究环节涉及环境行为学、建筑学、社会学等多个学科，这种研究方式强化了学生的跨学科思维，拓宽了知识视野，同时对于提高观察、沟通和分析能力非常有帮助。

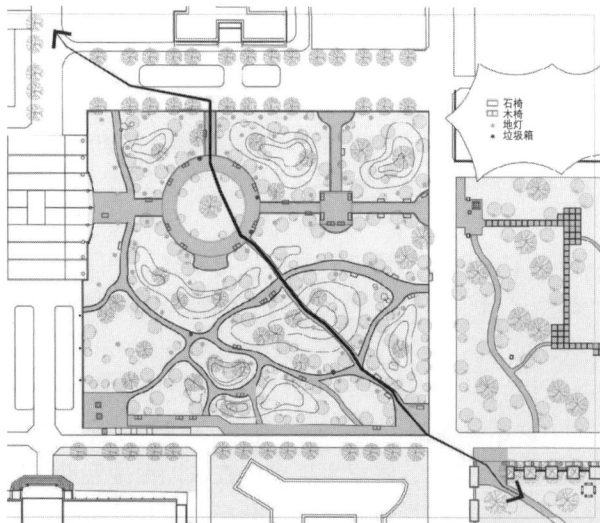

图 9-12　校园绿地中的"走捷径"行为

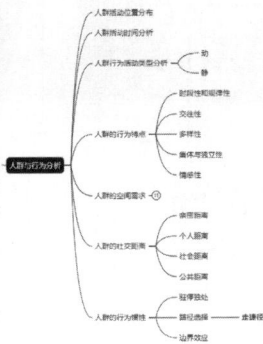

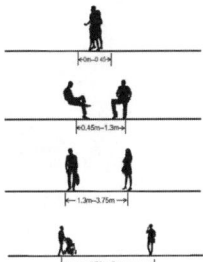

该组学生通过记录各个时间段人群散点分布图、人群活动行为图、人群活动轨迹，进行了人群活动类型、行为特点、行为惯性及空间需求分析（图 9-13）。由数据对比分析发现，绿地的使用存在显著的时间和人群差异，早晚是使用高峰期，但设施不足和设计缺陷限制了绿地的潜力。通过优化设计，改善基础设施，绿地可以更好地满足多样化的使用需求。

图 9-13　人群行为分析

#### 4. 调研总结

从环境行为学的角度看，人们创造了环境，环境又对人有着潜移默化的影响。这种影响不仅体现在人的行为上，也体现在人的情感上。该调研中，校园环境使用者需要友好的空间组织和近人的空间尺度，以消除其在环境中的不安全感。本次调研对师生的行为需求作了总结，建立起校园外部环境和行为之间的相互关系，并通过优化设计提高了校园绿地的使用效率，最终提升整体环境品质。

## 9.2　校园认知地图调研

### 9.2.1　大学校园总体环境调查研究

本次调研作业概览如图 9-14 所示，作业电子版扫码浏览。

作业电子版
扫码浏览

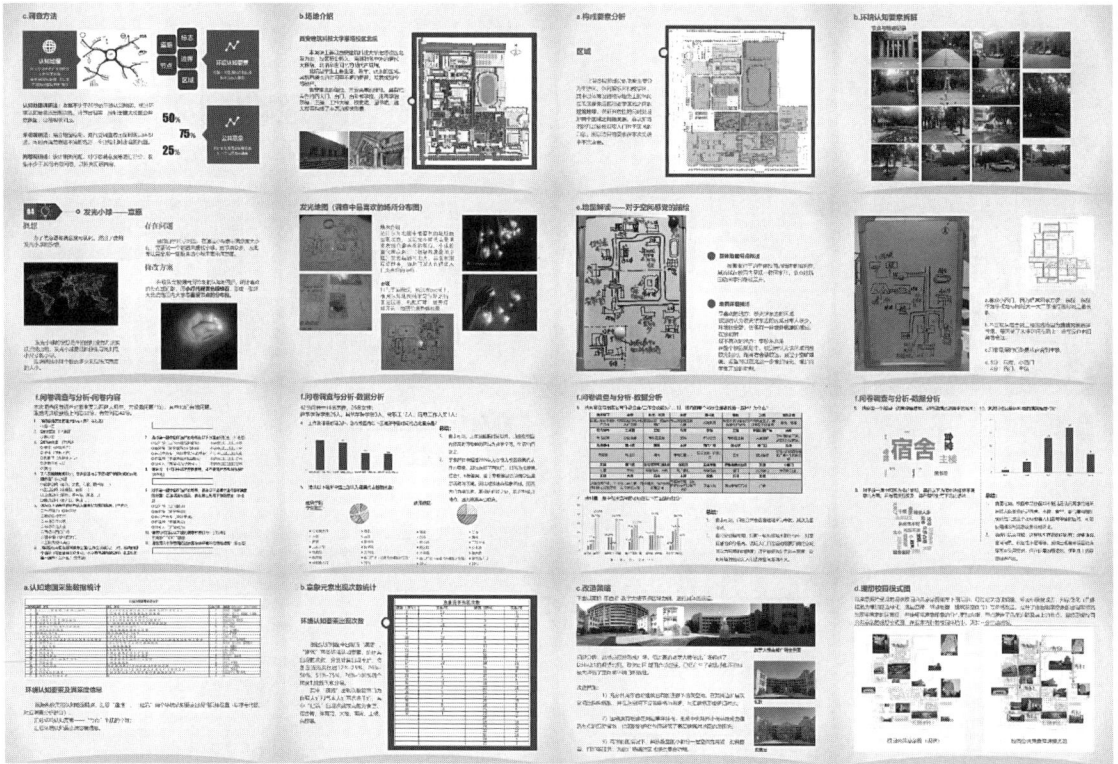

图 9-14　作业概览

### 1. 调研目的与内容

大学校园的总体环境代表着学校的总体印象，校园外部环境布局主要由道路交通、标志物、节点构成，在不同的区域呈现不同的布局和肌理。在外部城市环境快速变化的过程中，变化缓慢的校园环境逐渐无法避免设施老化、场地荒废、人群与车辆负荷增加等宏观问题的出现，许多死角空间被遗忘，消极甚至恶劣的空间节点给人留下负面印象。该小组作业为大学校园总体环境调查研究。

### 2. 研究方法

学生通过环境行为学基础理论的学习与应用，采用观察法、访谈、问卷法等研究方法，结合认知地图，对校园环境进行深入分析，并根据统计结果与分析结论引出校园总体环境的提升策略。

### 3. 研究特点

在进行校园构成要素分析时，引入凯文·林奇提出的城市意象五要素——道路（Path）、标志（Landmarks）、节点（Nodes）、边界（Edges）和区域（District），提取校园环境中的五种要素并进行拆解，使其公共印象得以强化，为后续研究形成了良好的基础。在调查中随机选择 20 位被访者（学校教职工、学生和外部人员）进行校园认知地图的绘制，并作出深入的解读（表 9-1）。在配套问卷中，被访者对校园中的各印象要素从空间感、幽静度、色彩丰富度、韵律感和吸引力 5 个方面作主观判断（喜欢、不喜欢）并进行打分，该组学生最终在结论的基础上绘制出校园意象满意度图。

最后，该研究根据分析结果，从功能、环境和形象方面提出相应的改造提升策略，并在现状基础上构架了校园公共意象理想模式图。经过调整建筑功能、提升校园环境、优化景观形象，如增加路边绿化、路边座椅、节点雕塑、建筑灰空间等措施，提升了低出现率意象的出现率和高出现率意象的满意度，并使环境意象印象的分布更加均衡；同时重点营造了几条道路及其节点，最终形成校园公共意象的理想模式图。

### 4. 调研总结

该调研整体结构完整、解读逻辑清晰、分析内容充实，很好地达成了课程的训练目标。在调研结果的表达方面，选用安装灯泡的方式对结果进行显化，将使用者喜欢的场所用灯泡点亮，对满意度作出最为直接的视觉表达。该方法具有直观性、趣味性，同时也提升了研究的可读性。

校园认知地图　　　　　　　　　　　　　　　　　表 9-1

| 图名 | 认知地图1 | 认知地图2 | 认知地图3 |
|---|---|---|---|
| 认知地图 | 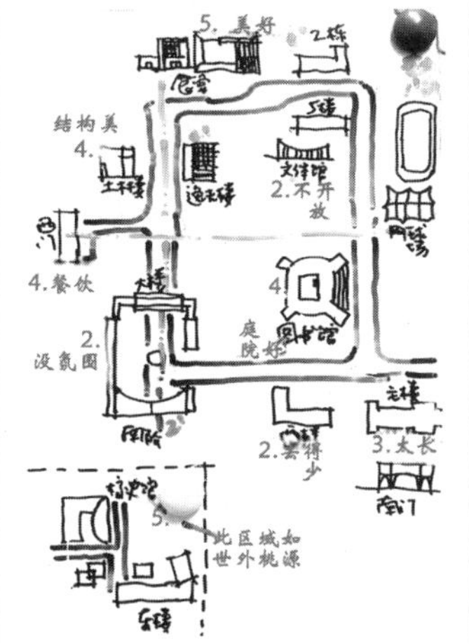 | 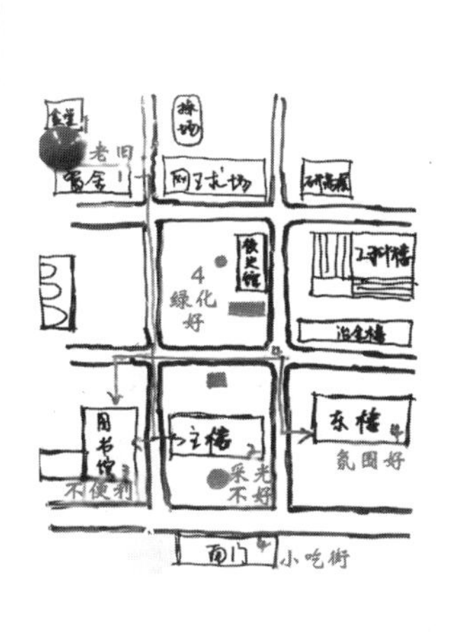 | 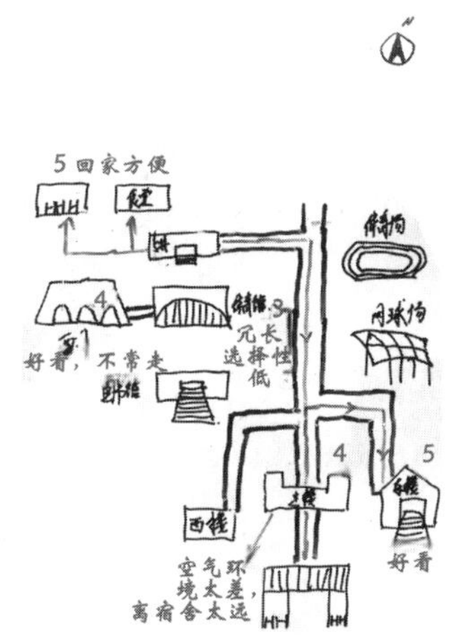 |
| 解读 | 被测者对于校园的整体描述更加感性，其流线在校园内呈现一种"回"字形，节点建筑围绕回字形路径展开 | 被测者建构了印象中的校园道路网，以此为基础布局建筑；虽然准确性不足，但更能反映出某些主要建筑在师生中的印象 | 被测者突出了校园印象中的节点要素，并根据学习生活经验和主观印象对各个节点进行打分 |

# 9.3 建筑空间调研

## 9.3.1 图书馆底层空间使用调查研究

本次调研作业概览如图 9-15 所示，作业电子版扫码浏览。

### 1. 调研目的与内容

图书馆作为校园内重要的学习和交流场所，为广大师生提供了丰富的学习资源、理想的学习环境、完善的信息服务和高层次的学术交流平台，其空间使用状况直接影响到师生的学习效果和体验。

该小组选择图书馆底层使用状况作为研究课题，内容涵盖图书馆底层空间的功能与使用现状、庭院空间与灰空间的利用情况、人流分布与行为模式，以及用户满意度和改进建议，调研内容贴近校园日常生活，对提升空间利用效率、改善学习环境等具有现实意义。该调研不仅关注空间的使用现状，还关注用户的使用满意度和改进建议，从而为图书馆底层空间的改造提供了实用的参考。

图 9-15 作业概览

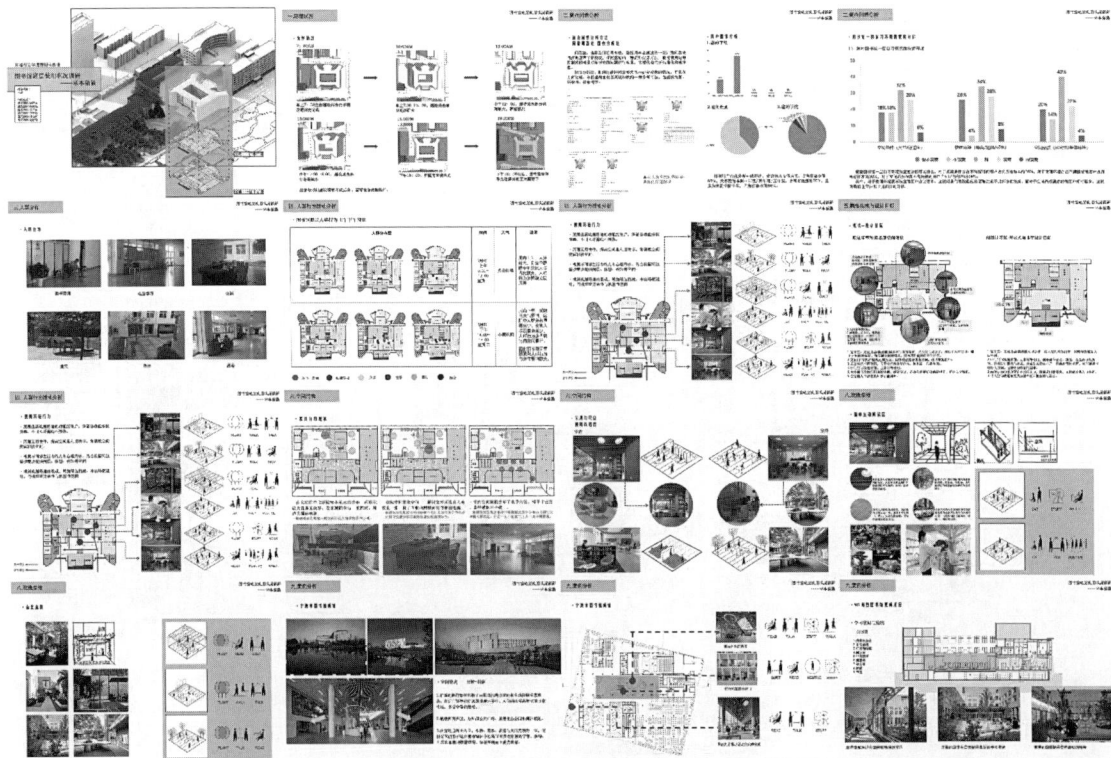

198

## 2. 研究方法

在研究中，小组成员首先对课堂所学的环境行为学理论基础进行了回顾，明确其重点是探讨人与环境的交互作用，以及环境对行为的影响。在确定详细的调研内容后，选取 5W 法、SD 法、观察法、问卷法、访谈法和案例研究法进行研究，突出了科学性和针对性（表 9-2）。在现状分析阶段，研究小组实地调研了图书馆底层各空间的功能区划分、人流分布、使用频率等，较为客观地整理出图书馆底层的使用情况。同时，通过问卷调查和访谈，收集使用者对图书馆底层空间的使用体验和改进意见。

研究方法与对应内容 表 9-2

| 研究方法 | 具体内容 |
|---|---|
| 5W法 | 收集与图书馆底层使用状况相关的问题（谁在使用、使用的是什么空间、使用的时间、具体的地点及为何使用），以此来全面收集数据并分析使用者行为和空间问题 |
| SD法 | 对图书馆底层空间作为一个系统进行要素分析、功能需求收集、优化设计和效果评估，以实现空间布局和功能的提升 |
| 观察法 | 对图书馆底层空间进行实地观察，客观记录空间使用情况和人群行为 |
| 问卷法 | 设计问卷收集用户对图书馆底层空间的使用频率、满意度和改进建议 |
| 访谈法 | 与图书馆管理者和使用者进行深入访谈，了解背后的原因和需求 |
| 案例研究 | 分析其他图书馆底层空间的设计和使用情况，提取经验教训 |

## 3. 研究特点

研究中所使用的问卷调查和图表分析方法准确、客观地反映了图书馆底层空间的使用状态。例如，使用者画像中 62% 的受访者为女生，70% 的受访者来自高年级；分区使用情况中，有 1/3 的一层空间使用者在这里进行自习或办公；自习空间满意度中，对于桌椅条件、物理环境、空间品质的不满意使用者均达到 30% 以上；使用者对于该空间改造的建议等。其中，对问卷中量化数据的分析，为进一步明确改造策略提供了依据。

## 4. 调研总结

通过该课题研究，本组学生对图书馆底层空间的使用状况有了深入的了解，认识到了空间设计与使用者需求之间的差距。例如，图书馆底层可达性差，部分空间使用率低，庭院和灰空间未得到充分利用；空间使用满意度不高，尤其在桌椅条件、物理环境和空间品质等方面。与此同时，学生们思考了如何运用环境行为学的理论来分析实际问题，并提出了一套切实可行的改进方案：重新规划空间布局，增加绿化和休闲设施，改善光照和通风条件，增设商业服务设施。此次调研过程中，学生完成了环境行为理论知识到实际应用的迁移，提高了实践能力。

作业电子版
扫码浏览

## 9.3.2 专业教室使用状况调查研究

本次调研作业概览如图 9-16 所示，作业电子版扫码浏览。

### 1. 调研目的与内容

专业教室是建筑专业学生学习、讨论、生活和交往的核心空间。教室内配备的相关设备和工具，如绘图桌椅、模型制作工具等，为学生提供了理解和掌握专业知识的环境。专业教室中的教学方式，如小组讨论、项目合作等，能激发学生的创新思维，培养创新能力和团队协作能力。因此，专业教室在提供专业学习环境、培养专业技能、激发创新思维和建立专业认同感等方面均发挥着重要作用。

经过几年的学习生活，学生们在专业教室的使用过程中产生了许多切实的体悟和感受。本小组选择专业教室作为研究对象，基于空间私密性、领域性的视角，对建筑学专业教室空间与环境行为进行调研和分析，从环境行为学的角度来探讨其空间的使用问题。

### 2. 研究方法

研究从私密性和领域性两个视角切入，以建筑学院专业教室（东楼小专教）、建筑学院联合专业教室、主楼专业教室作为三种典型的教室形态，通过问卷法、访谈法、SD 法等对其进行分类分析

图 9-16 作业概览

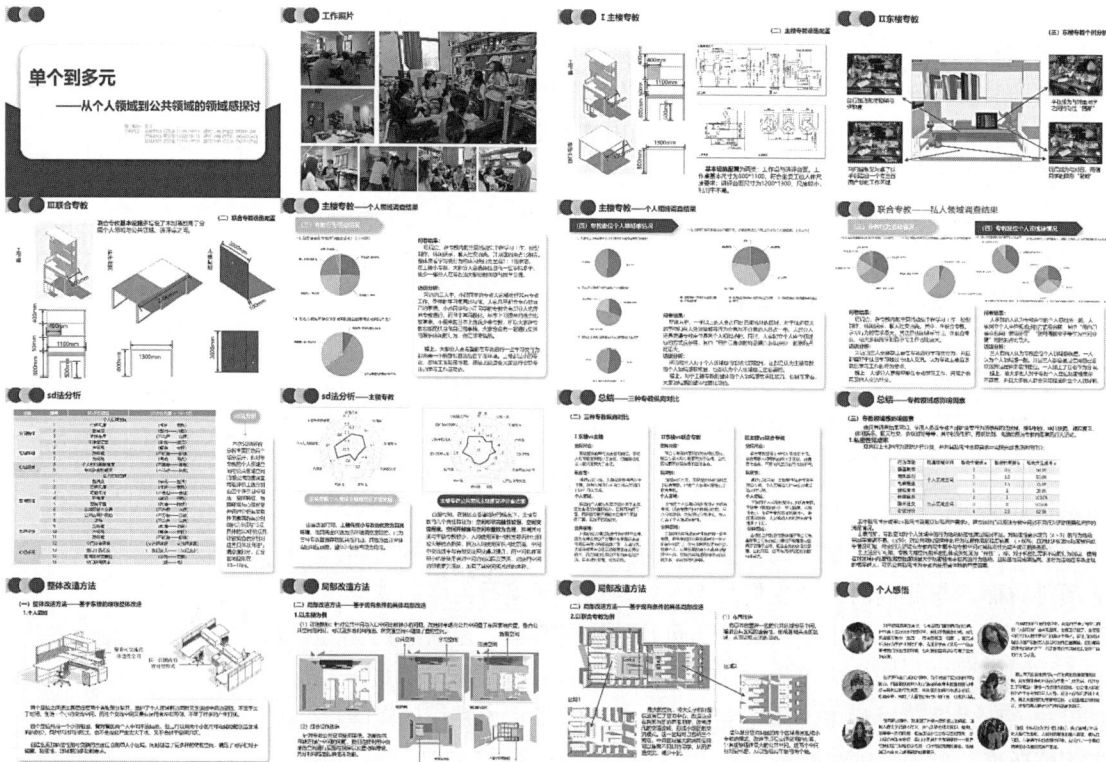

与总结。

　　私密性为使用者提供控制感和选择性，形成领域则能增加使用者对环境的控制感。这两个环境行为学中的重要概念，能客观反映学生对专业教室使用的现状，有利于深入分析教学环境对学生的行为、感知、认知和情感的影响。

　　调研使用 SD 法对三种类型专业教室的个人领域和公共领域进行空间满意度调查，内容包括空间特征、物理环境、心理感受三大类，分别有 9~15 个评价指标，如空间尺度，空间感，功能布局，声、热、光、环境，以及空间干扰程度等（图 9-17）。SD 法可以量化受试者的主观感受，使得研究结果更具有可比性。量化评估的结果使用雷达图进行表达（图 9-18），从而清晰准确地反映了学生在使用三种专业教室时的主观感受。

图 9-17　SD 法分析

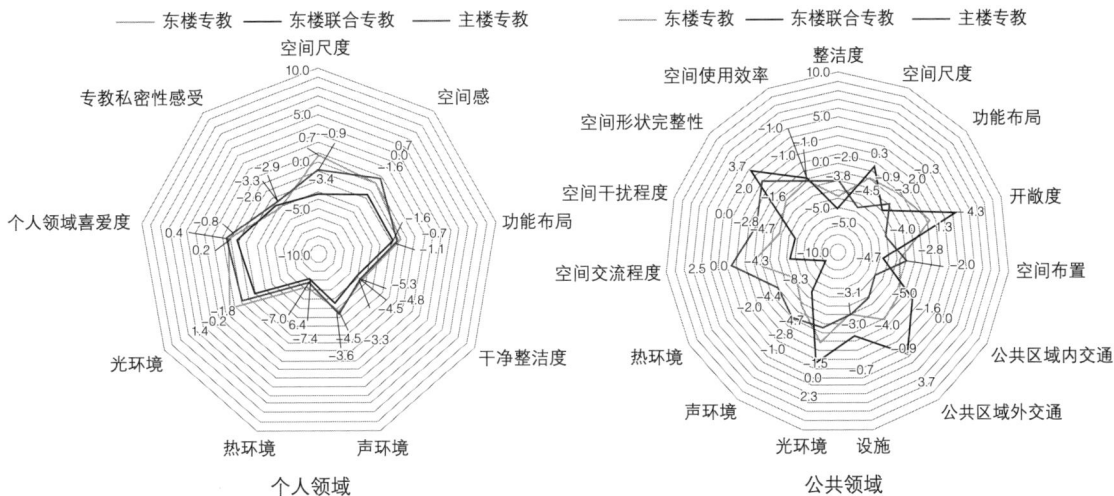

| 分类 | 编号 | SD 评价项目 | SD 评价尺度（-10~10） |
|---|---|---|---|
| | | 个人领域空间 | |
| 空间特征 | 1 | 空间尺度 | （拥挤——宽敞） |
| | 2 | 空间感 | （封闭——开敞） |
| | 3 | 功能布局 | （不合理——合理） |
| | 4 | 干净整洁度 | （杂乱——整洁） |
| 物理环境 | 5 | 声环境 | （嘈杂——安静） |
| | 6 | 热环境 | （不舒适——舒适） |
| | 7 | 光环境 | （昏暗——明亮） |
| 心理感受 | 8 | 个人领域喜爱程度 | （不喜爱——喜爱） |
| | 9 | 专教私密性感受 | （不私密——私密） |
| | | 公共领域空间 | |
| 空间特征 | 1 | 整洁度 | （杂乱——整洁） |
| | 2 | 空间尺度 | （拥挤——宽敞） |
| | 3 | 功能布局 | （不合理——合理） |
| | 4 | 开敞度 | （封闭——开敞） |
| | 5 | 空间布置 | （简陋——精致） |
| | 6 | 公共区域内交通 | （不方便——方便） |
| | 7 | 公共区域外交通 | （不方便——方便） |
| | 8 | 设施 | （不完善——完善） |
| 物理环境 | 9 | 光环境 | （阴暗——明亮） |
| | 10 | 声环境 | （嘈杂——安静） |
| | 11 | 热环境 | （不舒适——舒适） |
| | 12 | 空间交流程度 | （交流程度低——交流程度高） |
| 心理感受 | 13 | 空间干扰程度 | （干扰程度大——干扰程度小） |
| | 14 | 空间形状完整性 | （分散——完整） |
| | 15 | 空间使用效率 | （低——高） |

图 9-18　主观感受对比雷达图

个人领域

公共领域

### 3. 研究特点

通过横向与纵向对比分析，结合专业教室领域感影响因素，研究发现建筑学院专业教室的私密性较差，尤其是靠近走廊的区域；主楼专业教室在个人领域的私密性上表现较好，但公共空间领域感较弱；建筑学院联合专业教室由于空间划分不清，整体私密性和领域感较差，空间使用显得混乱。基于此现状，该组学生从环境行为学的角度探究原因、深入分析，从整体和局部两方面提出了改进意见，例如通过增加隔板、优化空间布局等措施明确领域划分（图 9-19）；增设置物架和充分利用墙面在交通空间中增大置物面积；通过墙体划分改善教室布局，提升其私密性和使用体验。

留有可交流的渗透性空间

同一组团内的背对背形式

图 9-19　个人领域的改造措施

### 4. 调研总结

通过此次调研，学生们深刻体会到环境行为学在实际应用中的重要性，不仅提高了对空间使用行为的观察和分析能力，也认识到设计需更加关注使用者的实际需求和感受，从而为学生未来的设计工作积累了宝贵的经验。

# 图表来源

第 1 章

表 1-1：由编写组，绘制。

第 2 章

图 2-1：由编写组，绘制。

图 2-2：由编写组改绘自：林玉莲，胡正凡 . 环境心理学 [M]. 北京：中国建筑
工业出版社，2000：4-17.

图 2-3：由编写组，绘制。

图 2-4：张月 . 室内人体工程学 [M]. 北京：中国建筑工业出版社，1999.

图 2-5~ 图 2-9：由编写组，绘制。

图 2-10：由编写组，摄制。

图 2-11：由编写组，绘制。

图 2-12：由编写组，摄制。

图 2-13：由编写组改绘自：彭一刚 . 中国古典园林分析 [M]. 北京：中国建筑工
业出版社，1986.

图 2-14：范长越，张洋洋 . 新加坡滨海湾花园设计分析 [J]. 山东林业科技，
2016，46（1）：98-102+83.

图 2-15~ 图 2-17：由编写组，绘制。

图 2-18：李道增 . 环境行为学概论 [M]. 北京：清华大学出版社，1999.

图 2-19：林玉莲，胡正凡 . 环境心理学 [M]. 北京：中国建筑工业出版社，
2000：4-17.

图 2-20：由编写组，绘制。

表 2-1~ 表 2-3：由编写组，绘制。

第 3 章

图 3-1：由编写组，重绘。

图 3-2~ 图 3-5：由编写组，摄制。

图 3-6：由编写组，重绘。

图 3-7~ 图 3-8：由编写组，摄制。

图 3-9：陈志华 . 外国古建筑二十讲 [M]. 北京：生活·读书·新知三联书店，
2002：146.

图 3-10：由编写组，摄制。

图 3-11：由编写组按 Brunswilk 的透镜模型，重绘。

图 3-12：由编写组，重绘。

图 3-13：克雷奇，克拉奇菲尔德，利维森，等．心理学纲要：下 [M]．周先庚，林传鼎，张述祖，等，译．北京：文化教育出版社，1981：147．

图 3-14：内蒙古科技大学"平面重构"学生作业。

图 3-15~ 图 3-16：内蒙古科技大学"城市认知"学生作业。

图 3-17~ 图 3-19：由编写组，摄制。

**第 4 章**

图 4-1：由编写根据 B.C.Gegraphical Series12，1971，改绘。

图 4-2：阿尔伯特·J.拉特利奇．大众行为与公园设计 [M]．王求是，高峰，译．北京：中国建筑工业出版社，1990．

图 4-3：HAYDUK L A .Personal Space：Where We Now Stand[J]. Psychological Bulletin，1983，94（2）：293-335．

图 4-4：HOROWITZ M J，DUFF D F，STRATTON L O .Body-Buffer Zone：Exploration of Personal Space[J].Arch Gen Psychiatry，1964，11（6）：651-656．

图 4-5：杨治良，蒋锼，孙荣根．成人个人空间圈的实验研究 [J]．心理科学，1988（2）：26-30+66-67．

图 4-6：阿尔伯特·J.拉特利奇．大众行为与公园设计 [M]．王求是，高峰，译．北京：中国建筑工业出版社，1990．

图 4-7：由编写组，摄制。

图 4-8：王珂，夏健，杨新海．城市广场设计 [M]．南京：东南大学出版社，2000．

图 4-9：阿尔伯特·J.拉特利奇．大众行为与公园设计 [M]．王求是，高峰，译．北京：中国建筑工业出版社，1990．

图 4-10：JOHN R，AIELLO T，et al.The Development of Personal Space：Proxemic Behavior of Children 6 Through 16[J].Human Ecology，1974，2（3）：177-189．

图 4-11：由编写组，绘制。

图 4-12：林玉莲，胡正凡．环境心理学 [M]．北京：中国建筑工业出版社，2000．

图 4-13：扬·盖尔．交往与空间 [M]．何人可，译．北京：中国建筑工业出版社，1992．

图 4-14：BECHTEL R B .Environment & Behavior：An introduction[M]. London：Sage，1997．

图 4-15~ 图 4-20：阿尔伯特·J.拉特利奇．大众行为与公园设计 [M]．王求是，高峰，译．北京：中国建筑工业出版社，1990．

图 4-21~ 图 4-22：由编写组，绘制。

表 4-1：由编写组，绘制。

图 4-23：林玉莲，胡正凡．环境心理学 [M]．北京：中国建筑工业出版社，2000．

图 4-24：由编写组，绘制。

图 4-25：由编写组，摄制。

图 4-26~ 图 4-28：由编写组，绘制。

图 4-29：常怀生 . 建筑环境心理学 [M]. 北京：中国建筑工业出版社，1990.

图 4-30：《建筑设计资料》编委会 . 建筑设计资料集 [M]. 2 版 . 北京：中国建筑工业出版社，1994.

图 4-31：由编写组，绘制。

图 4-32：刘永德，三村翰弘，川西利昌，等 . 建筑外环境设计 [M]. 北京：中国建筑工业出版社，1996.

图 4-33：ALEXANDER C A .A Pattern Language：Towns，Building and Construction[M]. Cambridge：Oxford University Press，1977.

图 4-34~ 图 4-36：阿尔伯特·J. 拉特利奇 . 大众行为与公园设计 [M]. 王求是，高峰，译 . 北京：中国建筑工业出版社，1990.

图 4-37：由编写组，绘制。

图 4-38：由编写组改绘自：A. H. 马斯洛，陈柄权，高文浩 . 人的动机理论 [J]. 经济管理，1981（11）：67-69.

图 4-39：阿尔伯特·J. 拉特利奇 . 大众行为与公园设计 [M]. 王求是，高峰，译 . 北京：中国建筑工业出版社，1990.

图 4-40：BECHTEL R B .Environment & Behavior：An Introduction[M]. London：Sage，1997.

图 4-41：阿尔伯特·J. 拉特利奇 . 大众行为与公园设计 [M]. 王求是，高峰，译 . 北京：中国建筑工业出版社，1990.

图 4-42~ 图 4-44：NEWMAN O . Defensible Space：Crime Prevention through Urban Design[J]. American Political Science Association，1972，69（1）：28.

图 4-45~ 图 4-47：由编写组，绘制。

图 4-48~ 图 4-49：BROWN B B，ALTMAN I .Territoriality，Defensible Space and Residential Burglary：An Environmental Analysis[J].Journal of Environmental Psychology，1983，3（3）：203-220.

图 4-50：由编写组，摄制。

图 4-51：芦原义信 . 外部空间设计 [M]. 尹培桐，译 . 北京：中国建筑工业出版社，1985.

第 5 章

图 5-1：徐磊青，杨公侠 . 环境心理学 [M]. 上海：同济大学出版社，2002.

图 5-2：由学生刘佳怡、Givua Pre Vedeuo，绘制。

图 5-3：林玉莲，胡正凡 . 环境心理学 [M]. 北京：中国建筑工业出版社，2000.

图 5-4：由学生张石、杨宝，绘制。

图 5-5~ 图 5-6：林玉莲，胡正凡 . 环境心理学 [M]. 北京：中国建筑工业出版社，2000.

图 5-7：引自规划云官方网站。

图 5-8：北京市文史研究馆 . 古都北京中轴线：上册 [M]. 北京：北京出版社，2017.

图 5-9~ 图 5-10：由编写组，摄制。

图 5-11（a）：由编写组，绘制。

图 5-11（b）：由编写组，摄制。

图 5-12（a）：艾瑞克·J. 詹金斯. 广场尺度：100 个城市广场 [M]. 李哲，译. 天津：天津大学出版社，2009.

图 5-12（b）：胡正旗. 中外名建筑漫谈 [M]. 北京：科学出版社，2015.

图 5-13：杨茂川，何隽. 人文关怀视野下的城市公共空间设计 [M]. 北京：科学出版社，2021.

图 5-14：王珂，夏健，杨新海. 城市广场设计 [M]. 南京：东南大学出版社，2000.

图 5-15（a）：潘谷西. 中国建筑史 [M]. 7 版. 北京：中国建筑工业出版社，2015.

图 5-15（b）：由编写组，摄制。

图 5-16：北京市文史研究馆. 古都北京中轴线：上册 [M]. 北京：北京出版社，2017.

图 5-17~ 图 5-18：由学生，绘制。

图 5-19（a）：朱果. 基于使用行为的新建中学校园多义空间使用后评价研究：以西安为例 [D]. 西安：西安建筑科技大学，2021.

图 5-19（b）：由学生，绘制。

表 5-1：由编写组，绘制。

第 6 章

图 6-1、图 6-2：芦原义信. 外部空间设计 [M]. 尹培桐，译. 北京：中国建筑工业出版社，1985.

图 6-3：刘永德，三村翰弘，川西利昌，等. 建筑外环境设计 [M]. 北京：中国建筑工业出版社，1996.

图 6-4：芦原义信. 外部空间设计 [M]. 尹培桐，译. 北京：中国建筑工业出版社，1985.

图 6-5：根据西安建筑科技大学学生张志逸作业，改绘。

图 6-6：根据西安建筑科技大学学生刘彬作业，改绘。

图 6-7：阿尔伯特·J. 拉特利奇. 大众行为与公园设计 [M]. 王求是，高峰，译. 北京：中国建筑工业出版社，1990.

图 6-8：根据西安建筑科技大学学生白雨欣作业，改绘。

图 6-9：根据西安建筑科技大学学生方坤宇作业，改绘。

图 6-10~ 图 6-11：扬·盖尔. 交往与空间 [M]. 何人可，译. 北京：中国建筑工业出版社，1992.

图 6-12：由编写组，摄制。

图 6-13：阿尔伯特·J. 拉特利奇. 大众行为与公园设计 [M]. 王求是，高峰，译. 北京：中国建筑工业出版社，1990.

图 6-14~ 图 6-16：扬·盖尔. 交往与空间 [M]. 何人可，译. 北京：中国建筑工业出版社，1992.

图 6-17：常怀生. 建筑环境心理学 [M]. 北京：中国建筑工业出版社，1990.

图 6-18：由编写组，绘制。

图 6-19~ 图 6-21：阿尔伯特·J. 拉特利奇. 大众行为与公园设计 [M]. 王求是，

高峰，译．北京：中国建筑工业出版社，1990.

图 6-22~ 图 6-27：由编写组，摄制。

表 6-1：扬·盖尔．交往与空间 [M].何人可，译．北京：中国建筑工业出版社，1992.

表 6-2~ 表 6-5：由编写组，绘制。


**第 7 章**

图 7-1：李怀祖．管理研究方法论 [M].2 版．西安：西安交通大学出版社，2004.

图 7-2：风笑天．社会学研究方法 [M].6 版．北京：中国人民大学出版社，2023.

图 7-3：汪应洛．系统工程 [M].6 版．北京：机械工业出版社，2024.

图 7-4：由编写组，摄制。

表 7-1~ 表 7-9：由编写组，绘制。


**第 8 章**

图 8-1：由编写组，绘制。

图 8-2：日本建筑学会．日本建筑设计资料集成：人体·空间篇 [M].重庆大学建筑城规学院，译．天津：天津大学出版社，2007.

图 8-3：由编写组，摄制。

图 8-4：张宗尧，赵秀兰．托幼、中小学校建筑设计手册 [M].北京：中国建筑工业出版社，1999.

图 8-5~ 图 8-6：由编写组，绘制。

图 8-7：由编写组，摄制。

图 8-8：中国建筑工业出版社，中国建筑学会．建筑设计资料集：第 1 分册　建筑总论 [M].3 版．北京：中国建筑工业出版社，2017.

图 8-9：由编写组，摄制。

图 8-10：由编写组，绘制。

图 8-11：由编写组，摄制。

图 8-12：由编写组，绘制。

图 8-13：由编写组，摄制。

图 8-14~ 图 8-19：由编写组，绘制。

图 8-20：由编写组，改绘。

图 8-21：周燕珉，程晓青，林菊英，等．老年住宅 [M].2 版．北京：中国建筑工业出版社，2018.

图 8-22：胡绍学．老年人住宅 [M].北京：中国建筑工业出版社，2001.

图 8-23~ 图 8-26：周燕珉，程晓青，林菊英，等．老年住宅 [M].2 版．北京：中国建筑工业出版社，2018.

图 8-27：北京市规划委员会．长安街：过去·现在·未来 [M].北京：机械工业出版社，2004.

图 8-28：李弦．武汉市老年人室外休闲活动空间环境研究 [D].武汉：武汉大学，2004.

图 8-29~ 图 8-30：由编写组，摄制。

图 8-31：由编写组，绘制。

图 8-32~ 图 8-33：由编写组，摄制。

图 8-34：由编写组，绘制。

图 8-35~ 图 8-40：由编写组，摄制。

表 8-1~ 表 8-3：由编写组，绘制。

表 8-4：李辉，季成叶，宗心南，等 . 中国 0~18 岁儿童，青少年身高，体重的标准化生长曲线 [J]. 中华儿科杂志，2009，47（7）：487-492.

表 8-5~ 表 8-15：由编写组，绘制。

表 8-16~ 表 8-17：由编写组改绘自：中国建筑工业出版，中国建筑学会 . 建筑设计资料集：第 5 册　休闲娱乐·餐饮·旅馆·商业 [M]. 3 版 . 北京：中国建筑工业出版社，2017.

**第 9 章**

图 9-1~ 图 9-5：选自西安建筑科技大学"环境行为学"课程作业（学生：刘星宇、刘星原、王敏瞻、肖睿妍、赵方硕、文晨庆）。

图 9-6~ 图 9-15：选自西安建筑科技大学"环境行为学"课程作业（学生：张瑾华、王俞欣、段圣馨、王亚男、王悌娟、殷梦馨）。

图 9-16~ 图 9-17：选自西安建筑科技大学"环境行为学"课程作业（学生：梁馨月、李良援、王乐希、刘天艺、孟祥成、肖世豪）。

图 9-18~ 图 9-19：选自西安建筑科技大学"环境行为学"课程作业（学生：周琪云、张师航、任长帅、李柏翰、孙也珺、赵怡慧）。

图 9-20~ 图 9-24：选自西安建筑科技大学"环境行为学"课程作业（学生：程丽卓、高欣妍、贾云鹏、唐天棋、徐艺蕾、杨方雨）。

表 9-1~ 表 9-2：由编写组，绘制。

# 参考文献

**第 1 章**

[1] 李斌 . 环境行为理论和设计方法论 [J]. 西部人居环境学刊，2017，32（3）：1-6.

[2] 李道增 . 环境行为学概论 [M]. 北京：清华大学出版社，1999.

[3] 徐磊青，杨公侠 . 环境心理学 [M]. 上海：同济大学出版社，2002.

[4] 陆伟 . 我国环境：行为研究的发展及其动态 [J]. 建筑学报，2007（2）：6-7.

[5] 胡正凡，林玉莲 . 环境心理学：环境—行为研究及其设计应用 [M]. 4 版 . 北京：中国建筑工业出版社，2018.

[6] 李斌 . 环境行为学的环境行为理论及其拓展 [J]. 建筑学报，2008（2）：30-33.

[7] 王德，朱玮，王灿，等 . 空间行为分析方法 [M]. 北京：科学出版社，2021.

[8] MOORE G T. Environment and Behavior Research in North America：History，Developments，and Unsolved Issues[M]//STOKOLSD，ALTMAN I. Handbook of Environmental Phycology. New York：John Wiley and Sons，1987：1359-1410.

**第 2 章**

[1] 李道增 . 环境行为学概论 [M]. 北京：清华大学出版社，1999.

[2] 林玉莲，胡正凡 . 环境心理学 [M]. 北京：中国建筑工业出版社，2000：4-17.

[3] 张月 . 室内人体工程学 [M]. 北京：中国建筑工业出版社，1999.

[4] 莫里斯·梅洛-庞蒂 . 知觉现象学 [M]. 姜志辉，译 . 北京：商务印书馆，2001.

[5] 褚智勇，王晓川，罗奇 . 建筑设计的材料语言 [M]. 北京：中国电力出版社，2006.

[6] 约翰·O. 西蒙兹 . 景观设计学 [M]. 3 版 . 北京：中国建筑工业出版社，2000.

[7] 彭一刚 . 中国古典园林分析 [M]. 北京：中国建筑工业出版社，1986.

[8] 范长越，张洋洋 . 新加坡滨海湾花园设计分析 [J]. 山东林业科技，2016，46（1）：98-102+83.

[9] 康健，杨威 . 城市公共开放空间中的声景 [J]. 世界建筑，2002（6）：76-79.

[10] 刘加平 . 建筑物理 [M]. 4 版 . 北京：中国建筑工业出版社，2009.

[11] BECHTEL R B. Environment and Behavior：An Introduction[M]. London：Sage，1997.

**第 3 章**

[1] 高觉敷 . 西方近代心理学史 [M]. 北京：人民教育出版社，2001：324.

[2] 维特鲁威 . 建筑十书 [M]. 高履泰，译 . 北京：知识产权出版，2013：16，71.

[3] 胡正凡，林玉莲．环境心理学：环境—行为研究及其设计应用 [M]. 4 版．北京：中国建筑工业出版社，2018.

[4] 徐磊青，杨公侠．环境心理学 [M]．上海：同济大学出版社，2002.

[5] 克雷奇，克拉奇菲尔德，利维森，等．心理学纲要：下 [M]. 周先庚，林传鼎，张述祖，等，译．北京：文化教育出版社，1981.

[6] 李道增．环境行为学概论 [M]．北京：清华大学出版社，1999.

[7] 陆伟．环境行为学 [M]．北京：中国建筑工业出版社，2022.

[8] 彭一刚．建筑空间组合论 [M]. 2 版．北京：中国建筑工业出版社，1998.

[9] 刘先觉．现代建筑理论：建筑结合人文科学自然科学与技术科学的新成就 [M]. 2 版．北京：中国建筑工业出版社，2008.

[10] GIBSON J J. The Senses Considered as Perceptual Systems[M].Boston：Houghton Mifflin，1966.

[11] BRUNSWIK E. The Conceptual Framework of Psychology[J]. Psychological Bulletin，1952，49（6）：654-656.

[12] BRUNSWIK E. Perception and The Representative Design of Psychological Experiments[M]. Berkeley：University of California Press，1956.

第 4 章

[1] SOMMER R. Studies in Personal Space[J]. Sociometry，1959，22（3）：247-260.

[2] 阿尔伯特·J. 拉特利奇．大众行为与公园设计 [M]. 王求是，高峰，译．北京：中国建筑工业出版社，1990.

[3] 杨治良，蒋锼，孙荣根．成人个人空间圈的实验研究 [J]. 心理科学，1988（2）：26-30+66-67.

[4] HOROWITZ M J, DUFF D F, STRATTON L O .Body-Buffer Zone：Exploration of Personal Space[J].Arch Gen Psychiatry，1964，11（6）：651-656.

[5] 王珂，夏健，杨新海．城市广场设计 [M]．南京：东南大学出版社，2000.

[6] 林玉莲，胡正凡．环境心理学 [M]．北京：中国建筑工业出版社，2000：103-123.

[7] 刘永德，三村翰弘，川西利昌，等．建筑外环境设计 [M]．北京：中国建筑工业出版社，1996.

[8] SOMMER R. The Distance for Comfortable Coversation：A Future Study[J]. Sociometry，1962，25：111-116.

[9] HALL E T .The Hidden Dimension[M]. New York：Anchor Books，1990.

[10] HAYDUK A. The Shape of Personal Space：An Experimental Investigation[J]. Canadian Journal of Behavioural Science，1981，13（1）：87-93.

[11] BECHTEL R B .Environment & Behavior：An Introduction[M]. London：Sage，1997.

[12] NEWMAN O . Defensible Space：Crime Prevention through Urban Design[J]. American Political Science Association，1972，69（1）：28.

[13] 芦原义信．外部空间设计 [M]. 尹培桐，译．北京：中国建筑工业出版社，1985.

[14] 扬·盖尔.交往与空间 [M].何人可,译.北京:中国建筑工业出版社,1992.

[15] CHRISTOPHER A. The Oregon Experiment[M].New York:Oxford University Press,1987.

[16] 克莱尔·库伯,卡罗琳·弗朗西斯.人性场所 [M].俞孔坚,孙鹏,王志芳,等,译.北京:中国建筑工业出版社,2001.

[17] MASLOW A H .A Theory of Human Motivation[J].Psychological Review,1943,50:370.

[18] BROWN B B,ALTMAN I .Territoriality,Defensible Space and Residential Burglary:An Environmental Analysis[J].Journal of Environmental Psychology,1983,3(3):203-220.


第 5 章

[1] 凯文·林奇.城市意象 [M].方益萍,何晓军,译.北京:华夏出版社,2001.

[2] 林玉莲.认知地图研究及其应用 [J].新建筑,1991(3):34-38.

[3] 徐磊青,杨公侠.环境心理学 [M].上海:同济大学出版社,2002.

[4] LYNCH K. The Image of City[M]. Cambridge:The MIT Press,1960.

[5] 王珂,夏健,杨新海.城市广场设计 [M].南京:东南大学出版社,2000.

[6] 朱小雷.建成环境主观评价方法研究 [M].南京:东南大学出版社,2005.

[7] 李志民,王琰.建筑空间环境与行为 [M].武汉:华中科技大学出版社,2009.

[8] 周佳欣,邱冰,张帆.城市公园的认知地图构建与实证:以南京市古林公园为例 [J].中国园林,2023,39(11):90-96.

[9] LYNCH K. A Theory of Good City Form[M]. Cambridge:The MIT Press,1981.

[10] 顾朝林,宋国臣.城市意象研究及其在城市规划中的应用 [J].城市规划,2001(3):70-73+77.

[11] 舟桥国男.Wayfinding を中心とする建筑·都市空间の环境行动の研究 [D].大阪:大阪大学,1990:31-32.

[12] 林玉莲,胡正凡.环境心理学 [M].北京:中国建筑工业出版社,2000.

[13] 北京市文史研究馆.古都北京中轴线:上册 [M].北京:北京出版社,2017.

[14] 艾瑞克·J.詹金斯.广场尺度 100 个城市广场 [M].李哲,译.天津:天津大学出版社,2009.

[15] 胡正旗.中外名建筑漫谈 [M].北京:科学出版社,2015.

[16] 杨茂川,何隽.人文关怀视野下的城市公共空间设计 [M].北京:科学出版社,2018.

[17] 潘谷西.中国建筑史 [M].7 版.北京:中国建筑工业出版社,2015.

[18] 朱果.基于使用行为的新建中学校园多义空间使用后评价研究:以西安为例 [D].西安:西安建筑科技大学,2021.


第 6 章

[1] 扬·盖尔.交往与空间 [M].何人可,译.北京:中国建筑工业出版社,1992.

[2] 简·雅各布斯.美国大城市的死与生：纪念版 [M].金衡山，译.南京：译林出版社，2006.

[3] GEHL J. Cities for People[M]. Washington：Island Press，2010.

[4] 高桥鹰志，长泽泰，西出和彦.环境と空间 [M].东京：朝仓书店，1997.

[5] 林玉莲，胡正凡.环境心理学 [M].北京：中国建筑工业出版社，2000：166-183.

[6] 罗玲玲，王湘.空间异用行为的观察、实验研究 [J].建筑学报，1998（12）：50-53+67-68.

[7] 戴晓玲，董奇.再谈异用行为：公共空间行为调研的新视角 [J].新建筑，2014（6）：110-113.

[8] GIBSON J J. The Ecological Approach to Visual Perception[M].Boston：Houghton-Mifflin，1979.

[9] 黄钲钰，张霞，肖奕均.基于可供性理论的异用行为研究：以武汉大学校园为例 [J].华中建筑，2024，42（5）：52-58.

第 7 章

[1] 庄惟敏，韩默.建筑使用后评估基本方法与前沿技术综述 [J].时代建筑，2019（4）：46-51.

[2] 庄惟敏，梁思思，王韬.后评估在中国 [M].北京：中国建筑工业出版社，2017.

[3] 庄惟敏，张维，梁思思.建筑策划与后评估[M].北京：中国建筑工业出版社，2018.

[4] 李志民，王琰.建筑空间环境与行为 [M].武汉：华中科技大学出版社，2009.

[5] 尹新，龚思婷，孙一民.建成环境使用后评价（POE）研究综述 [J].山东建筑大学学报，2018，33（4）：62-69.

[6] 凯文·林奇.城市的印象 [M].项秉仁，译.北京：中国建筑工业出版社，1992.

[7] 徐磊青，杨公侠.环境心理学 [M].上海：同济大学出版社，2002.

[8] 林玉莲，胡正凡.环境心理学 [M].北京：中国建筑工业出版社，2000.

[9] 常怀生.建筑环境心理学 [M].北京：中国建筑工业出版社，1990.

[10] 李乐山.工业设计心理学 [M].北京：高等教育出版社，2004.

[11] 李怀祖.管理研究方法论 [M].2 版.西安：西安交通大学出版社，2004.

[12] 扬·盖尔.交往与空间 [M].何人可，译.北京：中国建筑工业出版社，1993.

[13] 白德懋.居住区规划与环境设计 [M].北京：中国建筑工业出版社，1993.

[14] 芦原义信.外部空间设计 [M].尹培桐，译.北京：中国建筑工业出版社，1985.

[15] 韩静，胡绍学.温故而知新：使用后评价（POE）方法简介 [J].建筑学报，2006（1）：80-82.

[16] 朱小雷，吴硕贤.使用后评价对建筑设计的影响及其对我国的意义 [J].建筑学报，2002（5）：42-44.

[17] 朱果.基于使用行为的新建中学校园多义空间使用后评价研究：以西安为例 [D].西安：西安建筑科技大学，2021.

第 8 章

[1] 中华人民共和国住房和城乡建设部.托儿所、幼儿园建筑设计规范（2019年版）：JGJ 39—2016[S].北京：中国建筑工业出版社，2016.

[2] 赵虎.适应儿童全面发展的幼儿园建筑空间构成及其模式研究 [D].西安：西安建筑科技大学，2020.

[3] 中华人民共和国教育部.教育部关于印发《幼儿园教育指导纲要（试行）》的通知：教基〔2001〕20 号 [EB].教育部官方网站，（2001-07-02）[2008-04-25].

[4] 中华人民共和国教育部.教育部关于印发《3-6 岁儿童学习与发展指南》的通知：教基二〔2012〕4 号 [EB].教育部官方网站，2012-10-09.

[5] 李辉，季成叶，宗心南，等.中国 0~18 岁儿童，青少年身高，体重的标准化生长曲线 [J].中华儿科杂志，2009，47（7）：487-492.

[6] 日本建筑学会.日本建筑设计资料集成：人体·空间篇 [M].重庆大学建筑城规学院，译.天津：天津大学出版社，2007.

[7] 张宗尧，赵秀兰.托幼、中小学校建筑设计手册 [M].北京：中国建筑工业出版社，1999.

[8] 中国建筑工业出版社，中国建筑学会.建筑设计资料集：第 1 分册　建筑总论 [M].3 版.北京：中国建筑工业出版社，2017.

[9] 中华人民共和国住房和城乡建设部.老年人照料设施建筑设计标准：JGJ 450—2018[S].北京：中国建筑工业出版社，2018.

[10] 石井敏与長沢泰.生活行动に与える環境构成要素 [C].東京：日本建築学会計画系論文集，2002：123-129.

[11] 日本建筑学会.高齡者のための建築環境 [M].東京：株式会社彰国社，1999.

[12] 日本的建筑思潮研究所.高齡者·障害者の住宅 [M].東京：株式会社建築资料研究社，1996.

[13] 建築思潮研究所.高齡者のゲループホーム：痴呆性を和らげる住まい [M].東京：株式会社建築资料研究社，2003.

[14] 周燕珉，等.养老设施建筑设计详解 3：上卷、下卷 [M].北京：中国建筑工业出版社，2021.

[15] 石英.城市社区老年人日间照料中心空间构成及其模式研究 [D].西安：西安建筑科技大学.2019.

[16] 周燕珉，等.养老设施建筑设计详解 2 [M].北京：中国建筑工业出版社，2018.

[17] 中华人民共和国住房和城乡建设部，国家质量监督管理总局.城镇老年人设施规划规范（2018 年版）：GB 50437—2007[S].北京：中国计划出版社，2018.

[18] 中华人民共和国住房和城乡建设部，中华人民共和国国家发展和改革委员会.社区老年人日间照料中心建设标准：建标 143—2010[S].北京：中国计划出版社，2011.

[19] 周燕珉，程晓青，林菊英，等.老年住宅 [M].3 版.北京：中国建筑工业出版社，2023.

[20] 王江萍.老年人居住外环境规划与设计 [M].北京：中国电力出版社，2009.

[21] 吴京海.开敞式商业街设计 [M].桂林：广西师范大学出版社，2022.

[22] JACOBS J. The Death and Life of Great American Cities[M]. New York：Modem Library，2011.

[23] 芦原义信 . 外部空间设计 [M]. 尹培桐，译 . 北京：中国建筑工业出版社，1985.

[24] 中国建筑工业出版社，中国建筑学会 . 建筑设计资料集：第 5 分册　休闲娱乐·餐饮·旅馆·商业 [M]. 3 版 . 北京：中国建筑工业出版社，2017.

第 9 章

无